KB274985

가죽 장인 **요시다**의 명품 가방 만들기

손바느질로 만드는
가죽 가방

가죽 장인 **요시다**의 명품 가방 만들기

손바느질로 만드는 가죽 가방

노타니 쿠니코 지음 | **김재혁**(탄조공방) 감수 | **박재영** 옮김

에듀메토르

손바느질로 멋진 가죽 가방을 만들어보자고 하면 '과연 나 같은 초보자도 해낼 수 있을까?' 하는 의문부터 품는 사람이 많을 것이다. 실제 몇 년, 몇 십 년씩 가죽 제품을 만들어온 숙련된 장인의 기술은 매우 뛰어나므로 초보자가 쉽사리 흉내 내기는 어렵다. 나 역시 가방 장인인 아버지에게 기초를 배우고 직접 만들어온 지도 20년이나 지났는데도 때때로 아직 더 배워야 한다는 느낌이 들 때가 있을 정도이다. 그래서 매일매일 실력을 쌓으려고 스스로를 채찍질하고 있다.

하지만 그것은 어디까지나 프로의 세계에서나 하는 말이다. 본인이 사용하기 위해 취미로 가방을 만든다면 기술적인 완성도까지 신경 쓸 필요가 없다. 가죽 손바느질은 바느질선을 따라 미리 뚫어놓은 구멍에 바늘을 통과시켜 꿰매는 것이다. 바늘을 넣는 구멍만 잘 맞추면 초보라도, 바느질이 서툰 사람이라도 얼마든지 깔끔하게 만들 수 있다. 하나하나의 과정을 거칠 때마다 애정을 담아 공들여 한 땀 한 땀 꿰매가는 것만으로도 충분하다. 그러니 어렵게만 여기지 말고 과감하게 도전해보자.

이 책에 실린 작품들은 처음 만드는 사람이라도 성취감을 느낄 수 있도록 단순하지만 가죽 가방 특유의 묘미가 잘 느껴지는 것들이다. 기술적인 면에서도 트렁크 등에 사용되는 박스스티치같이 어려운 바느질 방법은 싣지 않고, 거의 손바느질의 기본인 새들스티치만으로 만들 수 있도록 했다.

이 책이 가죽 손바느질의 즐거움을 느끼게 해 가죽 공예의 매력을 재발견하는 데 조금이나마 도움이 된다면 정말 기쁠 것이다.

세상에 단 하나뿐인 당신만의 가방 탄생을 기원하며…….

노타니 쿠니코

野谷久仁子

철학이 있는 가방 만들기, 기본에 충실한 가죽 장인

손바느질로 가죽 제품 만들기는 요즘 들어 공방도 많이 늘어나고 도구나 재료, 정보나 기법도 보급이 활발해졌습니다만, 2005년 정도만 하더라도 마땅히 배울 수 있는 공방은 물론 재료나 도구를 구하는 일도 쉽지 않았습니다. 그때는 어쩔 수 없이 강제독학(?)을 할 수밖에 없었던 시절이었죠. 이 책은 그 당시 많은 궁금증을 해결해주었던 단비 같은 존재였습니다.

일본의 유명 가죽 가방 제조회사인 '요시다 가방'의 창업주의 딸로 태어나 바쁜 중에도 꾸준히 손바느질로 가방을 완성해 나갔던 아버지의 성실한 모습을 보면서 성장한 저자는 본 책《손바느질로 만드는 가죽 가방》을 통해 자신의 핸드메이드에 대한 철학을 잘 보여주고 있습니다.

최근엔 많은 공방에서 교육을 실시하고 있고 접할 수 있는 자료도 풍부해졌기 때문에 상대적으로 이 책의 내용이 좀 투박하고 단순하게 보일 수도 있습니다. 더구나 공방 수업이 점점 고급화를 지향하면서 이른바 명품 브랜드의 제작기법과 제품을 모방하는 추세인데 이는 한편으로 자신만의 것을 만들며 느낄 수 있었던 근본적인 만족감을 잃게 만드는 역효과를 가져오진 않았는지 걱정하게 합니다.

저는 지금도 이 책을 펼쳐볼 때마다 가죽으로 물건 만들기가 나에게 어떤 일상의 의미와 성취감을 주었는지 다시 돌아보게 됩니다. 작은 책상 정도의 작업 공간과 대부분 주변에서 구할 수 있는 도구들로도 얼마든지 가방 만들기를 시작할 수 있음을 이 책의 저자는 잘 보여주고 있습니다.

제 자신과 주변 지인들을 위한 가방이나 소품을 만들며 설레던 기억을 다시 떠올리게 만드는, 저에겐 특별하고 소중한 이 책을 여러분과 함께 나누게 되어 정말 기쁩니다.

탄조공방 김재혁

c o n t e n t s

※ 손바느질 가죽 제품에 처음 도전한다면 이 책을 순서대로 읽는다. 먼저 '가죽 제품 만들기의 기본 기술을 배워보자'를 읽어 손바느질 순서를 대략 머릿속에 그려넣는다. 그런 다음 '연습 작품으로 기본 기술을 익혀보자'를 보며 직접 만들면서 기술을 익힌다. 또 '유용한 응용기술을 알아두자'를 읽고 자기 취향의 가방을 디자인해보자.

기본 토트백

만드는 방법 56페이지

몸통과 옆면, 바닥을 일체화해서 정면에서 옆으로 이어지는 곡선이 부드러운 느
낌을 준다. 정면에 새들스티치 바느질선을 넣어 단순하면서도 바느질 땀의 아름
다움을 효과적으로 보여주는 디자인이다.

사각 토트백

만드는 방법 80페이지
부드러운 느낌의 기본 토트백과는 달리 딱딱한 분위기를 살리고 싶어서 약간 단
단한 가죽을 사용하여 옆면과 밑판을 따로 재단했다. 너무 크지도 작지도 않은
사이즈라 실용성이 높다.

원형 크로스스티치 패치워크백

만드는 방법 99페이지

사각 크로스스티치 패치워크백

만드는 방법 98페이지

원형백에 사용된 정사각형 가죽 조각의 한 변은 사각백보다 1cm 더 길다. 가죽 조각에서 고작 십자 바늘땀 하나 차이지만, 완성된 두 가방을 비교해보면 분위기는 전혀 다름을 알 수 있다.

크로스스티치 미니 숄더백

만드는 방법 62페이지

심플한 모양의 백도 크로스스티치로 패치워크하면 더욱 캐주얼하고 귀여운 이미지가 된다.

원형 웨이스트백

만드는 방법 102페이지

살짝 둥그스름한 곡선의 허리 가방이다. 벨트에 끼워 사용하는 형태라 활동성
을 높여준다.

컷워크 벨트

만드는 방법 106페이지

심플하면서 캐주얼한 옷을 입었을 때 액세서리 대용도 가능한 디자인으로 만
들어보았다.

컷워크백
만드는 방법 85페이지
비교적 일반적인 형태의 여성용 백. 개성을 살리기 위해 동물 문양의 송치가죽(태
아나 갓 태어난 송아지의 가죽)을 안에 붙여 잘라내는 컷워크 기법을 활용했다. 화려
한 문양의 가죽은 가죽 매장에서 파는 자투리 가죽을 썼다.

사각 새들스티치 패치워크백

만드는 방법 84페이지

실용성을 고려해볼 때 패치워크의 장점은 흠집이 많아 큰 조각을 얻을 수 없는 가죽이라도 좋은 부분을 선택해서 활용할 수 있다는 점이다. 똑같은 크기의 정사각형을 패치워크한 가방이라도 새들스티치와 크로스스티치의 분위기는 전혀 다르다. 새들스티치의 단정한 느낌을 살리고 블랙과 레드의 배색으로 시크하게 만들어보았다.

육각 새들스티치 패치워크백
만드는 방법 81페이지
바닥이 거북등무늬 모양인 자그마한 가방. 일상용은 물론이고 파티용으로도 사용할 수 있다.

목타 모형 키홀더

만드는 방법 86페이지

그립감이 좋은 형태로 만들어보다가 가죽 손바느질에 사용하는 도구인 목타 모
양이 되었다. 벨트나 손잡이에 걸어서 사용해도 좋을 것 같아서 윗부분을 고리
형태로 만들었다.

명함지갑 1
만드는 방법 107페이지

여권 케이스
만드는 방법 48페이지
여행 일정표와 승차권, 보험증과 진찰권, 통장과 현금카드 등 지갑과 수첩에 들어가지 않는 크기의 서류와 표 등을 한데 모아 휴대하기 편하게 만들었다. 용도에 따라 사이즈를 바꿀 수 있는 것도 핸드메이드만의 특색이다. 여권 케이스와 똑같은 가죽으로 짝을 이루는 명함지갑도 만들었다.

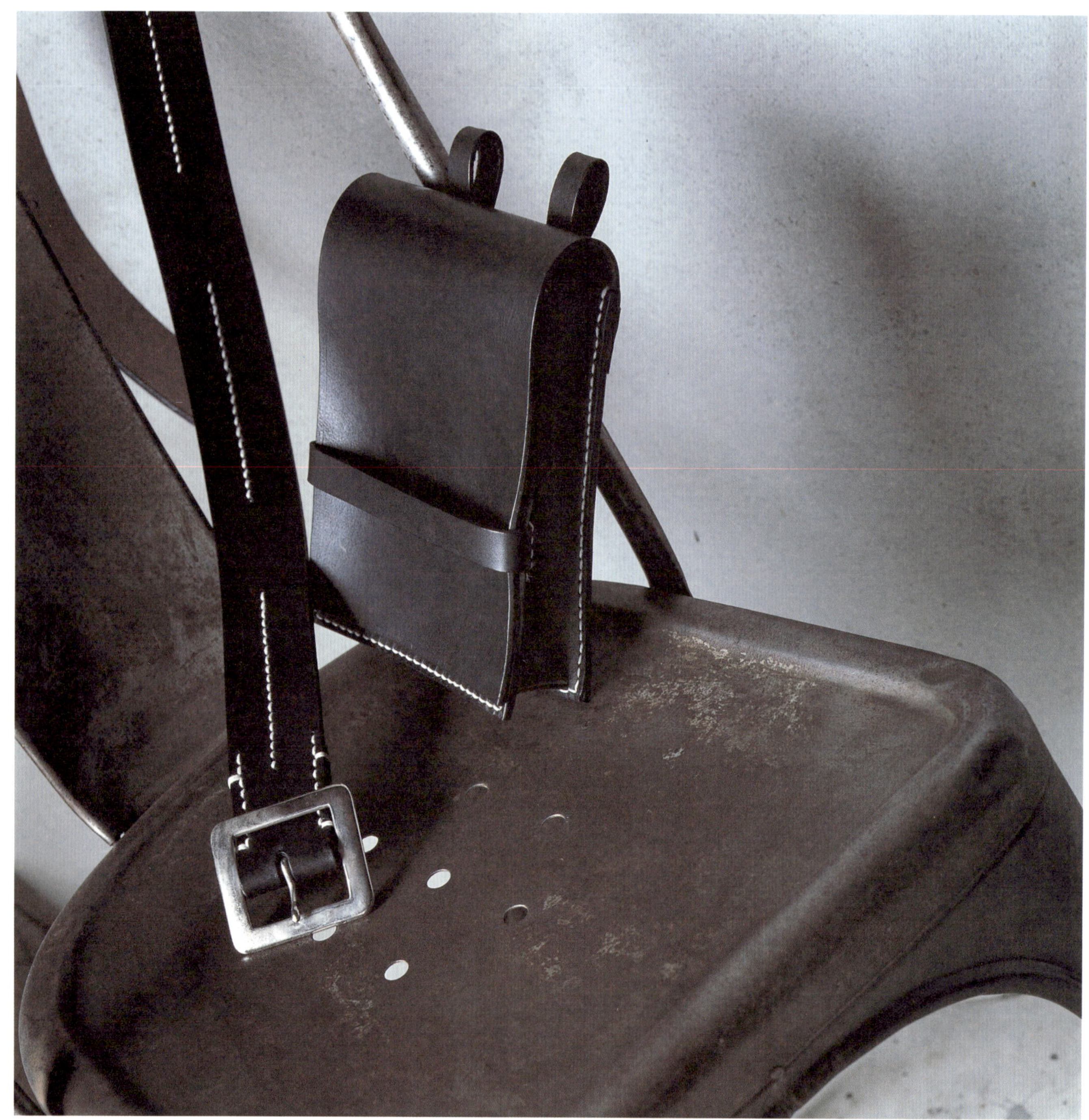

사각 웨이스트백

만드는 방법 100페이지

스티치 벨트

만드는 방법 101페이지

손바느질로 만든 가죽 소품을 폼 나게 착용하는 것도 즐겁다. 옷과 코디하기 편한 심플한 벨트와 웨이스트백 세트이다. 벨트는 반 마리 가죽에서 잘라내도 좋지만, 벨트용으로 재단해서 판매하는 가죽을 사용하면 편리하다.

덮개 숄더백

만드는 방법 94페이지

어깨끈으로는 면, 길이 조절장치는 플라스틱을 사용하여 스포티하게 완성했다.
스티치가 들어간 덮개 부분은 무게감 있게 가죽 두 장을 겹쳐 붙여 안정감을 주
었다.

자투리 가죽백

만드는 방법 96페이지

가방 본체는 잘 늘어나지 않는 소의 등가죽을 사용하는 것이 일반적이지만, 여기
서는 자투리 가죽을 이어붙여 만들었다. 소의 다리나 뱃가죽 가장자리의 절묘한
라인을 보면 항상 마음이 끌린다. 가죽 한 장을 사면 꼭 자투리 가죽까지 알차게
활용해보자.

안경집

만드는 방법 97페이지

렌즈에 흠집이 생기지 않도록 안가죽은 매끄럽거나 스웨이드같이 부드러운 가죽을 사용하자.

가방 모형 열쇠 케이스

만드는 방법 108페이지

가방 속에 가방 모양의 열쇠 케이스가 들어 있으면 재미있을 것 같다는 생각에서, 바닥이 둥근 귀여운 열쇠 케이스가 탄생했다.

명함지갑 2

만드는 방법 107페이지

서류봉투

만드는 방법 104페이지

무미건조한 종이 서류봉투를 가죽으로 만들어봤더니 멋진 비즈니스 아이템이
되었다. 서류가방에 딱 들어가는 크기이다. 와인색 표면 가죽과 안쪽의 연갈색
돼지가죽 콤비네이션이 마음에 든다.

서류가방

만드는 방법 87페이지

서류가방은 트렁크와 함께 난이도가 높은 아이템인데, 이 책에서는 즐겁게 만들기를 중시하므로 어려운 기술은 피했다. 가방을 구성하는 조각도 많이 필요하고 제작 시간도 꽤 걸리지만, 각각의 과정을 주의 깊게 따라하면서 가방 장인의 기분을 느껴보자.

PART I

가죽과
도구에 대해 알아보자

- 가죽에 대하여

- 가죽 구매 방법과 손질

- 도구와 재료에 대하여

가죽에 대하여

동물에 의한 분류

가죽은 원래 인간이 식용 등의 목적으로 도축하는 동물의 부산물이다. 살을 떼어내고 나면 껍질만 남게 되는데, 그 것을 무두질해야 비로소 실용적인 가죽이 된다.

연갈색
돼지가죽

소가죽

조직이 촘촘한데다가 단단하며 탄력이 있어서 가방, 구두, 의류품 등에 가장 많이 사용되는 가죽이다. 대다수 원피(무 두질하기 전의 가죽)가 미국과 유럽 등지에서 수입된다. 일반적으로 소가죽이라고 하면 성우피(스티어 하이드steer hide, 생후 3~6개월 안에 거세한 수소)를 말한다. 연령순으로 킵스킨(kip skin, 생후 6개월~2년), 카프 스킨(calf skin, 생후 3~6 개월)이라고 불리며, 연령이 낮을수록 가죽이 부드럽고 조직이 촘촘하다. 카프 스킨은 성우피의 절반 이하의 크기여 서 주로 여성화 등에 쓰인다.
이 책의 작품에서 사용된 무두질한 성우피의 두께는 가방에서 2.2~2.4mm, 소품은 1.5mm이다.
※ 암컷 성우피(암소 가죽)도 있지만 조직이 거칠어서 일반적으로 가방에는 잘 사용하지 않는다.

돼지가죽

돼지가죽은 모공이 3개씩 줄지어 있는 것이 특징으로, 통기성이 좋고 튼튼하며 가격도 저렴하다. 연갈색 돼지가죽은 타닌으로 무두질한 돼지가죽의 일종이며, 이름 그대로 연갈색을 띤 독특한 광택이 난다. 게다가 내가 좋아하는 가죽 중 하나이다. 이염(移染 오염을 옮기는 것)에도 강해서 흔히 내피로 사용된다.

기타

양가죽은 부드럽고 가벼워서 의류 등에 이용된다. 그 밖에 옛날부터 사슴, 산양, 말, 패션성이 뛰어난 파충류, 타조(오 스트리치ostrich) 등 다양한 동물의 가죽이 사용되었다.

무두질 방법에 의한 분류

원피를 세척하여 털과 지방을 제거한 후 무두질제에 담가 부패를 방지하고 유연성 등의 성질을 부여하는데, 이때 사용하는 무두질제의 종류에 따라 가죽의 성질이 달라진다. 주요 방법으로는 타닌 무두질과 크롬 무두질이 있으며, 각각의 장점을 살리기 위해 한 가죽에 두 가지를 병용하는 방법도 사용된다.

타닌 무두질 가죽

식물 성분인 타닌을 사용하는 방법으로, 오래전부터 이용되어왔다. 이 방법으로 만들어진 가죽은 일반적으로 베지터블 가죽, 활피(滑皮)라고 불린다. 비교적 단단하고 탄력이 있으며 염색 전에는 타닌과 같은 연갈색을 띤다. 유분을 쉽게 흡수해서 사용하는 중에 산화나 햇빛 등으로 인해 갈색으로 변색한다. 불에 타더라도 유해물질이 나올 염려가 없다.

크롬 무두질 가죽

크롬이 주성분인 유제로 무두질한다. 타닌 무두질보다 시간과 비용이 덜 들기 때문에 대량생산에 적합하다. 부드러워서 재봉틀로 바느질할 수 있고, 신축성이 뛰어나기 때문에 의류나 가방류에 알맞다. 염색 전에는 푸르스름한 색을 띠며, 염색하면 발색이 좋은데다가 잘 변색되지도 않는다. 불에 타면 유해물질이 생성될 수도 있으므로 처분할 때 주의가 필요하다.

타닌 무두질 가죽

크롬 무두질 가죽

마무리 가공에 의한 분류

나는 특수 마무리 가공을 한 가죽을 가방 본체에는 잘 사용하지 않지만, 부분적으로 이용해서 포인트를 줄 때도 있다. 방법을 다양하게 연구하면 개성적인 작품을 만들 수 있다.

기모 가죽

가죽 뒷면을 긁거나 특수 처리를 해 보풀이 일게 한 스웨이드(suede), 스웨이드보다 더 길게 보풀이 일게 한 벨루어(velour), 표면을 기모화시키는 벅스킨(buckskin), 누벅(nubuck) 등이 있다.

모피(털이 붙어 있는 가죽)

소의 태아 모피 '송치(unborn calf)'는 희소가치가 높다. 얼룩말 무늬, 표범 무늬 등 동물 문양을 프린트한 모피는 말가죽이 많다. 이 책의 작품 중에서 컷워크에 쓴 프린트 가죽은 짧게 털을 남긴 소우피를 사용했다.

기타

광택이 나는 에나멜, 주물러서 주름을 넣은 가죽, 엠보싱 가죽 등이 있다.

동물 문양을
프린트한 모피
2종

가죽 구매 방법과 손질

구매하기

가죽 한 장(반 마리 가죽) 구입을 추천

가죽 가공 공장에서는 짐승의 가죽을 등에서부터 절반으로 재단하여 작업한다. 보통 가죽 재료점에서 한 장이라고 하면 이 반 마리 가죽을 가리킨다. 가죽은 면적으로 계산하여 데시(DS)로 표시한다. 1데시는 10×10cm로, 성우피 한 장이 약 200~300데시, 돼지는 약 100~150데시 크기이다. (우리나라에서는 '평'을 사용한다. 한 평은 1평방피트, 30.48×30.48cm로 1데시는 약 1/9평으로 환산할 수 있다.)

가죽 한 장을 구입한다면 꼼꼼히 살펴보아야 한다. 그래야 자기 마음에 드는 가죽을 찾을 수 있고, 가죽 부위별 성질도 이해한 뒤에 재단할 수 있다. 큼지막한 가방 이외에 몇 가지 소품 세트도 함께 만들 생각이라면 가죽 한 장을 사는 게 자투리 가죽을 모아서 만드는 것보다 효율적이다. 이 책을 읽고 몇 작품을 만들어볼 생각이라면 꼭 반 마리 가죽 구입을 추천한다. 구입할 때 마음에 든 가죽의 두께가 생각보다 두꺼울 경우에는 상점 주인에게 피할(가죽을 얇게 깎는 것)을 부탁하자(대다수 가죽 상점에서는 피할도 해준다).

가죽 한 장 한 장에는 개성이 있다

사람의 얼굴이 저마다 다르듯 소가죽의 개성도 다양하다. 살아 있는 존재였기 때문에 같은 무리끼리 뿔로 찌르기도 하고, 나뭇가지나 울타리 철망에 걸려서 상처를 입기도 한다. 또한 목장에서 찍은 낙인이 가죽에 남기도 한다. 나는 이렇게 자연스럽게 생긴 상처를 결점으로 보기보다는 그 소만이 가질 수 있는 개성으로 받아들이고, 최대한 그 개성을 살려 디자인하려고 노력하고 있다. 단 얇게 자르면 끊어져버릴 정도로 깊은 상처가 있는 가죽에서는 가방을 구성할 만한 조각을 얻을 수 없기 때문에 구입할 때 이 점은 꼭 미리 확인해두자.

부위에 따른 특징이 있다

소 역시 사람과 마찬가지로 '등가죽은 잘 늘어나지 않고 배는 쉽게 처진다'는 말이 적용된다. 부위에 따라 가죽의 신축성과 단단함, 두께에 차이가 있다는 뜻이다. 뒷 페이지의 그림을 참고하여 어떤 부위에서 어느 조각을 잘라낼지 검토해 남는 부분이 최소화되도록 재단하자. 흠집이 있는 부위도 심이나 내피와 같이 겉으로 드러나지 않는 부분에 사용할 수 있다. 데시로 표시했을 때 면적이 충분하더라도 가죽 형태나 흠집에 따라 전체 구성 조각을 재단할 수 없는 경우도 있다. 이를 사전에 방지하려면 가죽을 사러 갈 때 만들고 싶은 작품의 형지를 지참하면 좋다.

손질하기

가죽은 사용할수록 부드러워지고 광택이 나므로 쓰는 것 자체가 최고의 손질법이라고 할 수 있다. 애정을 갖고 소중히 사용하면 별다른 손질을 할 필요는 없다. 평소에는 부드러운 천으로 마른걸레질을 해서 먼지나 오염물질을 털어내는 것만으로 충분하다. 스웨이드 같은 기모 타입의 가죽은 솔을 사용해서 먼지를 잘 털어내자.

보관할 때
보관할 때 가장 조심해야 할 것이 곰팡이다. 곰팡이는 오염, 습기, 적정 온도, 이 세 가지 조건이 갖춰지면 쉽게 번식한다. 보관 전에 반드시 오염물질을 제거한 후 그늘에서 완전히 말린다. 가방 형태가 찌그러지지 않도록 속을 채워넣고, 흠집이 나지 않게 부직포 등으로 싸서 통풍이 좋고 빛이 닿지 않는 건조한 장소에 둔다. 비닐봉지에 넣으면 비닐과 표면이 밀착되는 경우가 있으므로 주의가 필요하다. 가끔씩 꺼내서 그늘에서 말린다.

곰팡이가 생기면
곰팡이가 생기면 물기를 꽉 짜낸 젖은 천으로 곰팡이를 닦아내고 햇볕에서 말려 살균한다. 곰팡이 뿌리가 가죽 속으로 깊숙이 들어가면 표면을 닦아도 완전히 제거할 수 없으므로 최대한 빨리 발견해서 대처하는 것이 중요하다.

물에 젖으면
가죽 중에서도 활피는 특히 수분을 잘 흡수해서 쉽게 얼룩이 생기므로 물에 젖지 않도록 신경 써야 한다. 젖으면 깨끗한 마른 천이나 종이로 수분을 빨아내고, 속에 신문지를 채워 형태를 잘 매만진 후 통풍이 좋은 그늘에서 말린다. 햇볕에 말리거나 드라이어기를 이용한 급속한 고온 건조는 가죽을 수축, 경화, 변형시켜 촉감을 손상시킬 수 있기 때문에 피해야 한다.

오염물질이 묻으면
오염물질이 가죽 속으로 깊숙이 들어가면 제거하기가 힘들기 때문에 더러워졌을 때는 곧바로 닦아내는 것이 중요하다. 볼펜 잉크 같은 유성 얼룩은 기본적으로 제거할 수 없다. 벤진이나 시너, 리무버는 가죽 표면을 손상시키므로 절대로 사용하지 말아야 한다. 가죽용 클리너를 사용할 경우에도 얼룩이 질 가능성이 있기 때문에 눈에 잘 띄지 않는 부분에 시험해보는 등 세심한 주의를 기울여야 한다. 아무튼 필요 이상으로 손대지 말고 가죽 전문점과 상담하는 편이 좋다.

내가 가장 좋아하는 가죽 '활피'

내가 가방을 만들 때 즐겨 사용하는 가죽은 성우의 활피이다.

성우피는 적절한 탄력과 두께가 있어서 바느질하면서 실을 당기면 바늘땀이 볼록하게 올라오는데,

이런 과정이 반복되면서 뭐라 설명할 수 없는 느낌으로 가방이 완성된다.

또한 절단면의 촉감도 소중하게 생각하므로 가죽 시접을 두 겹으로 접어 겹치게 하지 않는다.

탄력 있는 활피는 가장자리에 고운 광택을 낼 수 있지만, 크롬으로 무두질한 가죽은 부드러워서 가장자리를 다듬을 수가 없다.

염료 염색을 한 활피는 가죽 본연의 감촉이 살아 있다. 수많은 가죽 중에서도 사용하면 할수록 멋스러운 점에서는 최고다.

처음에는 단단하게 느껴질 정도로 탄성이 강하지만 길이 들수록 섬유 조직이 풀어져서 부드러워지고,

손때가 탈수록 윤기가 나서 원래 있었던 흠집이나 얼룩도 신경 쓰이지 않게 된다.

한 땀 한 땀 정성들여 꿰매기 때문에 사용하면 할수록 멋이 나는 가죽, 오래 사용할 수 있는 가죽을 선택한다.

● 성우 활피 반 마리 256데시(길이 약 270cm)

깨끗하고 잘 늘어나지 않는 부위는 주요 부분으로, 흠집이나 힘줄이 눈에 띄는 부위는 심이나 내피 등에 사용하면 좋다.

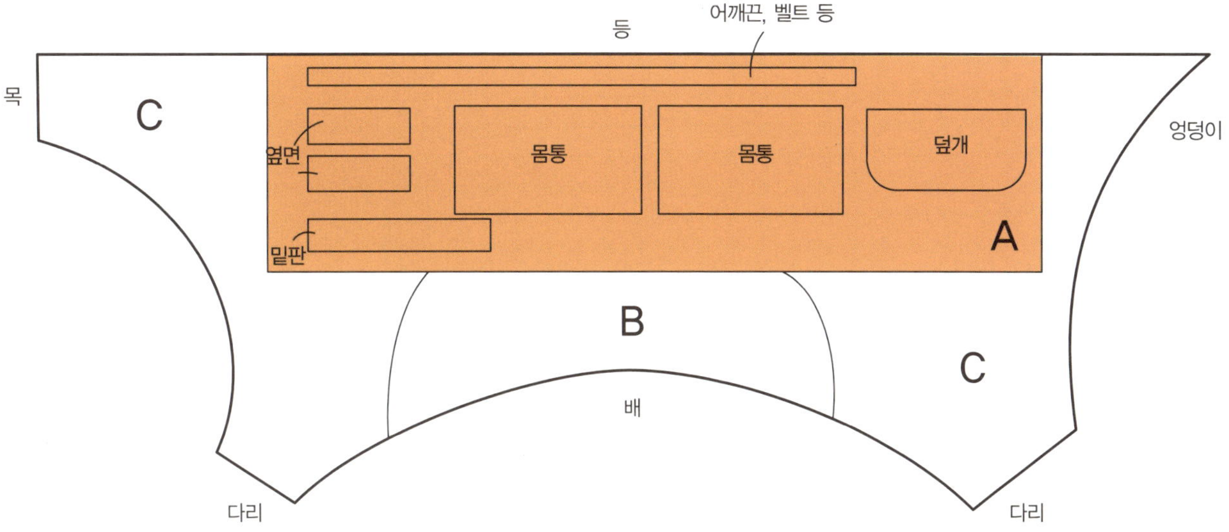

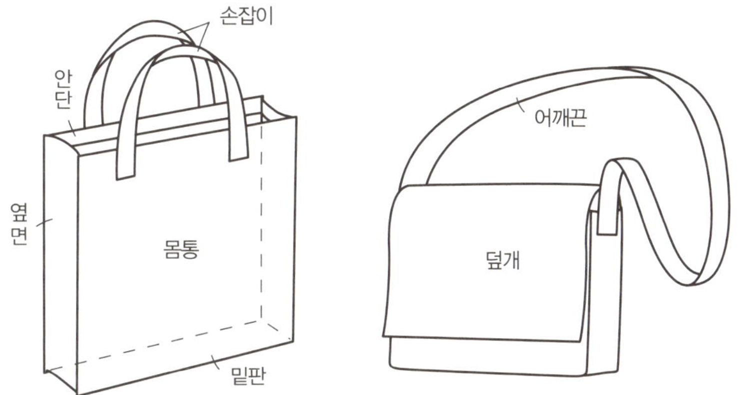

A 등 잘 늘어나지 않고 가장 질이 좋은 가죽을 얻을 수 있는 부위. 가방의 몸통, 옆면이나 밑판과 같이 아름다움과 튼튼함이 요구되는 부분을 우선적으로 자른다. 어깨끈, 벨트 등 어느 정도 길이가 필요하면서도 늘어나면 안 되는 부분은 등줄기를 따라 자른다.

B 배 근섬유가 엉성하고 부드러우며 잘 늘어난다. 포켓이나 안단 같은 부분에 이용하거나 내피용으로 사용한다.

C 목, 다리, 엉덩이 힘줄이 많고 섬유조직이 엉성하며 두께도 일정하지 않다. 가방의 덮개 등이라면 낙인이나 주름, 흠집을 살려 디자인해도 재미있다.

도구와 재료에 대하여

✱ 재단

1. 두꺼운 비닐판 재단할 때나 형태가 변형된 가죽을 바로잡는 데 사용한다. 커팅매트 대용으로 사용할 수도 있다.

2. 문진 잼병같이 무게가 있는 것이라면 뭐든 대용할 수 있다. 단 표면이 가죽을 손상시키지 않는 재질이어야 한다.

3. 스테인리스 자

4. 원형송곳 표시하는 용도 외에도 실이 지나가는 구멍의 위치를 확인하는 데 사용한다(p.61 참조).

5. 가죽칼 가죽 재단 전용 칼. 겹쳐지는 부분 등 작은 부분의 가죽 두께를 얇게 깎아낼 때도 사용한다. 구입 시 날의 상태(바로 사용할 수 있을 만큼 날이 잘 드는지)를 확인할 것. 날을 갈 필요가 없는 날 교체용 칼도 있다(p.39 참조).

6. 스카이버 작은 부분의 가죽 두께를 얇게 깎는 데 사용한다(p.75 참조). 칼로 얇게 깎아내기 힘든 사람에게는 편리하다. 원래는 발바닥의 굳은살을 제거하기 위한 도구였다.

✱ 구멍 뚫기

7. 크리저 바느질선과 장식선을 그리는 데 사용한다. 간격 조절 나사로 선 긋는 폭을 조절한다.

8. 목타(그리프 또는 치즐이라고도 한다) 가죽을 손바느질할 때는 목타로 미리 뚫어놓은 구멍에 실을 통과시켜 꿰맨다. 약 3.3cm의 폭에 들어간 날의 개수에 따라 바늘땀 간격이 달라진다. 이 책에서는 바늘땀이 잘 보이도록 비교적 두꺼운 실로 꿰매서 7날(약 0.5mm 간격) 목타를 사용했다. 또한 이 책에서는 날 간격이 0.5mm, 날이 7개인 것을 편의상 '7날 목타', 마찬가지로 날 간격이 0.5mm이면서 날이 2개인 것을 '2날 목타'라고 부른다. 직선상으로 계속해서 구멍을 뚫을 때는 7날 목타, 곡선이나 짧은 거리에 구멍을 뚫을 때는 2날 목타를 사용한다.

9. 나무망치 어느 정도 머리에 무게가 있는 것이 사용하기 편하다. 무게감 있는 플라스틱 망치도 대용 가능하다.

10. 받침판 가정에서는 고무판이 간편하다. 우리 공방에서는 떡갈나무 그루터기를 사용하고 있다.

✱ 접착

11. 고무풀 겹쳐서 꿰맬 부분의 양면에 바른다. 풀이 반쯤 마른 상태일 때 접착한다. 잘못 붙여도 쉽게 떼어낼 수 있는데 특히 초보자가 옆면이나 밑판을 접착할 때 미세하게 조정할 수 있어 편리하다.

12. 본드 가죽 전용 제품. 고무풀보다 접착력이 강하고 한 번 마르면 떼어낼 수 없다.

13. 본드주걱 본드를 바를 때 사용한다.

14. 클립 접착제가 완전히 마를 때까지 고정해둔다. 가죽이 손상되지 않도록 가죽과 클립 사이에 얇은 가죽이나 천을 끼워 사용한다.

✱ 바느질

15. 메리켄 바늘 재봉용 바늘이면 되는데, 힘이 많이 들기 때문에 바늘귀가 튼튼한 것을 선택한다. 사진은 메리켄 바늘 No.1. 가죽에 걸리지 않도록 바늘 끝을 사포로 뭉툭하게 갈아서 사용한다.

16. 리넨사 튼튼한 천연섬유이면서 탄력이 있는 리넨이 손바느질에 적합하다. 이 책에서는 16호의 5가닥 합사(16–5)를 사용했다. 좋아하는 색으로 염색할 경우에는 반드시 왁싱 전에 한다.

17. 비즈왁스(밀랍) 실에 보풀이 이는 것을 방지하고 꼬임이 풀리지 않도록 왁싱을 한다. 왁싱을 하면 바늘구멍에서 실이 교차할 때 바늘땀이 헐거워지지 않는다. 방수, 방염에도 유용하다.

18. 집게 옆면과 밑판을 꿰매어 연결하는 등 바늘을 가죽에서 빼내기 힘들 때 사용한다.

19. 마름송곳 바느질하면서 구멍을 관통시키거나 구멍 위치를 확인할 때 사용한다(p.61 참조).

✱ 마감

20. 줄 사포를 홀더나 적당한 크기의 나뭇조각에 붙여서 사용한다.

21. 마감제 가죽 뒷면에 보풀이 이는 것을 방지하거나 절단면을 다듬는 데 사용한다. 이 책에서는 무색의 마감제를 썼다.

✱ 금속장식 달기 (22~24는 p.86 참조)

22. 리벳 누름쇠

23. 리벳 받침쇠

24. 원형펀치

25. 버클용 펀치 버클을 통과시킬 구멍을 뚫기 위한 것. 사용 방법은 원형펀치와 동일하다.

11
16
21
17
12
ゴムのり
BULLDOG BRAND
Rubber Cement
(株)市川ゴム製作所
トコノール
SEIWA
皮革用ボンド
(ホワイト)
株式会社 ひうちや商店
東京都台東区浅草6-1-16
9
20
1
5
6
18
2
14
4
19
7
13
10
15
8
23
22
25
24
3

PART Ⅱ

가죽 제품 만들기의
기본 기술을 배워보자

+ 가죽을 재단한다

+ 가죽을 다듬는다

+ 크리저로 선을 긋는다

+ 목타로 구멍을 뚫는다

+ 실과 바늘을 준비한다

+ 새들스티치를 해보자

이 책에 실린 작품을 만드는 데 필요한 최소한의 기술이다.

가죽을 재단한다

칼 잡는 법

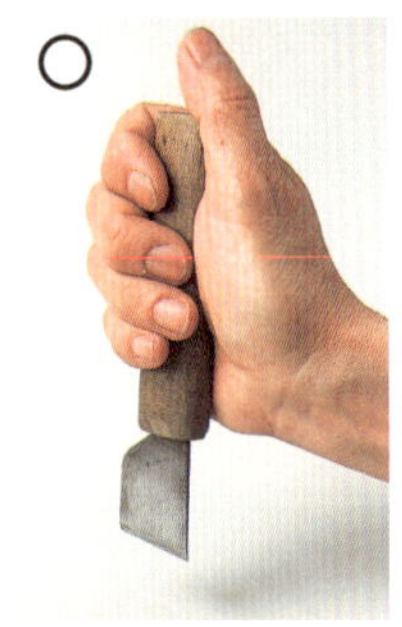

1 칼날 앞면을 안쪽으로 향하게 해서 엄지를 칼자루에 대고 세워서 꽉 잡는다.

2 ×의 사진처럼 칼날 앞면을 바깥쪽으로 향하게 하거나 칼자루를 주먹 모양으로 쥐면 반듯하게 자를 수 없으므로 주의한다.

직선 재단법

1 칼을 똑바로 잡고 칼자루를 손등 방향으로 살짝 기울여 칼날을 모서리에 맞춰 댄다.

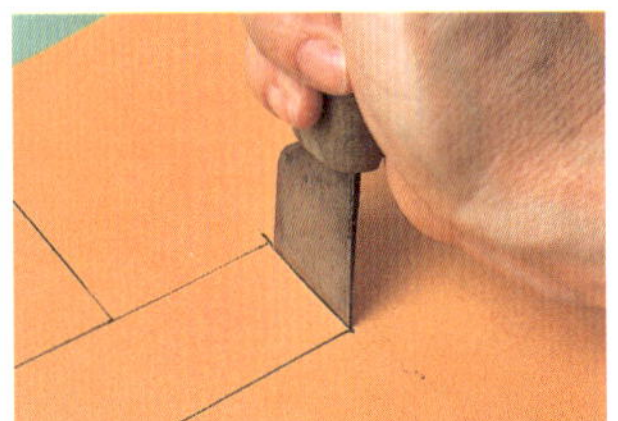

2 칼을 자기 앞으로 당기면서 재단선에 따라 자르고, 모서리에서 정확히 칼을 멈춘다.

3 모서리에 덜 잘린 부분이 있을 경우에는 다시 한 번 모서리에 칼을 대고 깊숙이 찌른다.

4 잘라낸 후 모서리는 지나친 칼자국이 없이 ㄷ자로 깔끔하게 잘리는 것이 좋다.

곡선 재단법

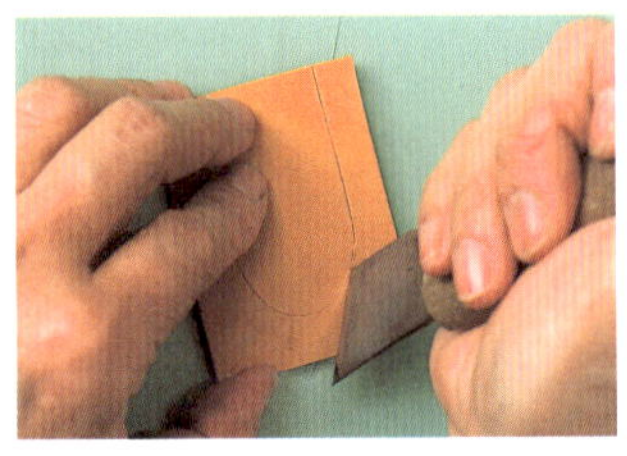

1 재단선을 송곳으로 힘을 줘서 표시를 해둔다. 먼저 표시를 따라 얇게 자른다. 칼을 자기 앞으로 당기며 왼손으로 가죽을 움직이면서 자른다.

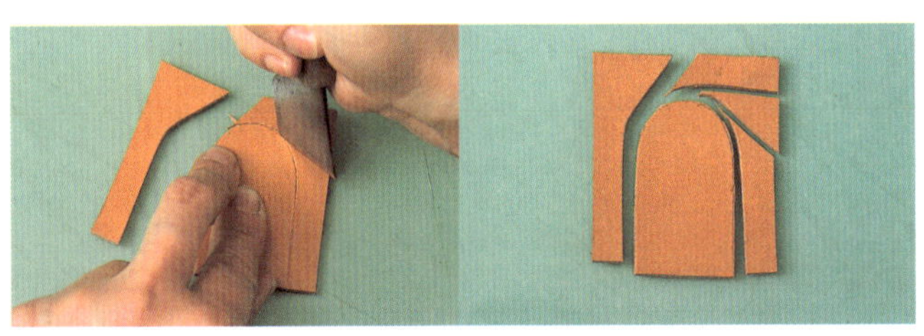

2 얇은 칼자국을 따라 다시 한 번 자른다. 곡선 부분에서는 일단 바깥쪽으로 피해가면서 자르면 재단하기 쉽다.

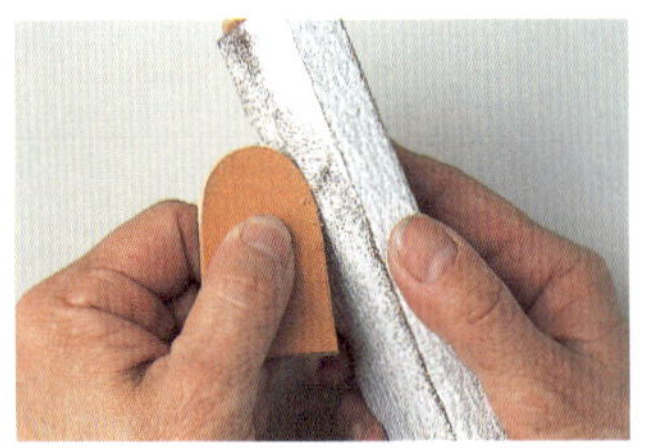

3 곡선 부분을 사포로 문질러서 깔끔하게 다듬는다.

가 죽 을 다듬는다

마감제를 사용해서 보풀이 이는 것을 방지하고 깔끔하게 다듬는 작업이다.

안감을 대지 않고 가방을 만들 경우에는 뒷면을 꼭 다듬는다.

또 측면은 가죽의 절단면을 말하는데 보풀이 이는 것을 방지하고

깔끔하게 다듬는 것은 뒷면과 동일하지만, 단면을 거듭 문질러서 반질반질하게 윤기를 내는 게 다르다.

뒷면을 다듬는다

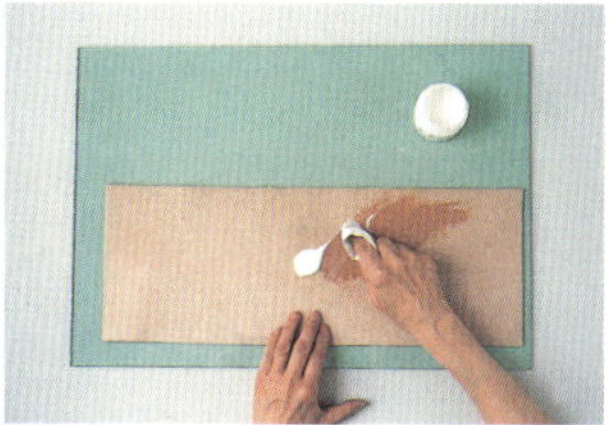

1 헝겊을 사용해서 마감제를 가죽 뒷면 중앙에 듬뿍 덜어낸다.

2 중앙에서 가장자리 쪽으로 마감제를 펴 바른다.

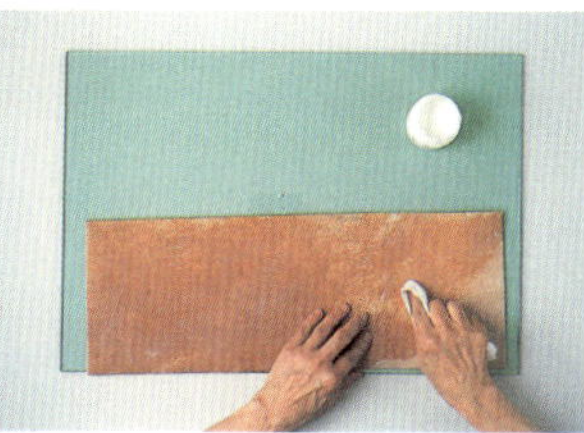

3 뒷면 전체에 마감제를 균일하게 펴 바른다. 가죽 부위에 따라 다소 얼룩이 지는 경우도 있다.

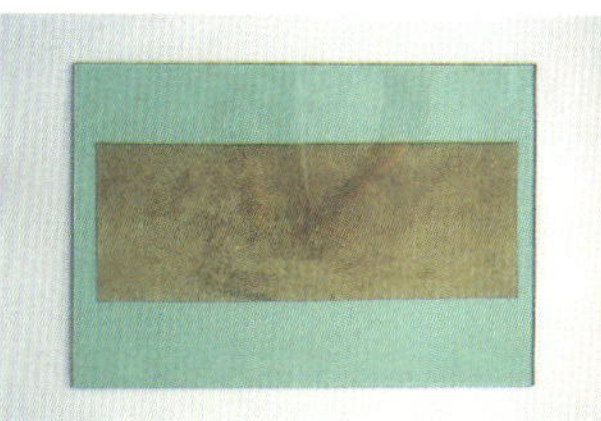

4 가죽 형태가 변형되지 않도록 가죽 위에 문진을 올려놓고 말린다. 사진 에서는 비닐판을 올렸는데, 전화번호 부 등을 문진 대용으로 사용해도 좋 다. 그럴 경우에는 흰 종이 등을 대 서 가죽이 더럽혀지지 않도록 한다.

측면을 마감한다

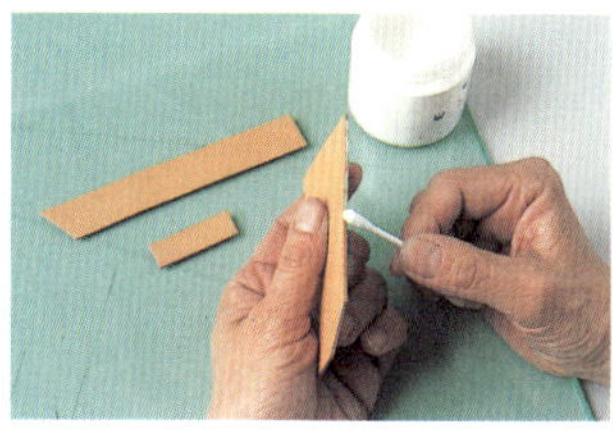

1 측면에 면봉으로 마감제를 묻힌다.

2 천으로 마감제를 펴 바른다.

3 가죽을 평평하게 놓고 가장자리가 휘지 않도록 다른 손으로 누르면 서 측면을 천으로 잘 문질러 반질 반질하게 윤기를 낸다.

날 교체형 가죽칼

가죽칼도 식칼과 마찬가지로 날이 잘 들게 하려면 숫돌에 갈아야 한다. 하지만 초보자가 날을 가는 것은 어려운 게 당연하다.
구입한 상점에서 갈아주는 경우도 있으니 문의해보자. 날 교체형 칼도 있다. 그리 비싸지 않고 날을 갈아야 할 필요가 없어서 간편하다.

크리저로 선을 긋는다

바늘땀의 안내선인 바느질선은 크리저를 사용하여 재단선과 평행하게 긋는다. 바느질을 하지 않고 가죽 가장자리에 장식 겸 안정감을 주기 위해 넣는 선은 장식선이라고 한다.

1 크리저의 나사를 돌려 폭을 조절한다. 짧은 쪽 날을 가죽 표면에 대고 다른 쪽 날은 가죽 절단면에 붙인다.

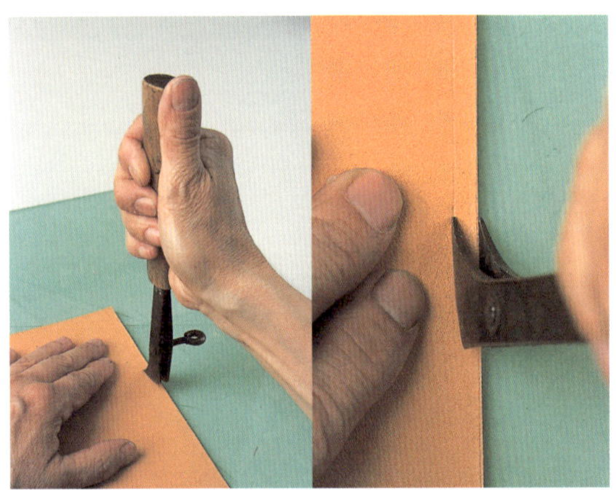

2 크리저를 수직으로 세워 절단면을 따라 앞쪽으로 당긴다. 꽉 누르면서 선을 깊게 긋는 것이 포인트.

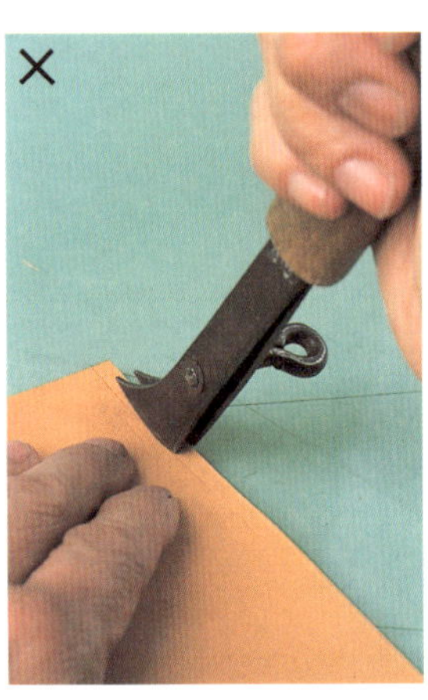

✕

크리저를 앞쪽으로 당길 때, 수직이 아니면 칼끝이 가죽에서 떠서 선을 제대로 그을 수 없으므로 주의한다.

목타로 구멍을 뚫는다

가죽 손바느질은 미리 목타로 구멍을 뚫어놓고 그 구멍으로 실을 통과시켜 꿰매는 것이다. 그렇기 때문에 구멍이 깔끔하게 뚫려 있어야 한다. 두툼한 가죽이나 큰 것을 만들 때는 간격이 듬성한 목타, 얇은 가죽이나 작은 것을 만들 때는 간격이 세밀한 목타를 사용해서 구멍을 뚫는다. 여기서는 여권 케이스(화보 p.19) 포켓 길이(9.5cm)에 7날 목타(날 간격 약 0.5cm)로 구멍을 뚫는 경우로 설명하겠다.

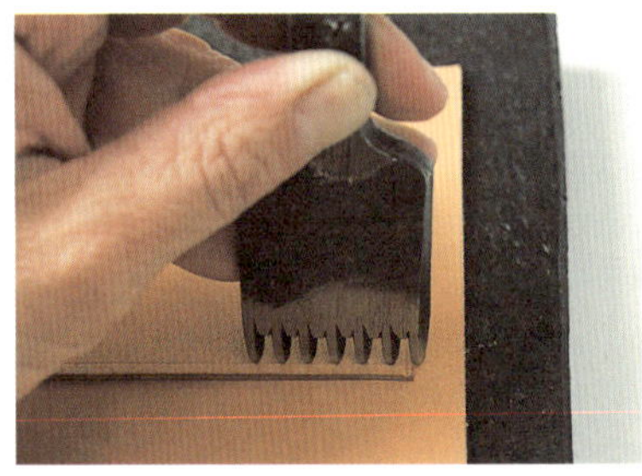

1 가죽의 표면이 위로 오게 해 고무판 위에 놓고 바느질선에 목타를 맞춘다. 먼저 오른쪽 끝에서부터 구멍을 뚫는다. 가장자리에 날 하나를 밖으로 빼서 7날 목타를 맞춘다.

2 7날 목타를 수직으로 세워 나무망치로 목타 손잡이 끝을 두들긴다. 목타가 뒷면까지 관통하도록 확실히 두들겨 박는다.

3 다음으로 왼쪽 끝에 구멍을 뚫는다. 일단 양쪽 끝에 구멍을 뚫는 건데 여기서는 전체 거리가 짧기 때문에 도중에 미세 조정을 할 수 있도록 왼쪽 끝에서는 2날 목타를 사용한다.

4 중간 부분은 간격이 달라지지 않도록 앞의 구멍에 날 하나를 걸어 뚫는다(한 날 걸기). 구멍을 뚫기 전에 오른쪽부터 차례대로 목타를 가볍게 대보고 전체 구멍의 간격이 일치하는지 확인한다. 간격이 일치하지 않는 경우에는 한 날 걸기를 하지 말고 구멍의 위치를 미세 조정한다.

실과 바늘을 준비한다

실은 새들스티치의 경우 필요한 길이의 3.5~4배, 크로스스티치는 4~5배를 준비한다. 먼저 실의 꼬임이 풀리거나 술기가 터지지 않도록 왁싱을 한다. 가죽 바느질에서는 일반적인 방법과는 다르게 바늘 2개가 필요하다.

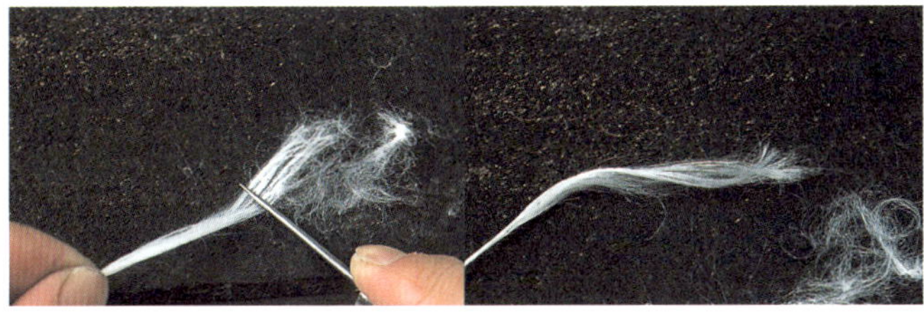

1 실 끝의 7~8cm를 원형송곳으로 세게 긁어서 올을 푼다. 실 끝에서 솜털이 나올 때까지 몇 번이고 정성스럽게 긁는다. 가늘어져서 바늘귀에 꿰기 쉽다.

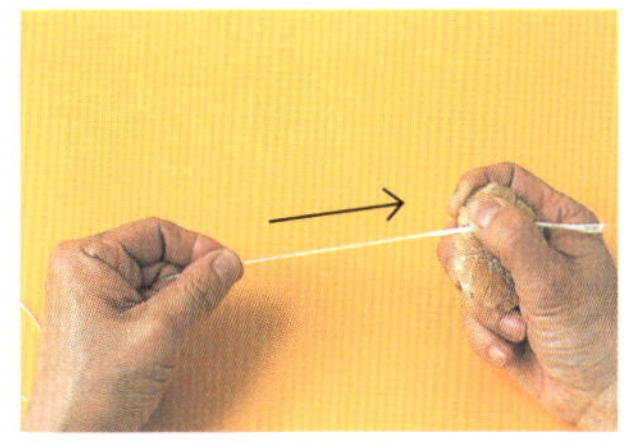

2 가늘게 풀린 실 끝을 하나로 합치면서 몇 번씩 왁싱을 한다.

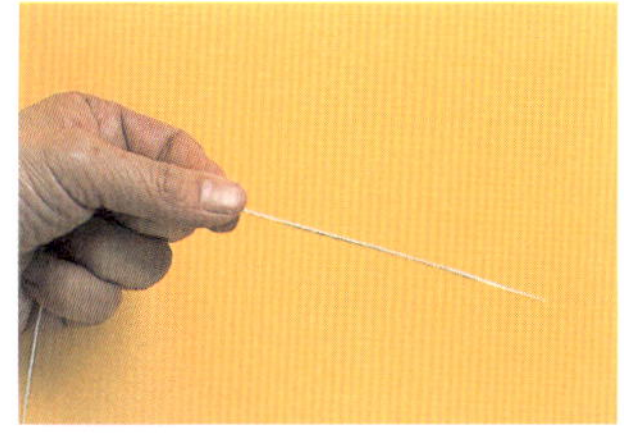

3 다시 실을 꼬면서 두세 번 왁싱하여 실 끝이 꼿꼿히 서게 만든다. 반대쪽 실 끝도 똑같이 긁은 후에 왁싱을 한다.

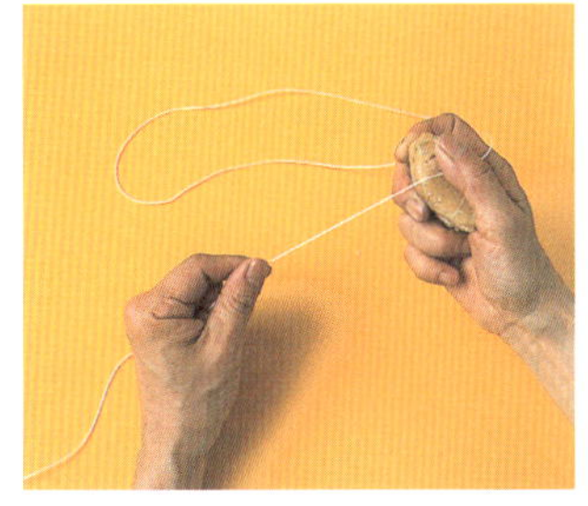

4 실 전체를 왁싱한다. 미리 왁싱한 실을 사용할 경우에는 이 과정이 필요 없다.

5 바늘 끝을 무디게 만든다. 바늘 끝을 사포 위에서 원을 그리듯이 빙글빙글 돌리면서 문지른다. 가죽은 구멍을 뚫은 후에 꿰매므로 바늘 끝이 날카롭고 뾰족한 것보다도 무딘 쪽이 잘 걸리지 않아서 바느질하기 편하다.

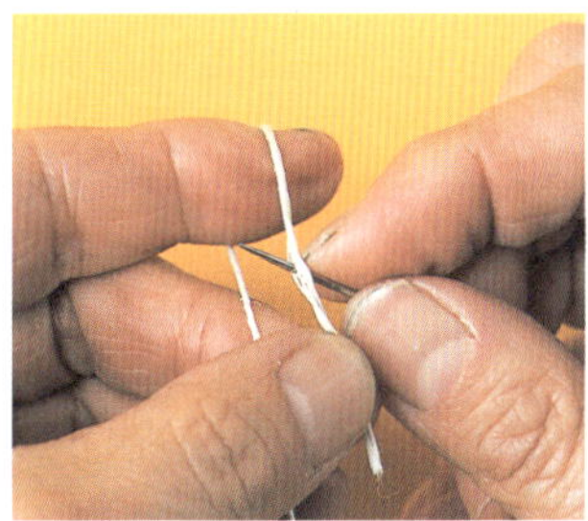

6 실을 바늘귀에 통과시킨다. 먼저 실 끝에서 4~5cm 정도 떨어진 부분의 한가운데에 바늘을 찌른다.

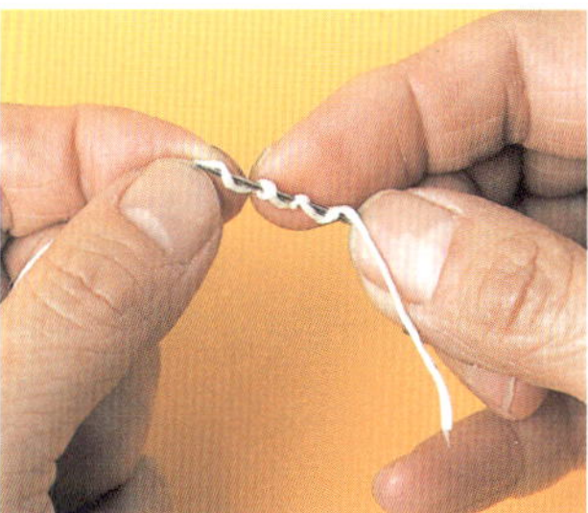

7 계속해서 0.6~0.7cm 간격으로 바늘로 실을 서너 번 찌른다.

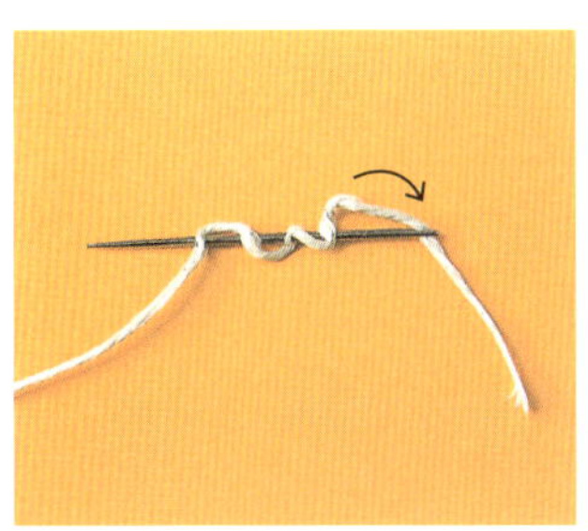

8 실 끝을 바늘귀에 꿴다.

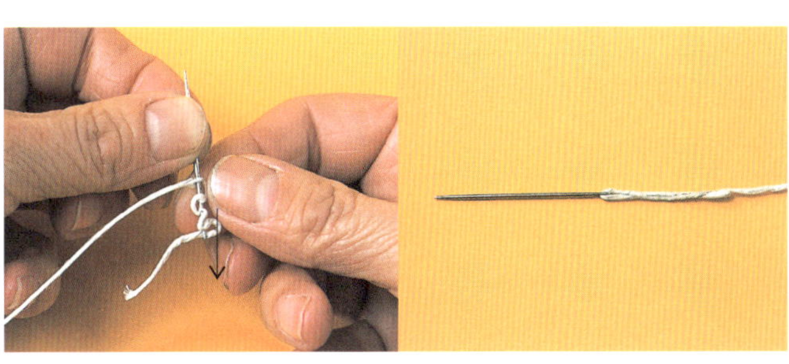

9 바늘 끝을 잡고 실 전체를 아래쪽으로 잡아당긴다.

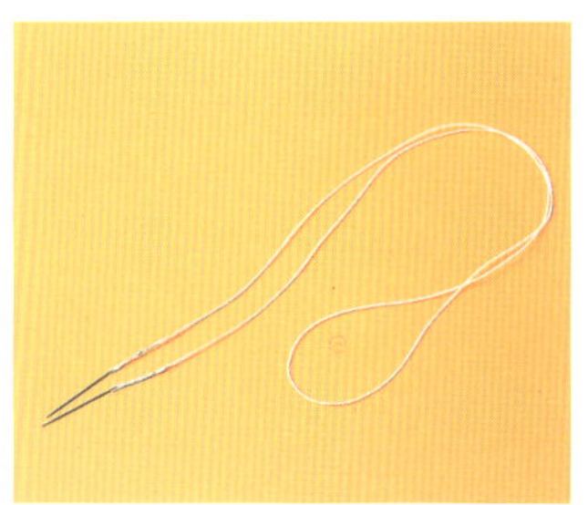

10 반대쪽 실 끝도 같은 방법으로 다른 바늘귀에 꿴다.

새들 스티치를 해보자

가죽 손바느질의 가장 기본적인 방법으로, 양손에 각각 바늘을 잡고 꿰맨다. 목타로 뚫은 구멍 속에서 왁싱한 실 두 가닥이 단단하게 교차하기 때문에, 만약 가방을 사용하는 도중에 실이 끊어지더라도 바늘땀이 바로 풀리지 않는 튼튼한 바느질법이다.

기본 바느질

1 표면이 오른쪽으로 향하도록 가죽을 세운 후 바느질을 시작할 구멍에 실을 통과시켜 2개의 바늘을 하나로 모아 당겨서 양쪽 실 길이를 똑같이 맞춘다.

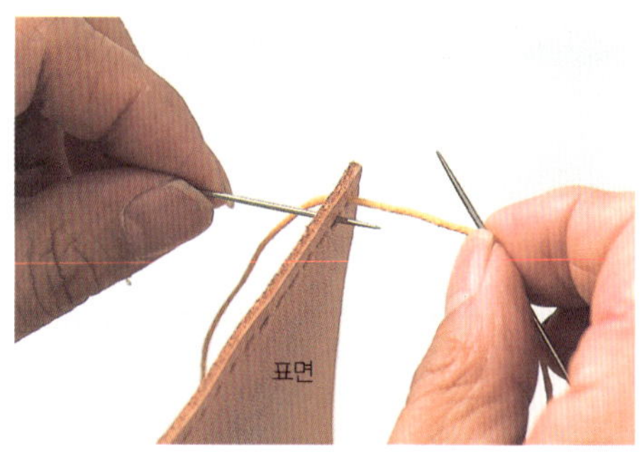

2 항상 오른쪽의 표면을 보면서 자기 앞쪽으로 꿰맨다. 먼저 왼손의 바늘을 두 번째 구멍에 넣는다.

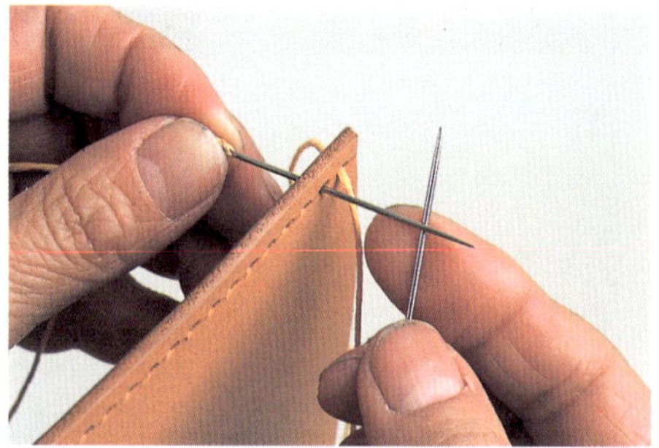

3 오른손의 바늘을 왼손의 바늘 밑에 십자로 겹친다.

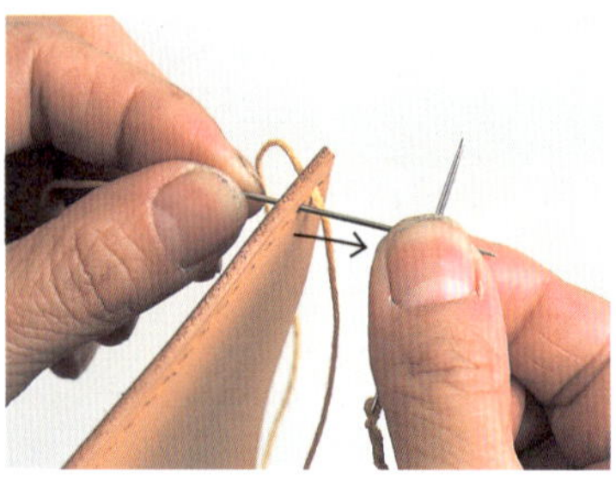

4 바늘의 겹친 부분을 누른 상태에서 왼손의 바늘을 오른쪽으로 잡아 뺀다.

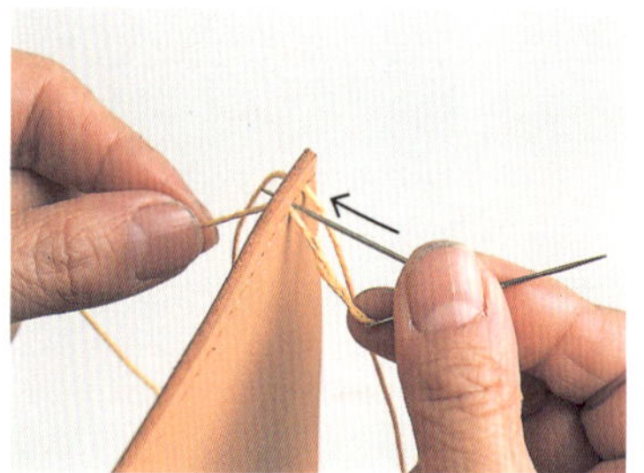

5 왼쪽 실을 5~6cm 빼고 바늘을 겹친 상태로 오른쪽 바늘을 두 번째 구멍에 넣는다. 이때 반드시 왼쪽 실 안쪽으로 바늘을 넣는다. 바늘을 넣는 방법이 일정하지 않으면 바늘땀이 고르지 못하다. 오른쪽 바늘을 빼기 전에 왼쪽 실을 양쪽으로 조금 당겨서 그 실에 바늘이 걸리지 않는지 확인한다.

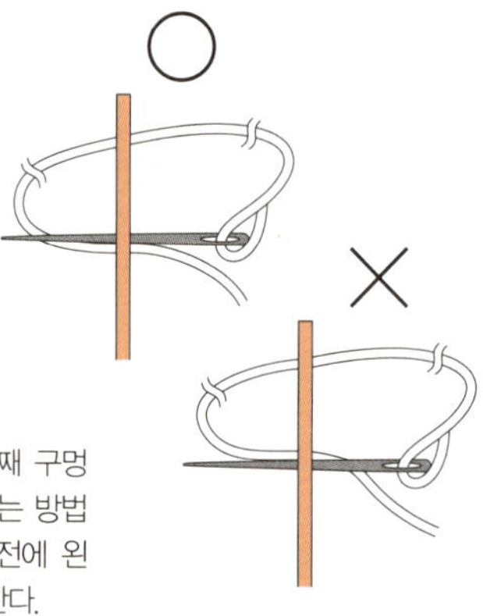

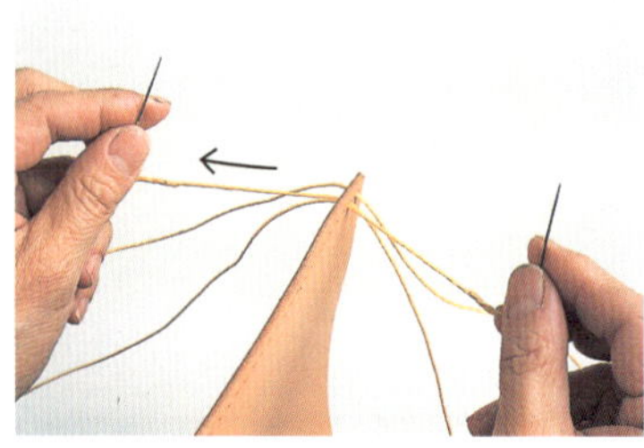

6 오른쪽 바늘을 왼쪽으로 잡아 뺀다.

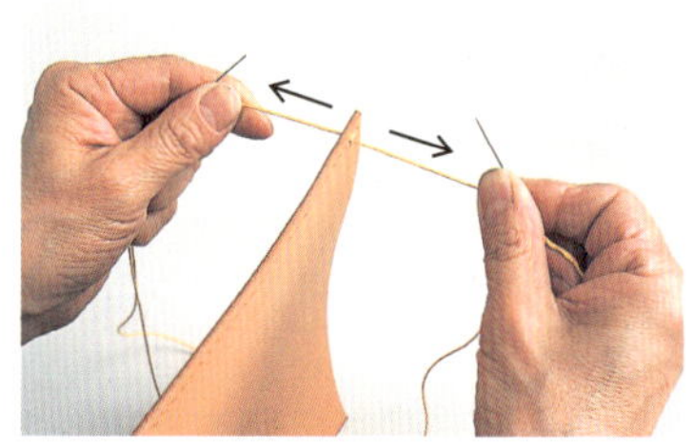

7 실을 양쪽으로 균등하게 꽉 잡아당겨 바늘땀을 정리한다. 이것으로 한 땀이 완성된다.

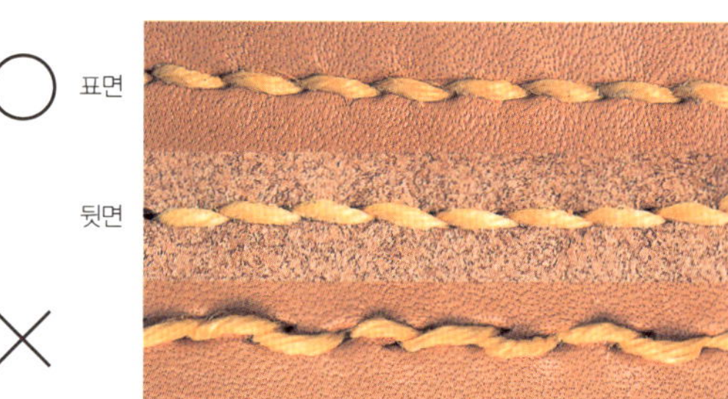

8 2~7을 반복한다. 5의 오른쪽 바늘을 구멍에 넣는 방법이 일정하지 않거나 실을 느슨하게 당기면 바늘땀이 흐트러져서 깔끔하게 완성되지 않는다.

실 연결하기

꿰매는 도중 실이 부족할 경우 연결하는 방법. 남은 실이 짧아진 후에는 연결하기 어려우므로 실이 약간 길게 남았을 때 해야 한다.

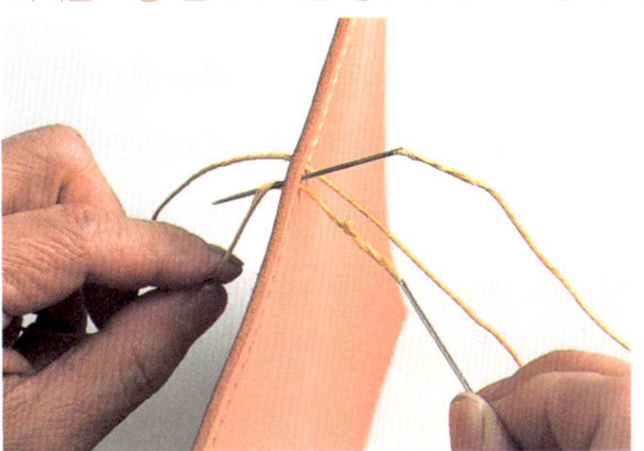

1 새들스티치 도중에 오른쪽 바늘을 왼쪽 구멍으로 빼낼 때 바늘 끝에 왼쪽에 남아 있는 실을 한 번 건다.

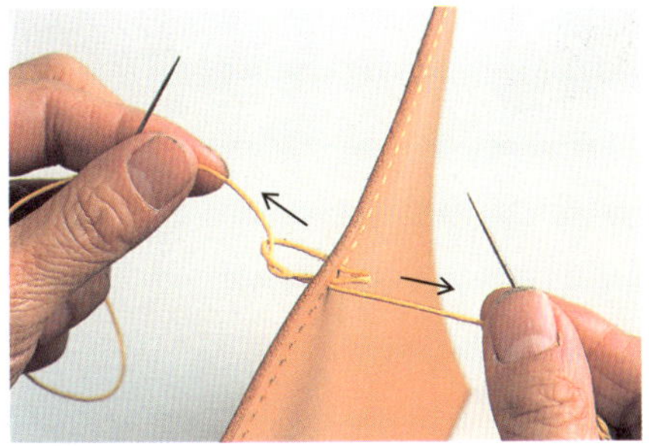

2 그 상태로 바늘을 왼쪽으로 빼서 실을 양쪽으로 꽉 잡아당긴다.

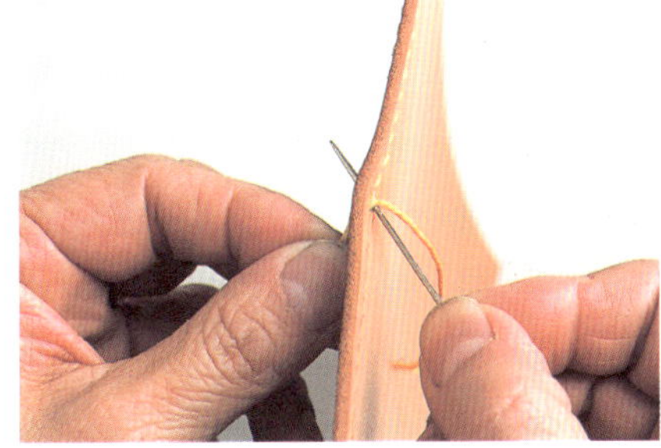

3 뒷 페이지의 바느질 마감 처리 7번과 마찬가지로 원형송곳을 비스듬히 찌르고 그 구멍에 오른쪽 바늘을 통과시킨다.

4 바늘을 왼쪽으로 빼내고 표면 쪽 실에 본드를 바른 후 뒷면으로 실을 꽉 당긴다. 표면에 남은 본드는 젖은 천으로 닦아낸다(p.55 참조).

5 뒷면으로 나온 양쪽 실을 모두 최대한 바짝 자른다.

6 자른 실 끝에 본드를 바르고 송곳 자루로 잘 눌러서 풀림을 방지한다(p.44 참조).

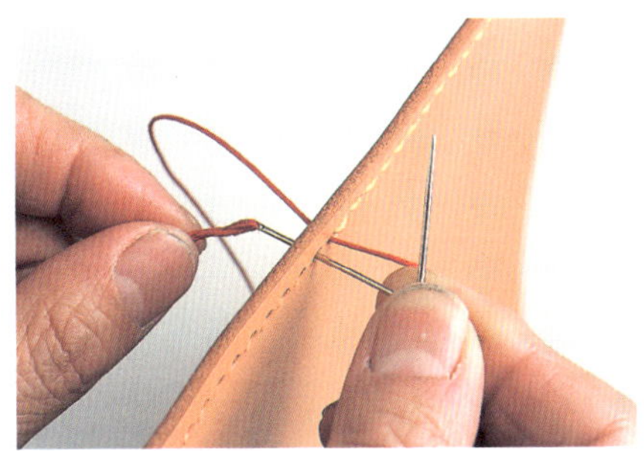

7 새 실을 준비하여 마지막으로 꿰맨 구멍에 통과시키고 양쪽의 실 길이를 맞춘 후 새들스티치를 계속한다.

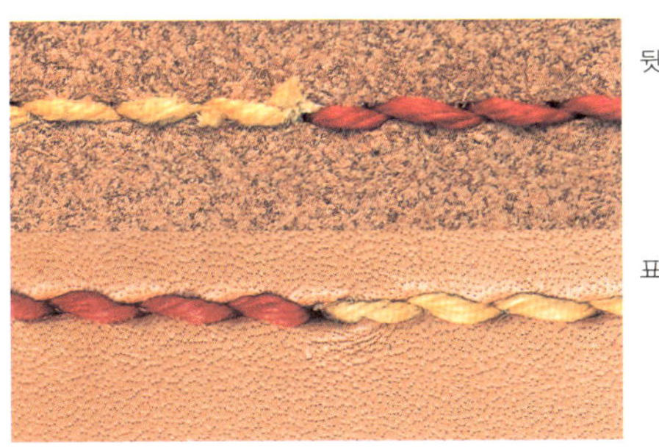

* 붉은 실이 연결을 더한 부분

가죽은 세워서 바느질한다

가죽은 항상 세워서 바느질해야 하므로 무릎 사이에 가죽을 끼워 꿰맨다. 가죽을 고정시키는 전용 도구 '레이싱 포니(클램프라고도 부른다)'도 판매되고 있다. 앉아서 꿰맬 때는 받침대에 걸터앉아 사용한다. 레이싱 포니를 사용할 때는 가죽에 흠집이 생기지 않도록 가죽을 끼우는 부분에 얇은 가죽을 붙여두자.

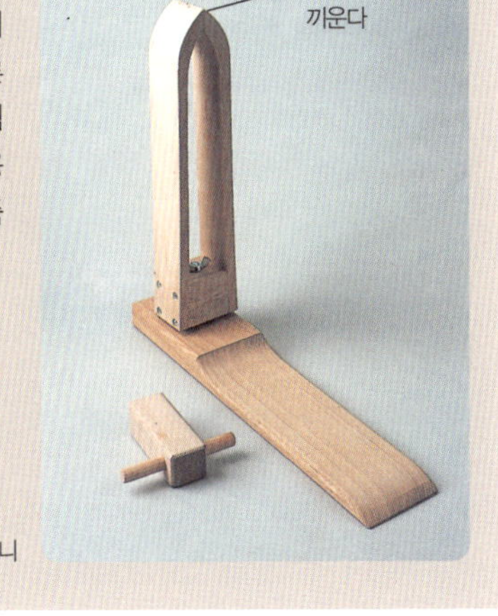

● 레이싱 포니

바느질 마감 처리

매듭을 만들지 않는 처리 방법(뒷면이 보이는 경우)

1 바느질이 끝나기 세 땀 전까지 꿰매면 나머지 세 땀은 왼쪽(뒷면) 바늘 하나로 꿰맨다. 오른쪽 바늘을 내려놓고 왼쪽 바늘을 끝에서 세 번째 구멍에 통과시킨다.

2 오른쪽으로 뺀 바늘을 그대로 다음 구멍에 통과시키고 다시 마지막 구멍에 왼쪽에서 오른쪽으로 통과시킨다.

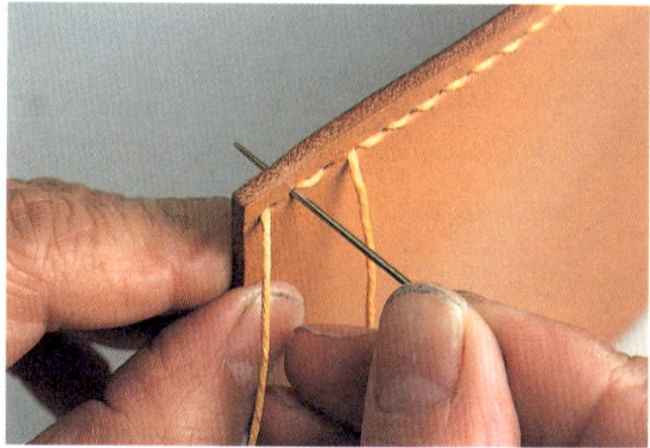

3 오른쪽으로 뺀 바늘을 한 땀 되돌려 오른쪽에서 왼쪽으로 통과시킨다.

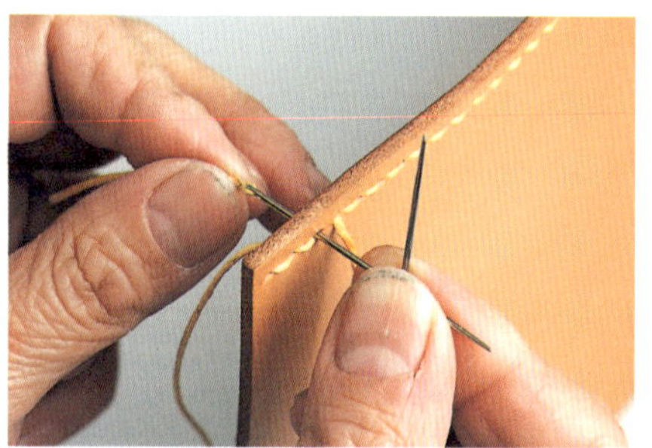

4 왼쪽으로 뺀 바늘을 다시 한 땀 되돌려 왼쪽에서 오른쪽으로 통과시킨다.

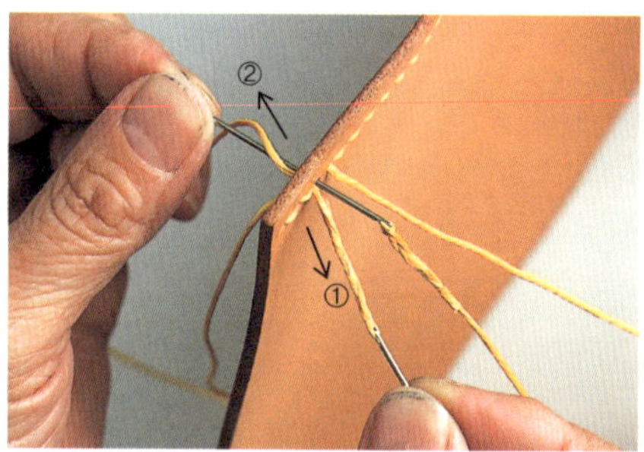

5 왼쪽 실을 오른쪽으로 5~6cm 빼내고 나서 오른쪽 바늘을 같은 구멍에 찌르고 바늘 끝에 왼쪽 실을 한 번 건다.

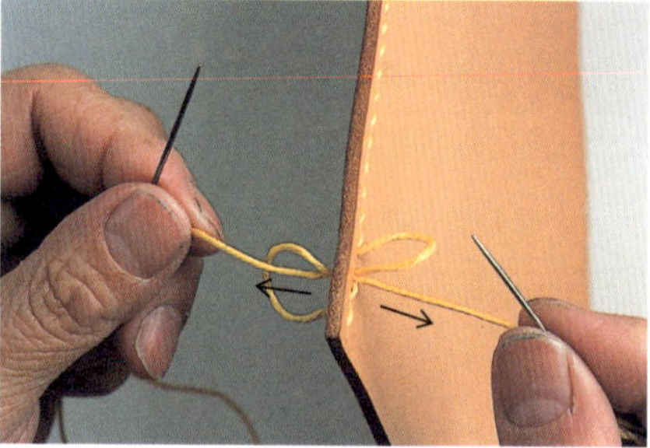

6 오른쪽 바늘을 왼쪽으로 빼고 양쪽의 실을 힘껏 잡아당긴다.

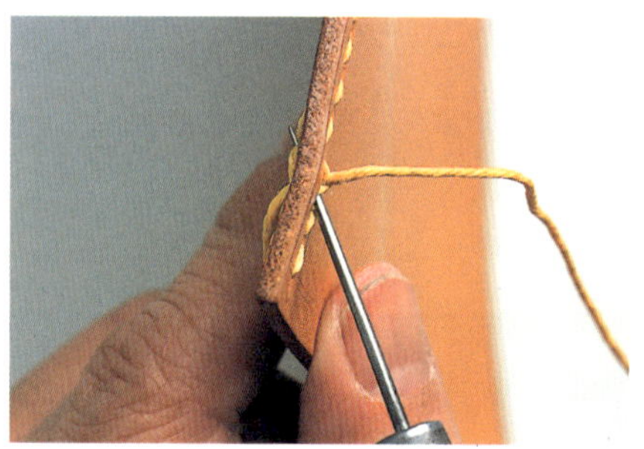

7 세 번째 구멍의 표면에서 네 번째 구멍의 뒷면으로 원형송곳을 비스듬히 찌른다.

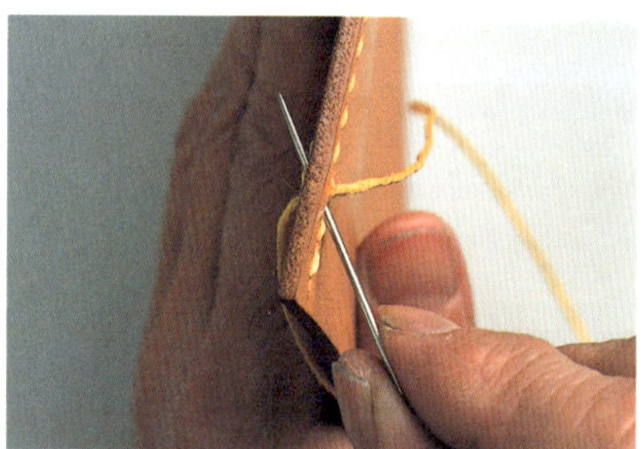

8 7에서 뚫은 송곳 구멍에 오른쪽 바늘을 통과시켜 뒷면으로 잡아 뺀다.

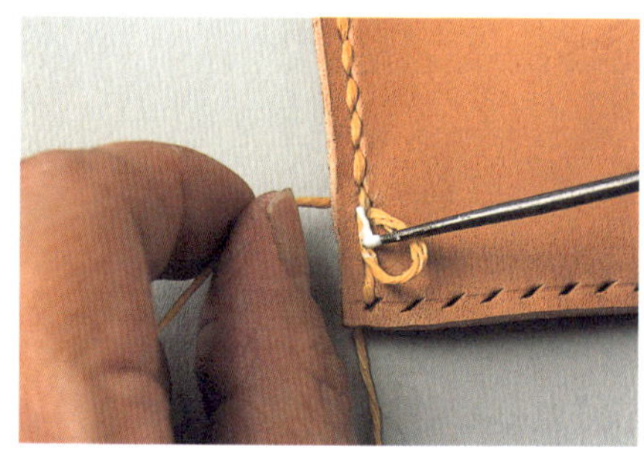

9 표면으로 나온 실에 본드를 바르고 뒷면의 실을 꽉 당긴다. 표면에 남아 있는 본드는 천으로 닦아낸다.

10 뒷면의 실 두 가닥을 가위로 바짝 자른 후 실 끝에 본드를 바른다.

11 송곳 자루로 눌러서 실 끝을 뭉갠다.

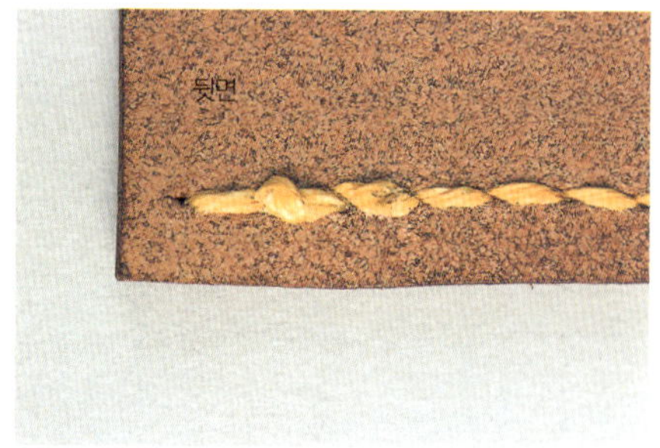

12 바느질 마감 처리 완료.

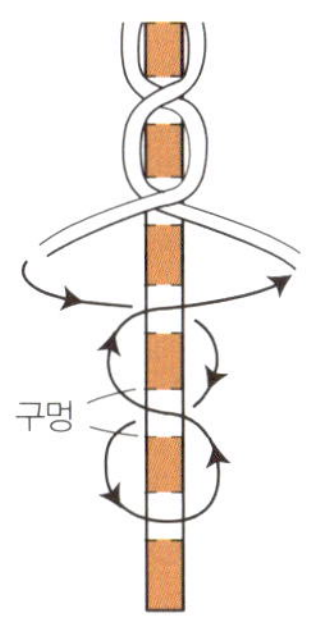

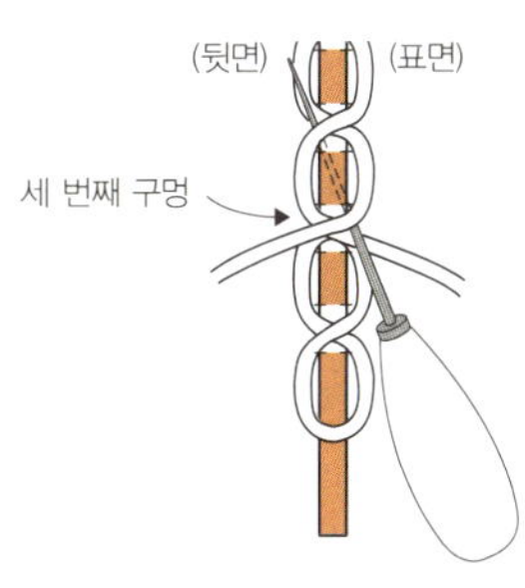

매듭짓기(뒷면이 보이지 않는 경우에는 이 방법으로 해도 무방하다)

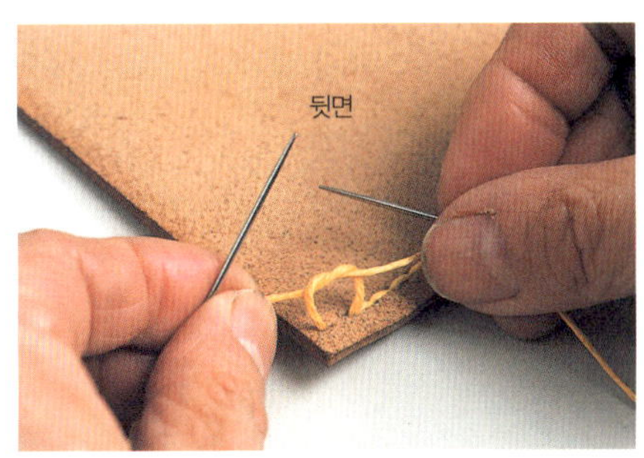

1 끝까지 새들스티치를 하고 마지막 땀에서 양쪽 실을 뒷면으로 뺀 후 한 번 묶는다.

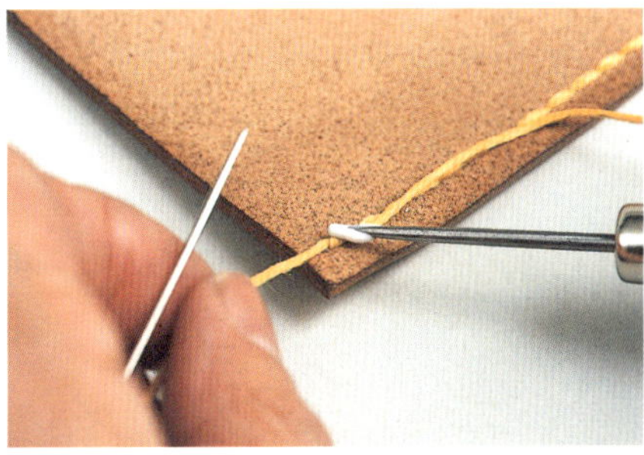

2 매듭에 본드를 바른다.

3 실을 다시 한 번 묶어서 바짝 당긴다.

4 실을 당기면서 매듭 가장자리에서 실을 자른다.

5 송곳 자루로 매듭을 뭉갠다.

6 완성.

바늘땀 풀기

잘못 꿰매어 바늘땀을 풀 때는 바늘귀에 통과시킨 실을 끊어낸 다음, 원형송곳을 이용해 실을 빼낸다. 표면에 흠집이 생기지 않게 사진처럼 반드시 뒷면에서 송곳으로 실을 빼낸다.

PART III

연습 작품으로
기본 기술을 익혀보자

+ 여권 케이스

+ 기본 토트백

+ 크로스스티치 미니 숄더백

실제로 간단한 작품 3개를 만들어보면서 가방 만드는 순서를 연습해보자.
각 과정에 대한 자세한 설명은 PART II '가죽 제품 만들기의 기본 기술을 배워보자(p.36~45)'를 참
조하기 바란다.

* 1데시 = 10×10cm
* 도면 내 치수 단위는 전부 cm, 시접을 포함한 치수
* 가죽 두께는 특별히 표시하지 않는 한 2.2~2.4mm
* 완성 치수는 가로×세로×폭으로 표시

여권 케이스

가죽 재단과 바느질 연습에 적당한 소품이다. 먼저 이 작품부터 시작하자. 소품은 1.5mm 두께의 가죽으로 만든다.

* 완성 치수: 14.5×17cm(덮은 상태)
* 재료: 성우 활피(두께 1.5mm)
※ 이해를 돕기 위해 19페이지와는 다른 색의 가죽을 사용했다.

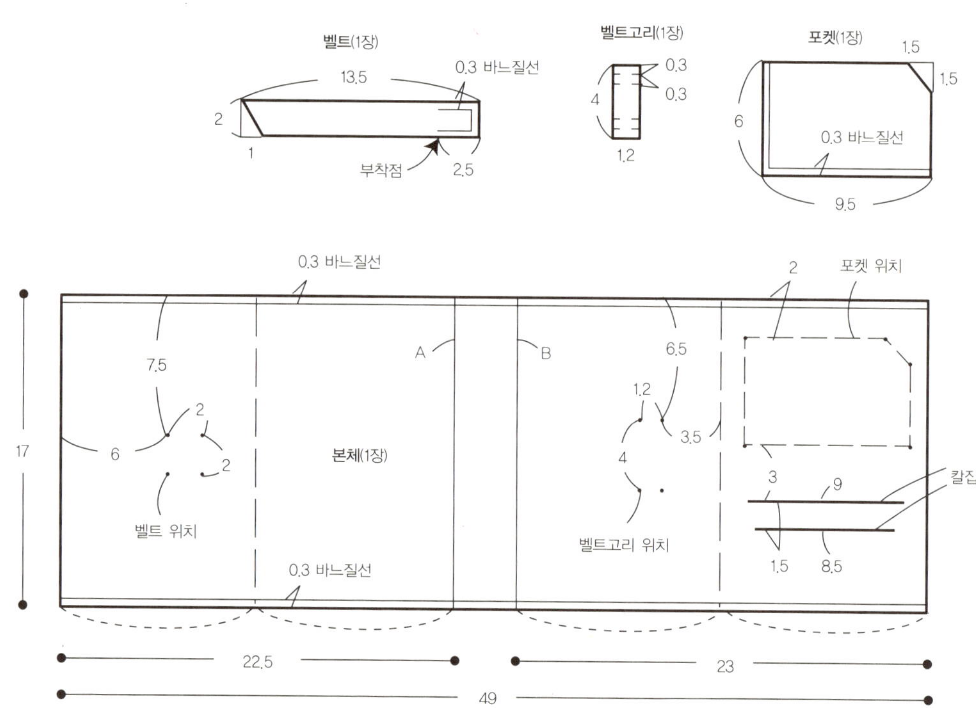

① 형지를 만든다

도면을 참조하여 두꺼운 종이에 각 부분(본체, 포켓, 벨트, 벨트고리)의 형지를 만든다. 본체의 벨트 위치, 벨트고리 위치는 점으로 표시해둔다.

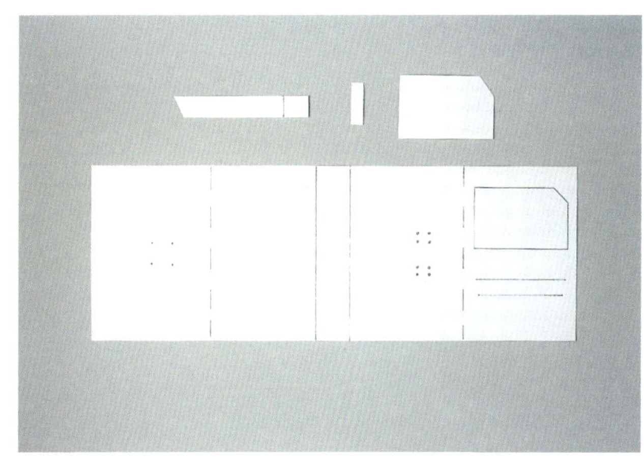

② 가재단을 한다

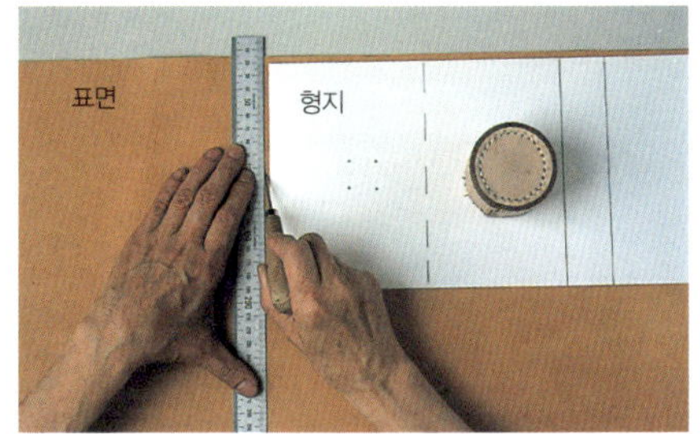

1 가죽 표면에 본체 형지를 놓고 문진으로 누른다. 형지 바깥둘레에서 약 0.5cm 여분을 둔 곳에 원형송곳으로 가재단 선을 그린다.

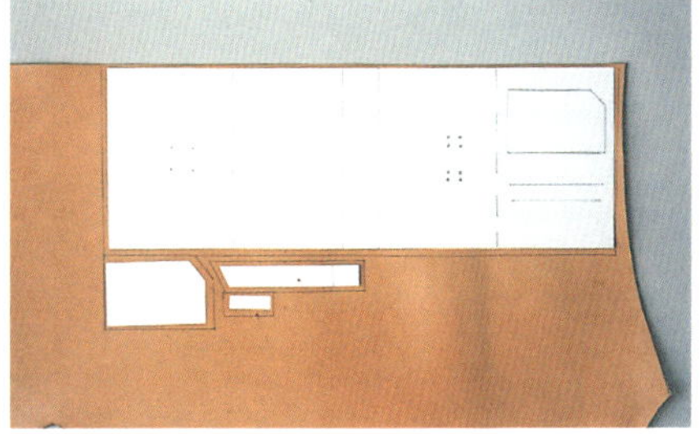

2 다른 부분도 마찬가지로 가재단 선을 그린다(사진에서는 알기 쉽게 펜으로 선을 덧그렸다). 가죽의 흠집이나 오염을 확실히 체크하고, 남는 부분이 최소화되도록 형지를 배치한다.

3 가재단 선을 따라 자른다. 자른 각 부분은 뒷면을 손질해둔다(p.39 참조).

③ 정재단을 한다

1 본체의 표면에 형지를 대고 포켓의 각 모서리, 칼집의 양쪽 가장자리, 벨트와 벨트고리 부착 지점에 원형송곳을 수직으로 찔러 가죽에 표시한다.

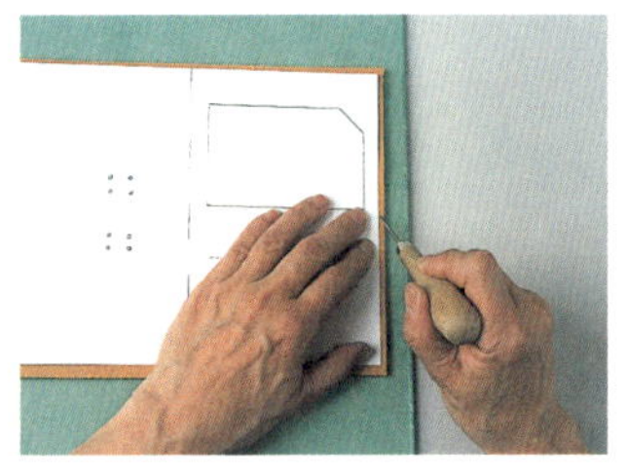

2 형지를 따라 원형송곳으로 선을 그린다.

3 선을 따라 가죽을 재단한다.

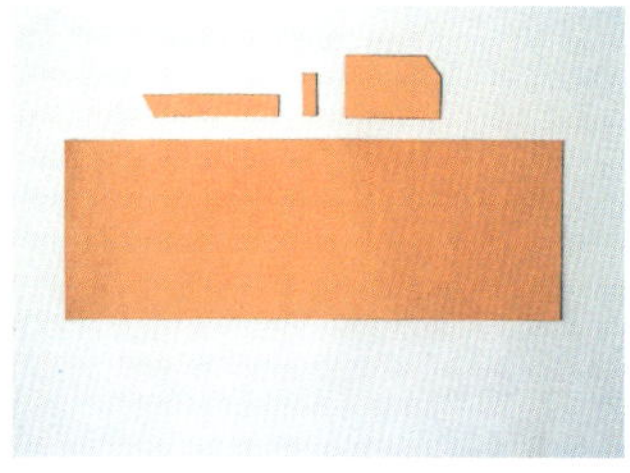

4 나머지 부분도 마찬가지로 원형송곳으로 선을 그려 재단한다. 재단한 후에 포켓, 벨트, 벨트고리 주위, 본체 짧은 쪽의 측면을 다듬는다(p.39 참조).

④ 바느질선, 장식선을 그린다

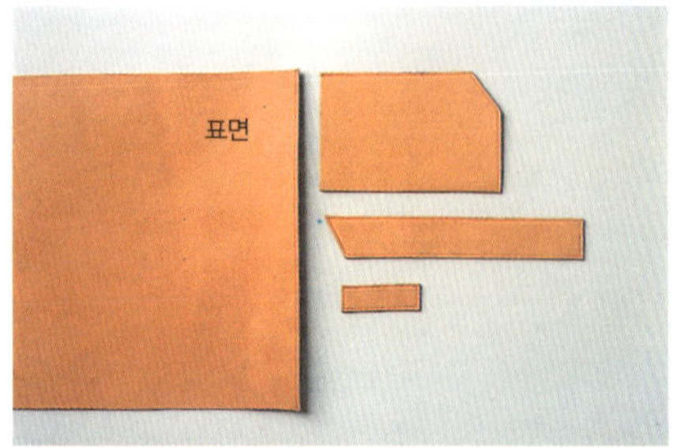
1 장식선을 넣는다. 본체의 짧은 두 변, 포켓의 위쪽과 오른쪽 변(바느질선이 없는 변), 벨트와 벨트고리 주위에 크리저로 0.1cm 폭의 선을 긋는다 (p.40 참조).

2 본체 뒷면에 뒤집은 형지를 놓는다. 형지의 A선과 B선의 위치를 연필로 위아래에 표시한다.

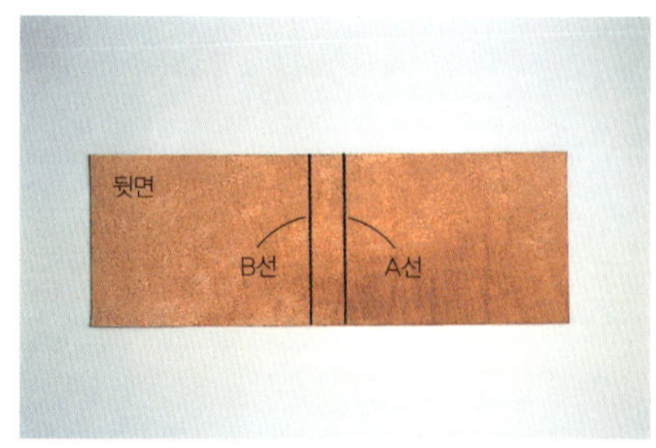
3 위아래의 표시를 연결하는 A선과 B선을 원형송곳으로 긋는다.

4 포켓 아래쪽과 왼쪽 변에 바느질선을 긋는다. 크리저로 0.3cm 폭의 선을 긋는다.

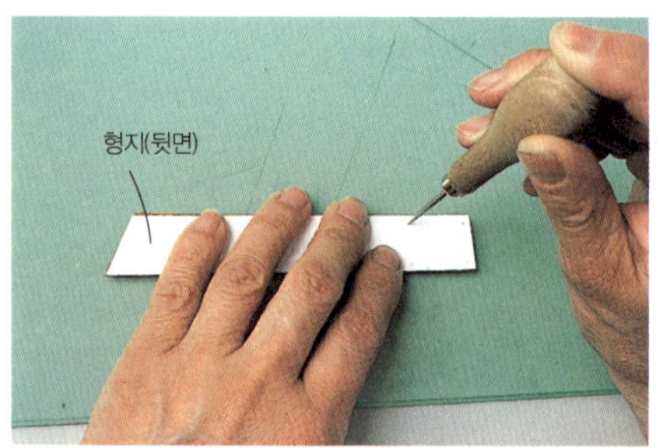
5 벨트 뒷면에 뒤집은 형지를 대고 부착 위치를 원형송곳으로 찔러 점으로 표시한다. 벨트는 안으로 접히는 부분에 바느질로 고정시키므로 뒷면에 표시를 한다.

6 벨트 뒷면의 부착 위치까지 바느질선을 ㄷ자로 넣는다.

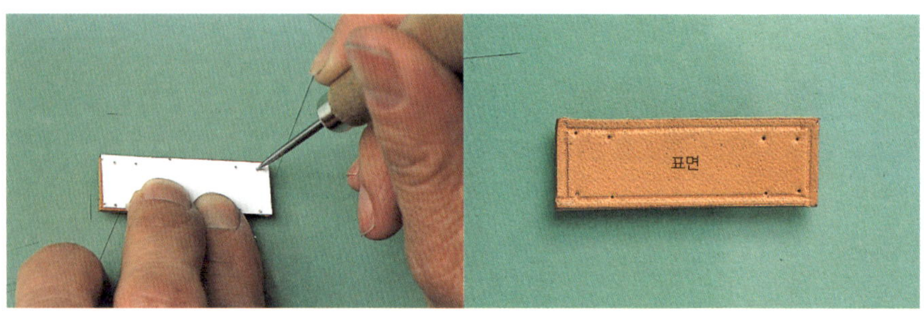
7 벨트고리는 표면에 형지를 놓고 원형송곳으로 부착 지점을 표시한다.

1 본체 표면의 포켓 부착 위치에 원형송곳으로 선을 긋는다. 포켓은 ㄴ자로 고정시키므로 왼쪽과 아래쪽 점 표시를 연결해서 선을 긋는다.

2 칼집 위치에 원형송곳으로 선을 긋는다.

3 포켓을 본체에 붙일 때 접착이 잘되도록 본드를 칠할 부분(여기서는 포켓 뒷면의 부착 위치)을 커터칼로 긁어준다. 긁는 폭은 보통 0.5cm 정도이다.

4 본드를 바른다. 책상이나 비닐판, 잡지 등의 모서리에 걸치고 하면 바르기 쉽다.

5 본체의 부착 위치에 포켓을 붙인다.

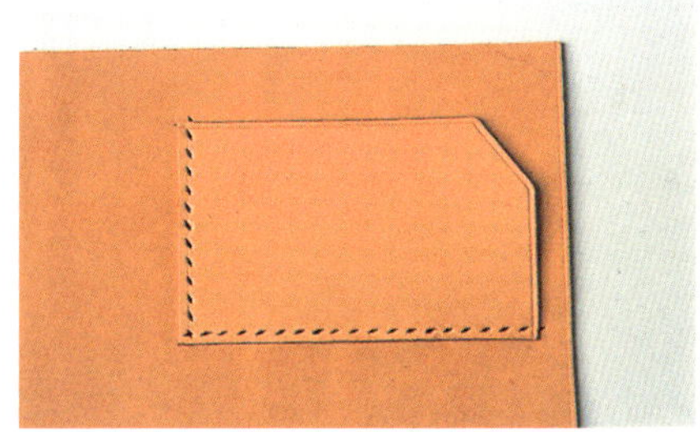

6 포켓의 바느질선에 7날 목타로 구멍을 뚫는다 (p.40 참조). 구멍은 뒷면까지 완전히 관통시킨다.

7 실과 바늘을 준비해서 포켓과 본체를 꿰맨다 (p.41~43 참조). 실 길이는 바느질할 길이의 3.5~4배이므로, 여기서는 약 60cm를 준비한다. 가장 끝에 있는 구멍에 바늘을 통과시키고 바늘 2개를 하나로 모아 당겨서 양쪽의 실 길이를 맞춘다.

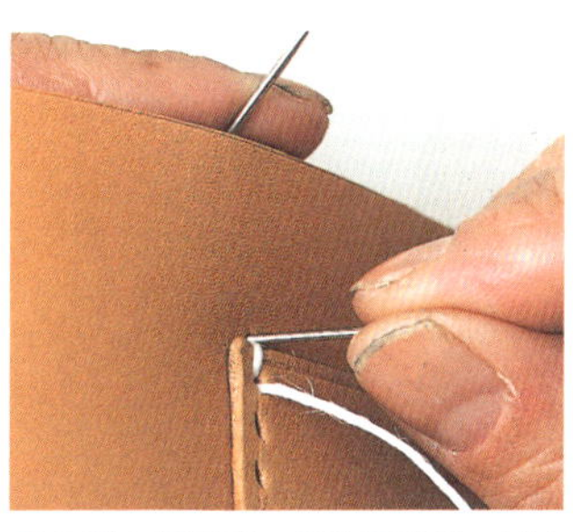

8 포켓 가장자리는 힘이 들어가는 부분이므로 첫 땀을 더블스티치한다. 먼저 첫 땀을 새들스티치한 후 오른쪽 바늘을 다시 한 번 맨 처음 구멍에 통과시켜 왼쪽으로 빼낸다.

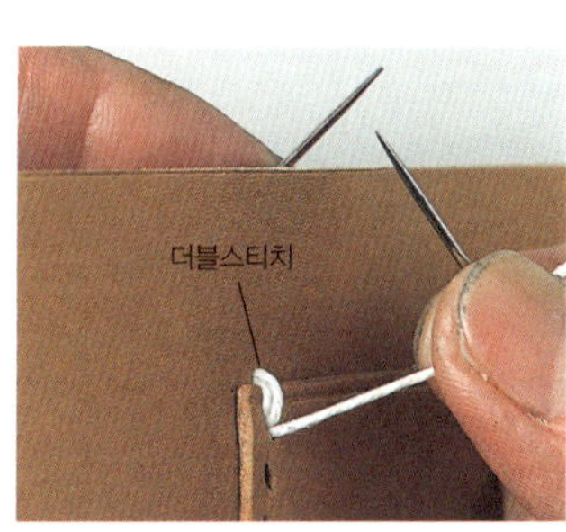

9 빼낸 바늘을 다시 왼쪽에서 오른쪽으로 통과시키면 첫 땀에 실이 두 번 걸쳐져 더블스티치가 된다.

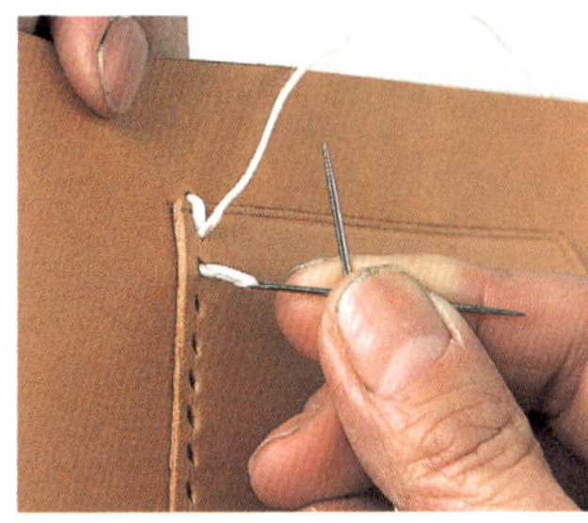

10 계속 새들스티치한다.

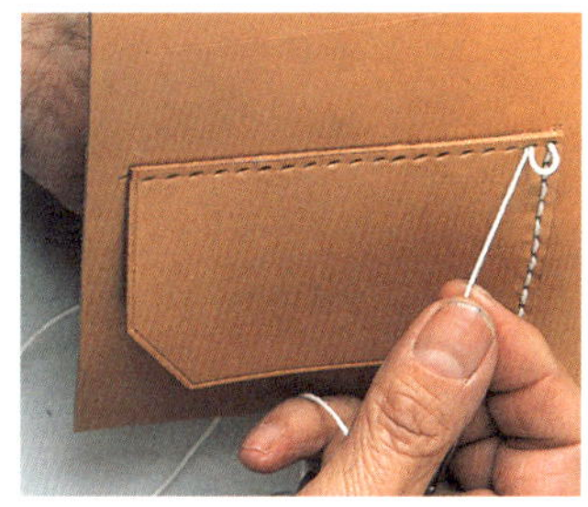

11 아래쪽 모서리까지 꿰매면 ㄴ자로 바느질한다.

12 마지막 세 땀을 남겨두고 바느질을 멈춘다.

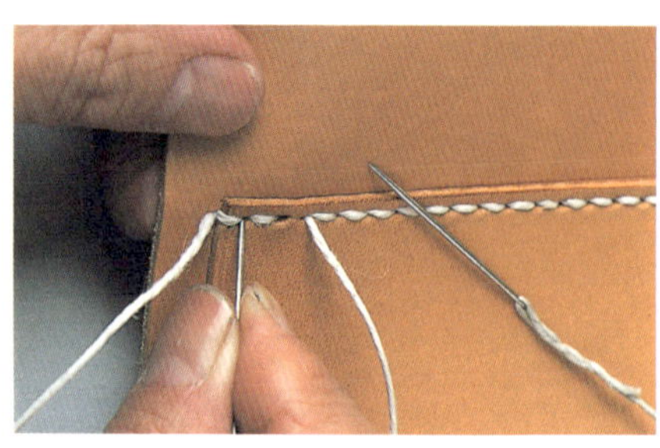

13 마지막 세 땀은 '바느질 마감 처리(p.44 참조)' 를 참조하여 실 끝을 처리하는데, 가장 끝에 있 는 땀은 더블스티치를 해둔다.

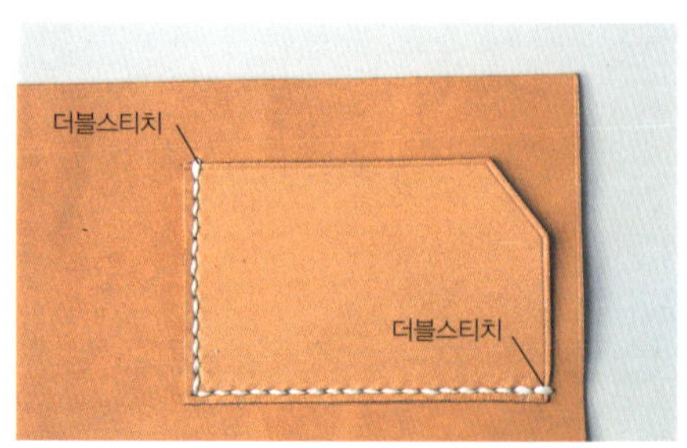

14 포켓 부착 완성.

⑥ 벨트고리를 붙인다

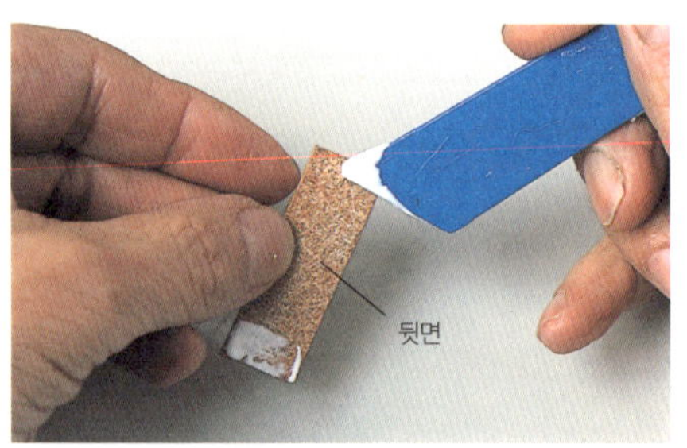

1 벨트고리 뒷면의 위아래와 본체 표면의 부착 위 치를 약 0.8cm 폭으로 커터칼로 긁는다. 벨트고 리에만 본드를 바른다.

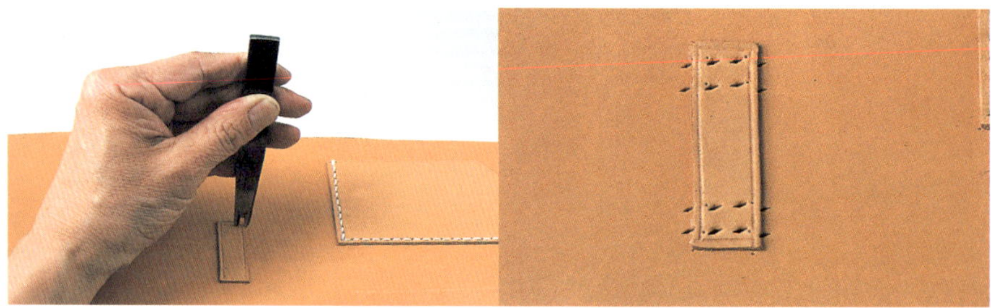

2 벨트고리를 본체의 부착 위치에 붙인다. 위아래 4군데씩 2날 목타로 구멍을 뚫는다.

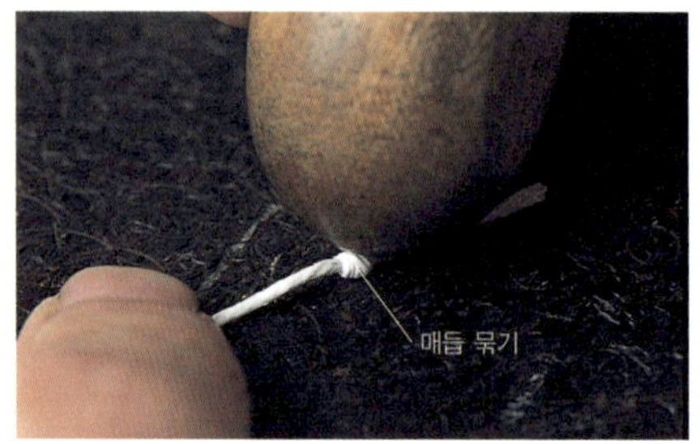

3 벨트고리를 부착할 때는 바늘 하나로 꿰맨다. 이 때 왁싱한 실을 바늘귀에 통과시켜 다른 한쪽에 매듭을 짓고, 송곳 자루 등으로 매듭을 뭉갠다.

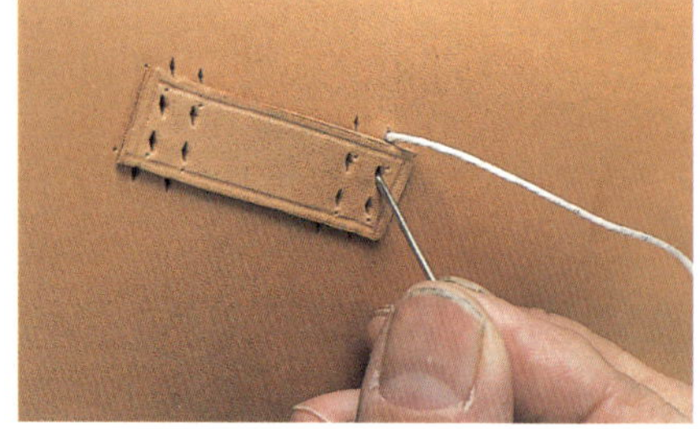

4 한쪽을 먼저 꿰맨다. 우선 가장자리의 바깥쪽 구 멍 뒷면에서 표면으로 바늘을 빼낸다. 그리고 바 로 안쪽 구멍에 넣는다.

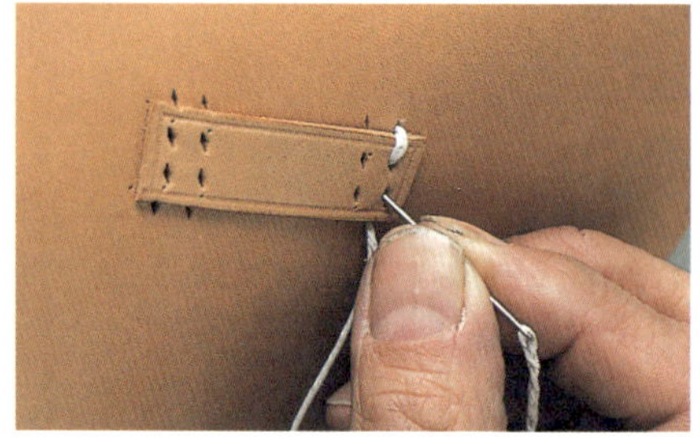

5 그 구멍에 다시 한 번 실을 걸어 더블스티치를 하고, 계속해서 다른 한쪽의 바깥쪽 구멍으로 바 늘을 빼내서 안쪽으로 실을 걸고 마찬가지로 더 블스티치를 한다.

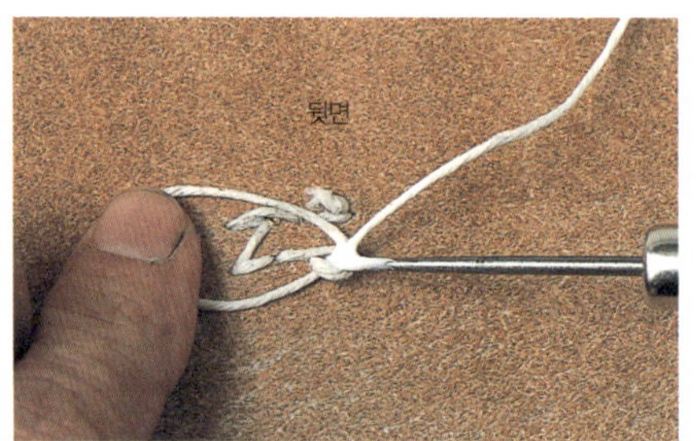

6 안쪽의 두 땀도 똑같이 더블스티치를 한다. 마지막은 뒷면에서 매듭을 짓고 본드를 바른 후에 실을 잡아 당겨 자른다. 매듭은 송곳 자루 등으로 눌러 뭉갠다.

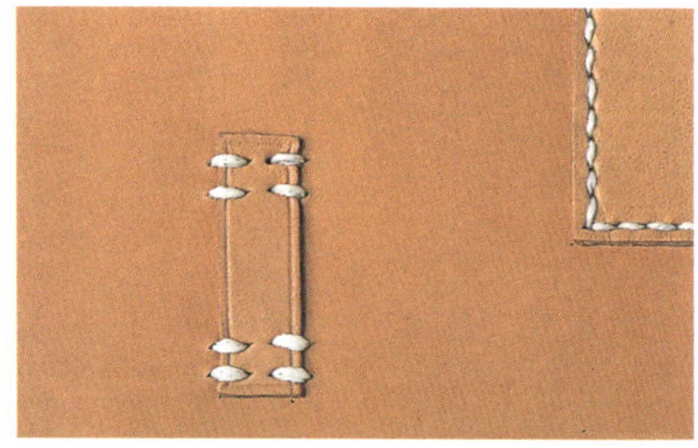

7 나머지 구멍도 같은 방법으로 꿰맨다.

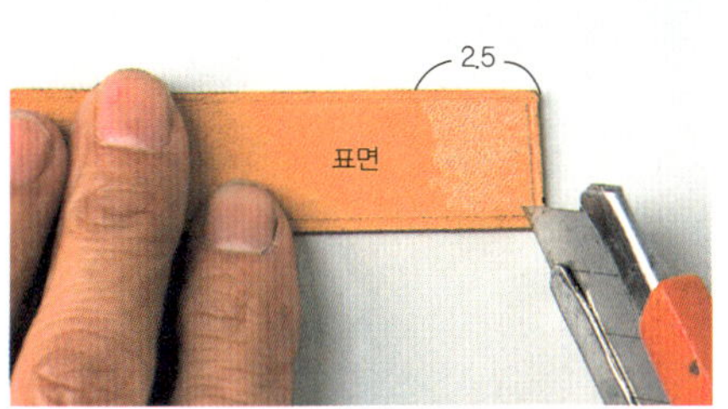

1 벨트 가장자리의 표면을 부착 위치까지 커터칼로 긁는다.

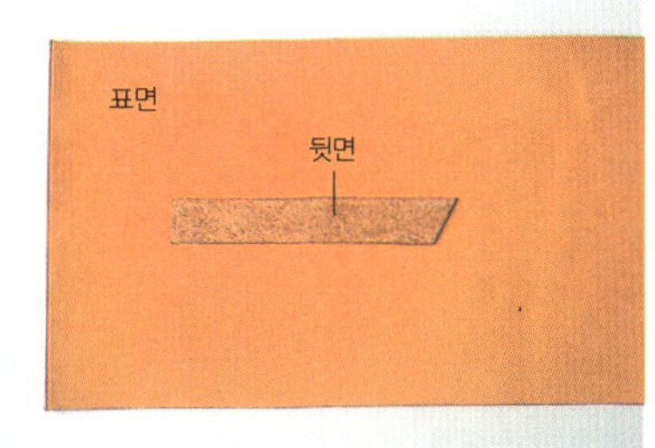

2 벨트를 부착할 위치에 본드를 바른다. 본체의 표면에 벨트 표면을 맞춰서 붙인다.

3 벨트의 바느질선을 따라 2날 목타로 구멍을 뚫는다.

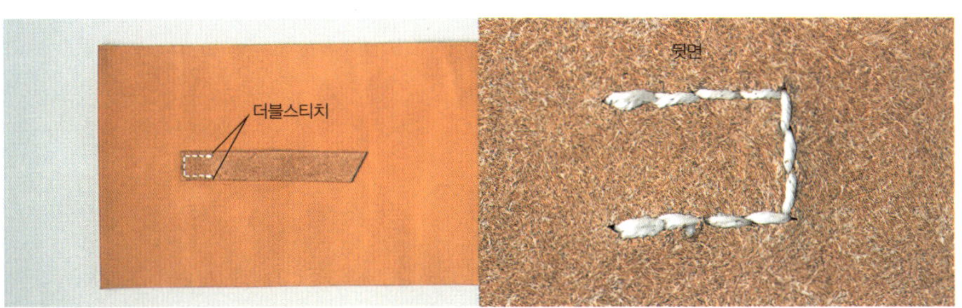

4 ㄷ자로 새들스티치한다. 첫 땀과 마지막 땀은 2땀씩 더블스티치를 하고 매듭을 만들지 않는 방법으로 실 끝을 처리한다.

5 포켓 아래쪽 칼집 위치의 양쪽 끝 4군데에 원형 송곳으로 구멍을 뚫는다.

6 가죽칼로 칼집을 넣는다.

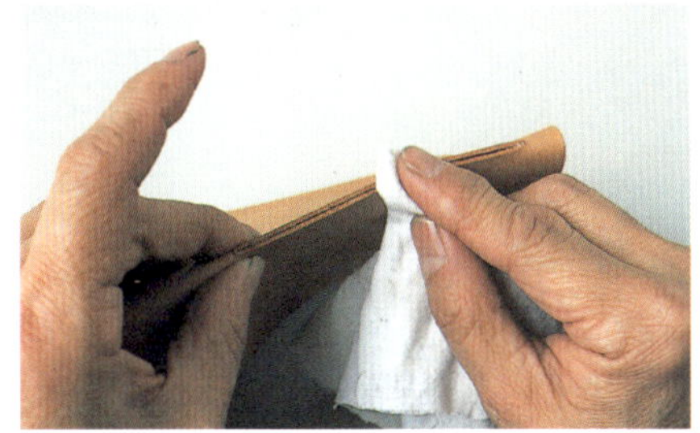

7 절단면을 가지런히 접어 다듬는다.

벨트 끝은 약간 둥그스름하게 해도

이 여권 케이스의 벨트 끝은 삼각으로 뾰족하다. 얇은 가죽을 사용했을 경우 등과 같이 가장자리가 힘없이 팔랑거려서 고리에 끼워넣기가 힘들 때는 사진처럼 모서리를 약간 깎은 다음 사포로 둥그스름하게 정리해서 가장자리에 힘을 준다.

1 본체 뒷면의 위아래 가장자리를 약 0.5cm 폭으로 긁고(A~B선 사이는 긁지 않는다) 고무풀을 바른다.

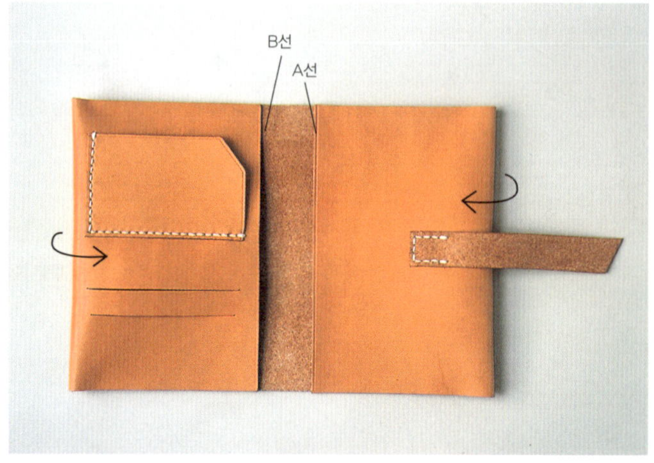

2 A선, B선에 맞춰 양끝을 안쪽으로 접어 붙인다.

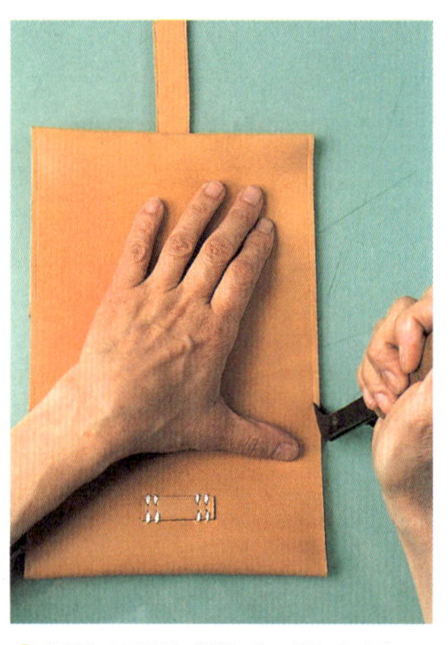

3 본체 표면의 위아래 가장자리에 크리저로 0.3cm 폭의 바느질선을 긋는다.

4 입구의 시작 위치를 표면에 표시하기 위해 입구 시작점 4군데에 뒷면에서 원형송곳으로 구멍을 뚫는다.

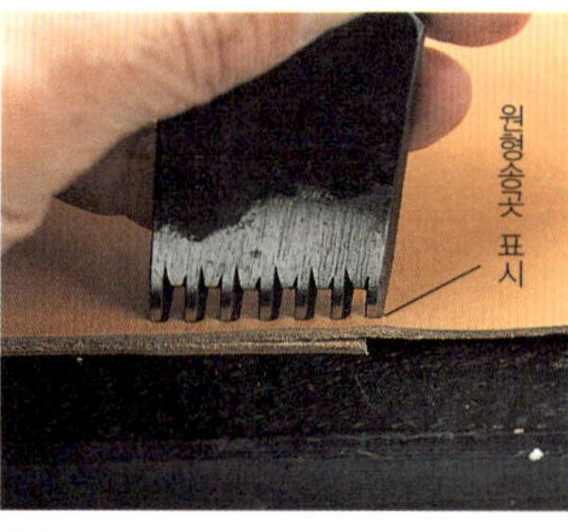

5 본체의 표면에서 7날 목타로 구멍을 뚫는다. 먼저 하단의 바느질선을 따라 4의 원형송곳 표시에서 가장자리 쪽으로 목타를 친다.

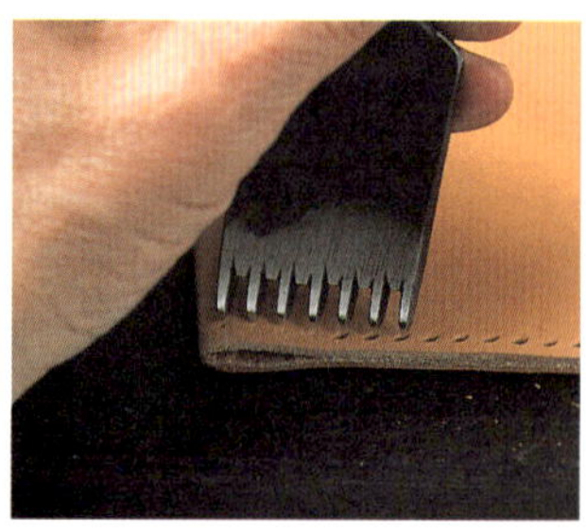

6 날 하나를 걸면서 계속해서 끝까지 구멍을 뚫는다.

7 다음으로 반대쪽 하단의 바느질선을 따라 표시부터 가장자리까지 구멍을 뚫고(②), 마지막에 A~B선 사이에 구멍을 뚫는다(③). 구멍 간격이 고르지 않을 때는 ③에서 미세 조정한다(p.40 참조). 같은 방법으로 상단의 바느질선에도 구멍을 뚫는다. 구멍은 상하, 좌우가 각각 대칭이 되도록 같은 수를 뚫는 것이 바람직하다.

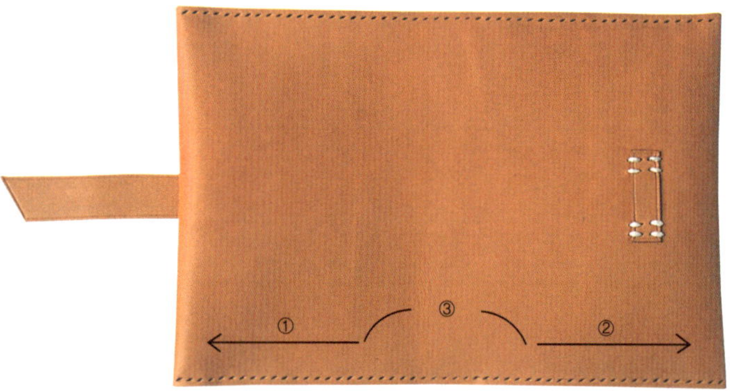

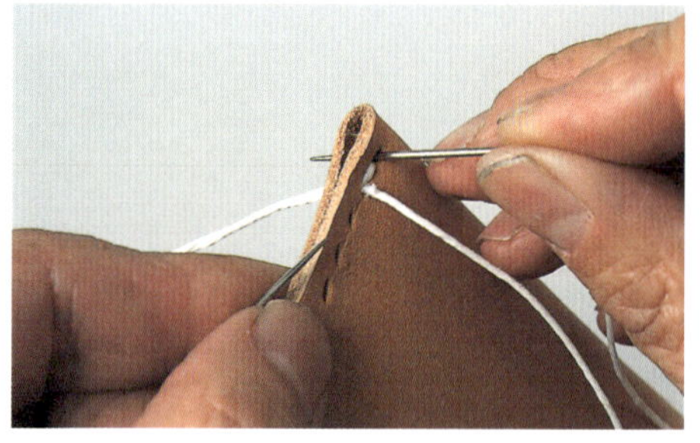

8 새들스티치한다. 가장자리 구멍에 실을 통과시켜 첫 땀은 더블스티치로 바느질을 시작한다.

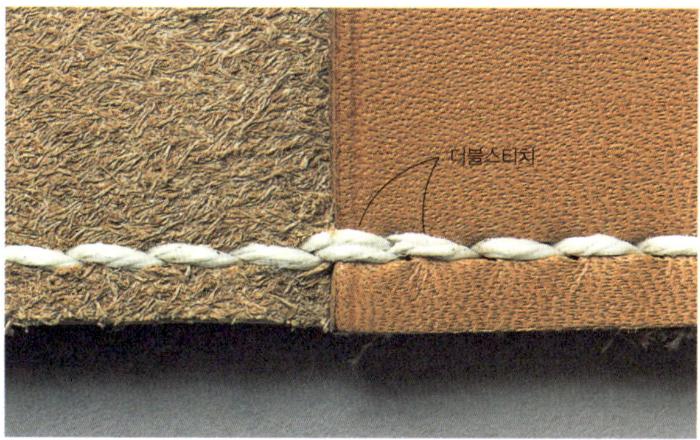

9 입구의 가장자리는 힘이 들어가는 부분이므로 두 땀을 더블스티치 한다.

10 마지막은 벨트 부착과 마찬가지로 매듭을 만들지 않는다. 위쪽도 같은 방법으로 꿰맨다.

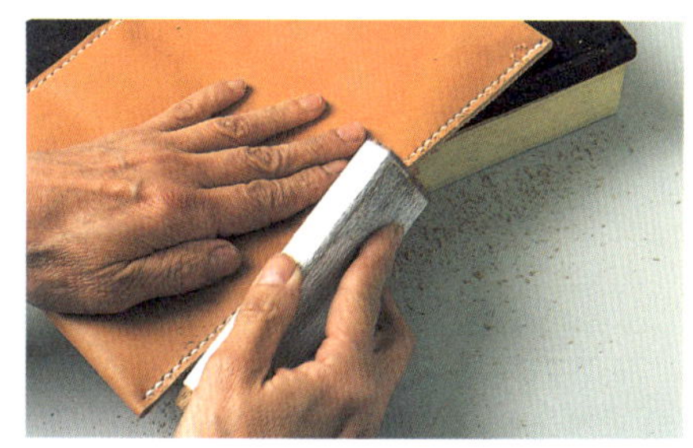

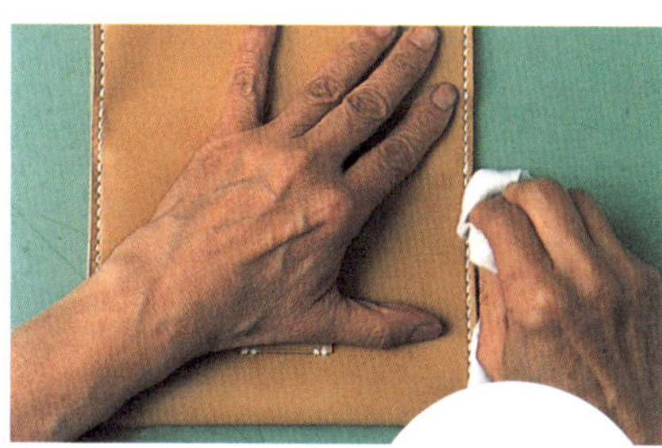

11 바느질로 연결한 측면을 사포로 문지른다. 사포를 홀더나 나무판 등에 붙여서 사용한다. 처음에는 100호 정도의 사포로 요철을 고르게 하며 모서리를 가볍게 깎아낸 다음, 300호 정도의 사포로 문질러서 마무리한다. 책상 가장자리나 전화번호부 등을 받침대로 사용해서 사포질을 하면 좋다.

12 면봉으로 측면에 마감제를 바른다.

13 표면이 위로 오게 평평하게 놓고 천으로 측면을 문질러 광택을 낸다(p.39 참조).

14 포켓이나 입구 안쪽에 고무풀이 삐져나오지 않았는지 주걱 등을 찔러 넣어 체크하면 완성. 만약 삐져나와도 주걱을 찔러 넣는 방법으로 인해 풀이 떨어진다.

접착제가 삐져나오는 것에 주의

가죽을 맞붙이거나 실을 매듭지을 때 바르는 본드, 고무풀은 아무리 잘 발라도 삐져나오기 마련이다. 그대로 방치하면 공들여 만든 작품의 매력이 반감되므로 잊지 말고 제거하자.

본드 본드는 마르면 떼어낼 수 없으므로 가죽이나 실에서 본드가 삐져나온 즉시 물기를 꽉 짠 천으로 닦아낼 것. 주변에 젖은 수건을 준비해두면 편리하다.

고무풀 고무풀은 완전히 마른 후에 벗겨낸다. 손가락으로 문질러서 떼어낼 수도 있는데, 천연 고무 클리너를 사용하면 좀 더 깔끔하게 벗겨진다. 바느질이 끝나면 옆면과 밑판을 연결한 부분이나 안단 등을 잘 체크해서 삐져나온 고무풀을 제거하자.

천연 고무 클리너는 가죽 얼룩 제거용으로 가죽, 가방 매장 등에서 판매한다.

LESSON 2
화보 10페이지
기본 토트백

본체가 가죽 한 장을 접어 꿰맨 형태로 초보자도 쉽게 만들 수 있다. 먼저 가죽 조각들을 직사각형 모양으로 연결한 다음 옆을 꿰매고, 마지막으로 바닥의 각을 잡아 꿰맨다. 이 가방을 하나 만들어보면 새들스티치에 제법 능숙해질 것이다.

* 완성 치수: 45×32×7cm
* 재료: 성우 활피(약 52데시), 자석단추 스트랩에 덧댈 가죽(1mm 정도의 얇은 가죽, 펠트도 가능) 5×7cm, 자석단추(직경 1.8cm) 1세트

1 형지를 만든다

치수에 맞춰 각 부분의 형지를 만든다. 옆 그림에서는 몸통과 손잡이가 반으로 접힌 형태이지만, 실제 재단은 펼친 모양으로 해야 한다.

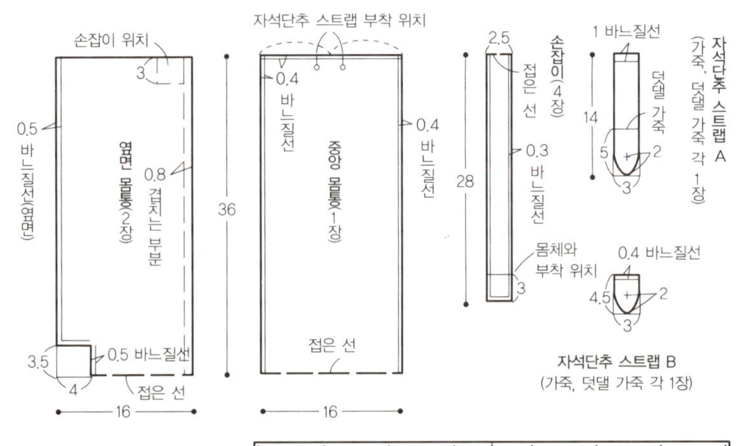

2 가죽을 재단한다

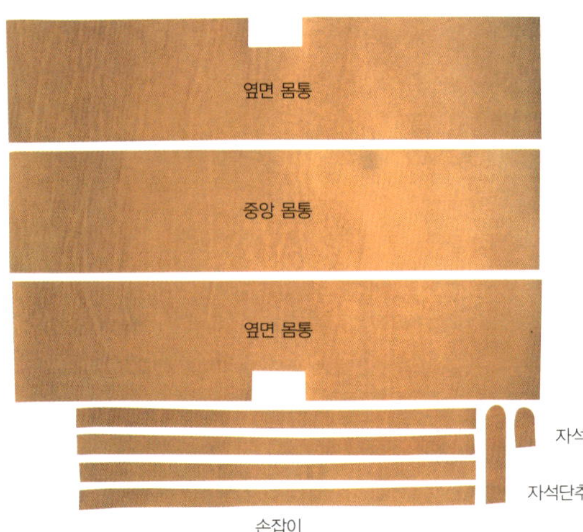

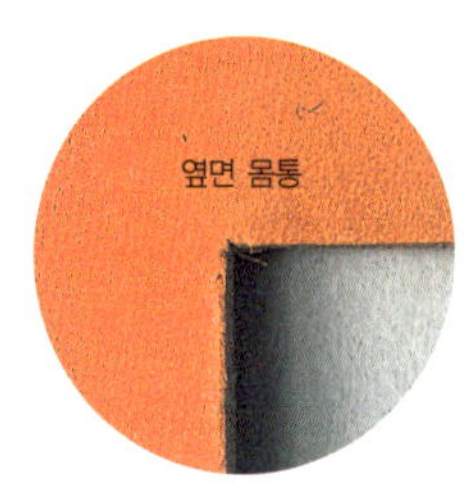

1 각 부분을 모두 가재단해서(p.49 참조) 뒷면을 다듬는다 (p.39 참조). 다음으로 형지를 따라 원형송곳으로 완성선을 그어 정재단한다. 옆면 몸통 2장, 중앙 몸통 1장, 손잡이 4장, 자석단추 스트랩 A, B는 각각 1장씩 재단한다. 옆면 몸통의 바닥 모서리 부분(凹 모양 부분)은 완성선 안으로 칼자국이 나지 않게 모서리에 정확히 칼을 대고 자른다.

2 몸통에 원형송곳으로 표시를 한다. 가죽 표면에 형지를 대고 원형송곳을 수직으로 찔러 점으로 표시한다. 연결 자리, 옆면은 약 10cm 간격, 옆면 몸통의 바닥 부분은 0.5cm 간격으로 표시를 한다. 표시를 한 후 중앙 몸통, 옆면 몸통의 측면을 마감 처리(p.39 참조)한다.

③ 몸통을 꿰매어 연결한다

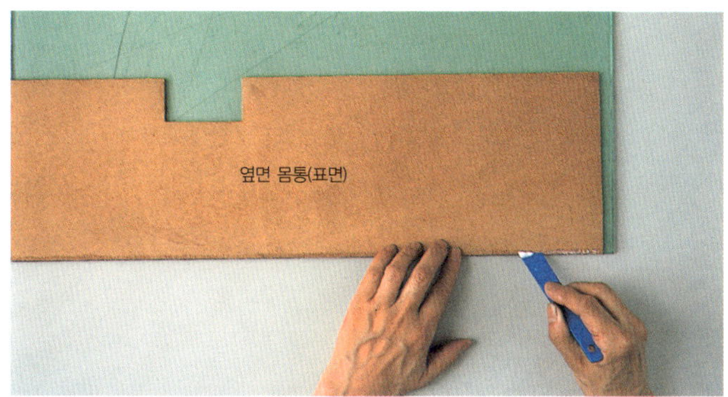

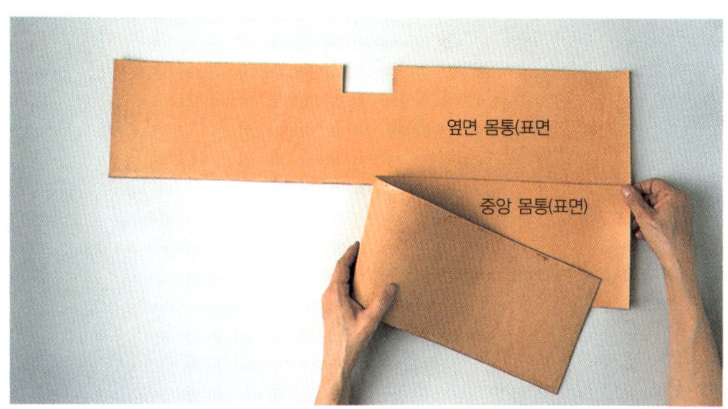

1 중앙 몸통과 옆면 몸통을 꿰매어 연결할 위치의 풀칠 부위를 칼로 긁는다(p.51 참조). 중앙 몸통의 뒷면과 옆면 몸통의 표면을 각각 약 0.7~0.8cm 폭으로 긁어 고무풀을 바른다.

2 고무풀이 반쯤 마르면(손으로 만져서 묻어나지 않는 정도) 옆면 몸통 위에 중앙 몸통을 겹쳐 붙인다. 겹치는 부분은 0.8cm.

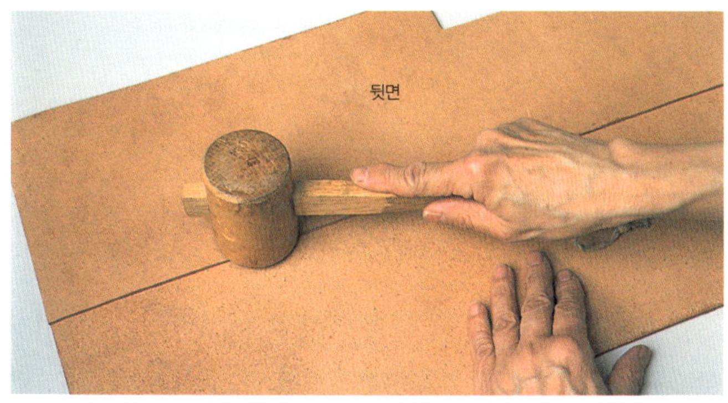

3 풀로 붙인 부분을 뒷면 쪽에서 나무망치 등으로 두들겨 잘 접착시킨 후에 건조시킨다.

4 연결 자리에 바느질선을 긋는다. 중앙 몸통 표면에 크리저로 0.4cm 폭의 선을 긋는다. 옆면 몸통의 바깥쪽에도 0.5cm 폭의 바느질선을 긋는다.

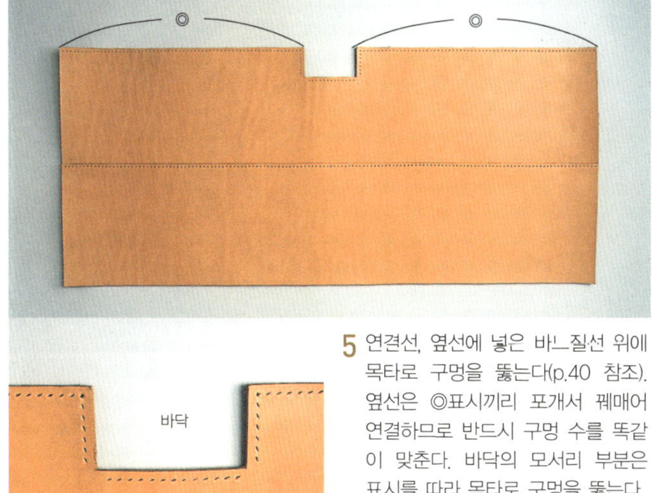

5 연결선, 옆선에 넣은 바느질선 위에 목타로 구멍을 뚫는다(p.40 참조). 옆선은 ◎표시끼리 포개서 꿰매어 연결하므로 반드시 구멍 수를 똑같이 맞춘다. 바닥의 모서리 부분은 표시를 따라 목타로 구멍을 뚫는다.

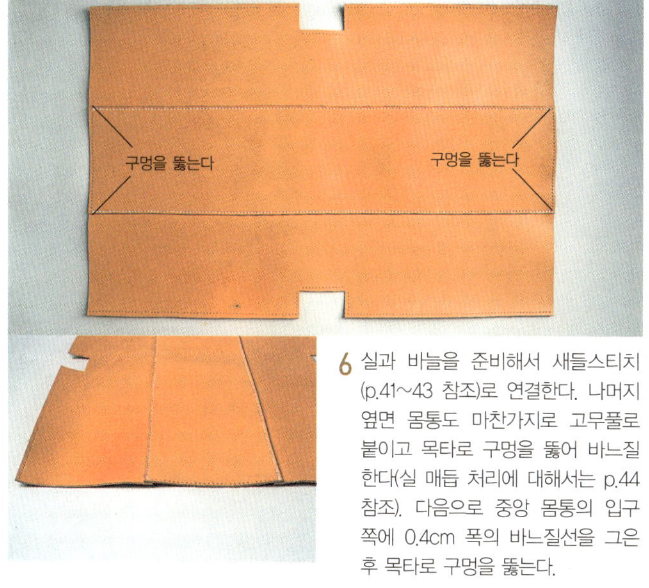

6 실과 바늘을 준비해서 새들스티치(p.41~43 참조)로 연결한다. 나머지 옆면 몸통도 마찬가지로 고무풀로 붙이고 목타로 구멍을 뚫어 바느질한다(실 매듭 처리에 대해서는 p.44 참조). 다음으로 중앙 몸통의 입구 쪽에 0.4cm 폭의 바느질선을 그은 후 목타로 구멍을 뚫는다.

④ 옆면을 꿰맨다

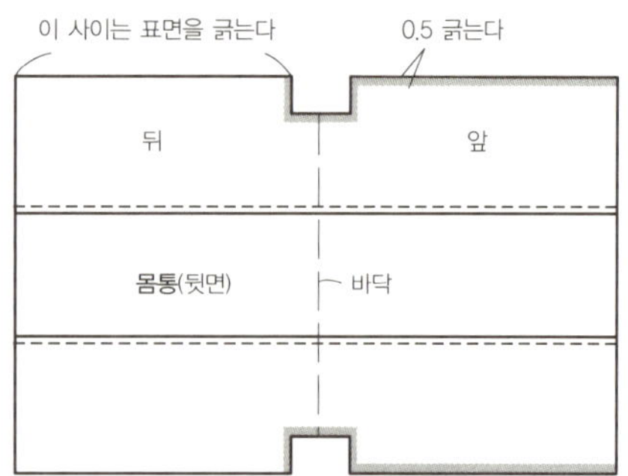

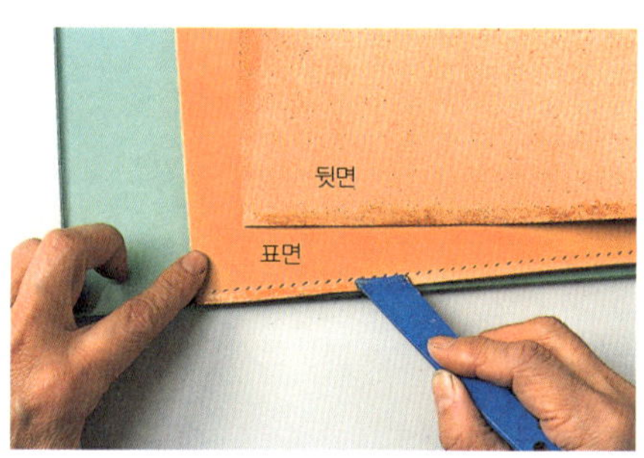

1 옆면 시접을 커터칼로 긁어서 고무풀을 바른다. 옆면은 몸통을 반으로 접어 포개서 꿰매기 때문에 아래쪽(뒤쪽)의 표면과 위쪽(앞쪽)의 뒷면을 긁어 고무풀을 바른다. 단 바닥의 모서리 부분은 나중에 바느질하므로 고무풀을 바르지 않는다.

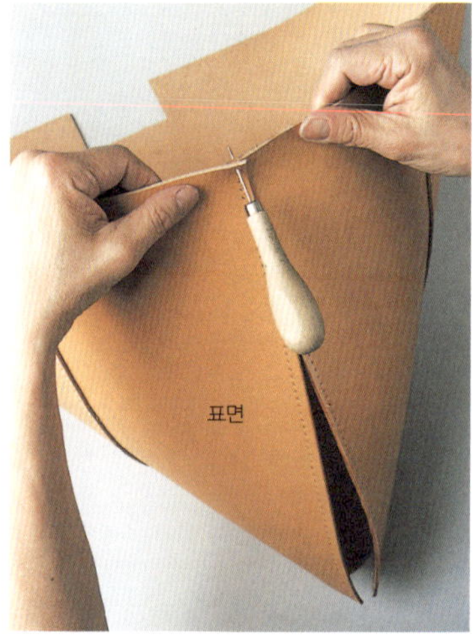

2 고무풀이 반쯤 마르면 몸통 표면이 밖을 향하도록 접고 옆면을 겹쳐서 붙인다. 먼저 가장 위에 있는 구멍을 맞춰 원형송곳으로 찔러 상단을 가지런히 한다.

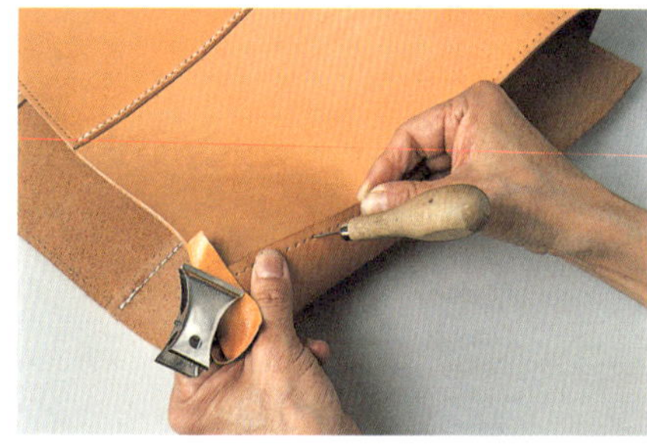

3 상단을 맞춰 붙이면 클립으로 고정시키고(자국이 나지 않게 얇은 가죽이나 천을 댄다), 위쪽에서부터 구멍을 맞추면서 아래쪽까지 붙인다. 반쯤 마른 고무풀은 한 번 붙여도 떼어낼 수 있으므로 미세하게 조정하면서 구멍 위치를 제대로 맞춘다.

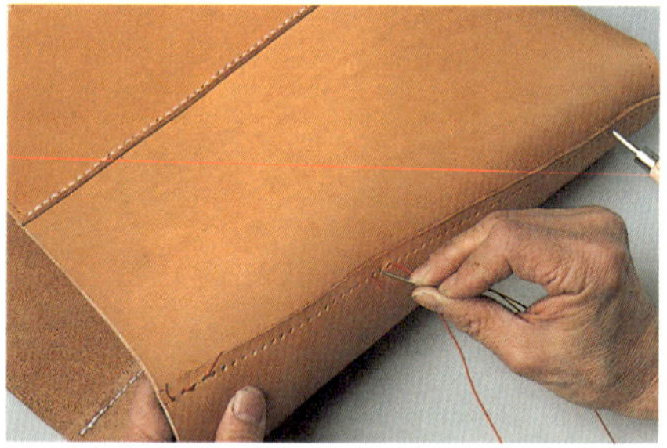

4 옆면의 위아래와 그 사이를 적당히 실(재봉용 실이면 된다)로 바느질을 하고 고무풀이 마를 때까지 기다린다.

* 바느질 방법

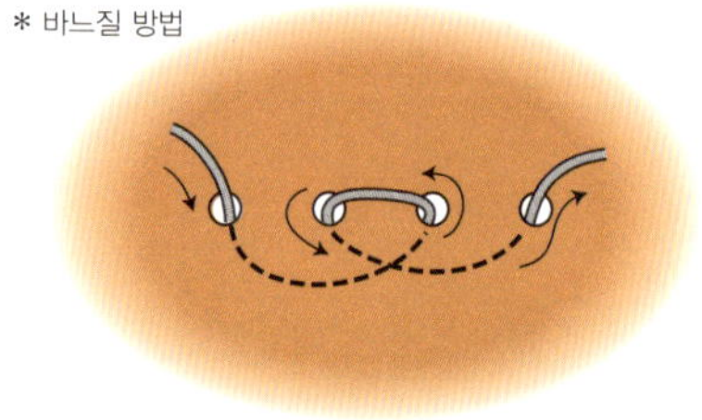

5 바닥 쪽에서부터 새들스티치한다. 첫 땀은 더블스티치(p.51 참조)를 한다. 따로따로 뚫은 구멍을 맞춰서 꿰매야 하므로 바늘을 넣기 전에 마름송곳을 구멍에 찔러 위치를 확인한 다음 바늘을 통과시키면서 꿰맨다. 또 옆면의 안쪽은 왼손의 바늘 넣는 위치가 잘 안 보이기 때문에 오른쪽(표면)에서 넣은 마름송곳 끝을 가이드 삼아 안쪽에서 바늘을 찌른다.

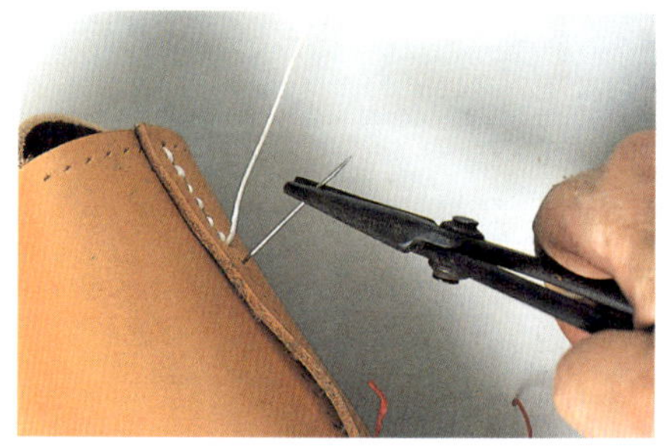

6 바늘이 잘 빠지지 않을 경우에는 집게 등을 사용해서 잡아 빼면 좋다.

7 시침질한 실을 뽑으면서 상단 까지 새들스티치한다. 상단은 두 땀을 더블스티치한 후 바느질 마감 처리를 한다. 다른 쪽 옆면도 같은 방법으로 꿰맨다.

5 바닥 모서리를 꿰맨다

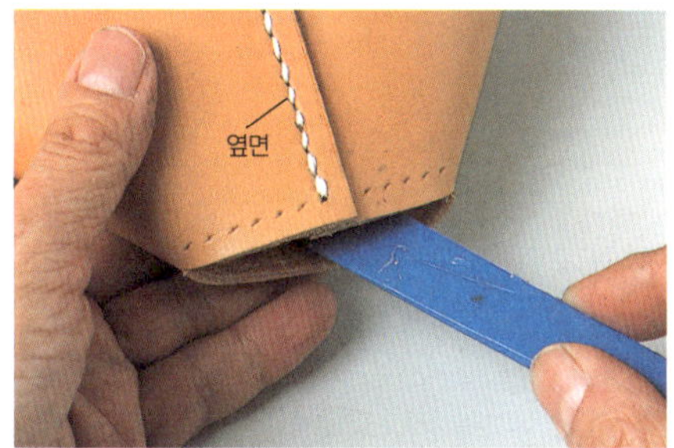

1 바닥 모서리 안쪽 위아래의 풀칠 부위에 고무풀을 바른다.

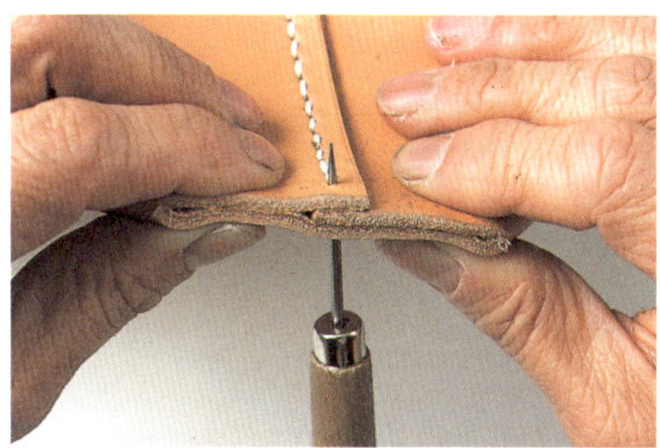

2 고무풀이 반쯤 마르면 손가락으로 눌러서 붙인다. 이때 옆면의 바늘구멍과 바닥 중앙의 구멍을 맞추고 원형송곳으로 찔러 중심이 어긋나지 않게 한다.

3 바닥 모서리를 새들스티치한다. 옆면과 마찬가지로 마름송곳으로 구멍을 넓혀가면서 꿰맨다. 단 마름송곳으로 중심의 구멍을 찌르면 옆면을 연결한 실이 끊어지므로 중심에서는 원형송곳을 사용한다(p.61 참조).

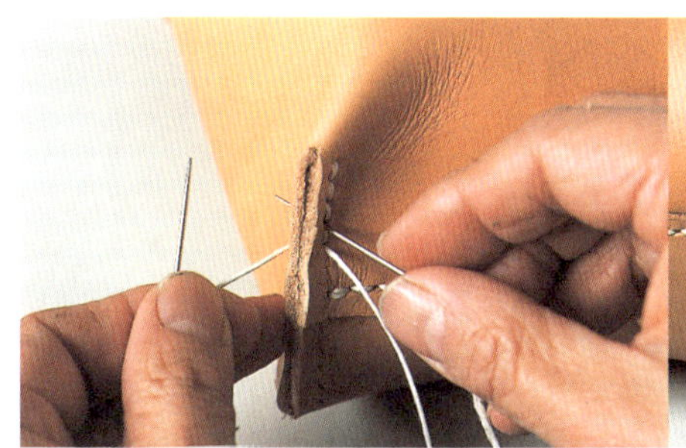 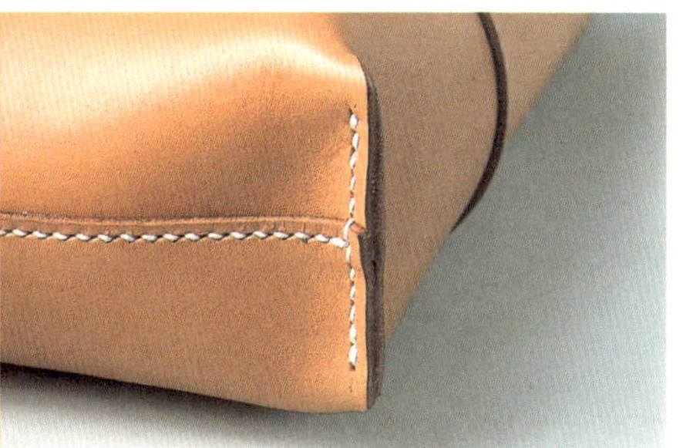

4 전부 더블스티치한다.

옆면과 바닥 모서리 바느질 완성.

6 손잡이를 만든다

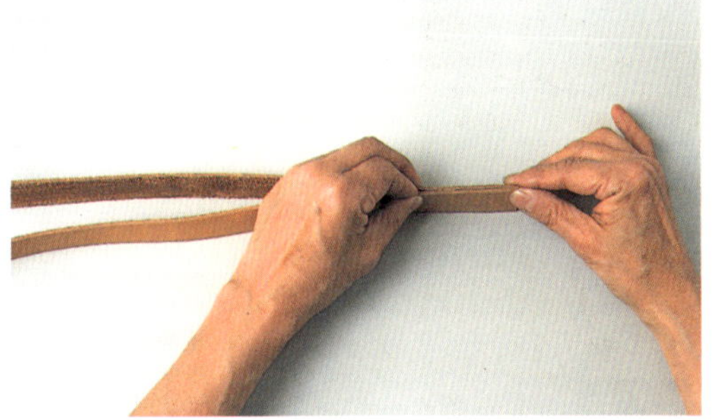

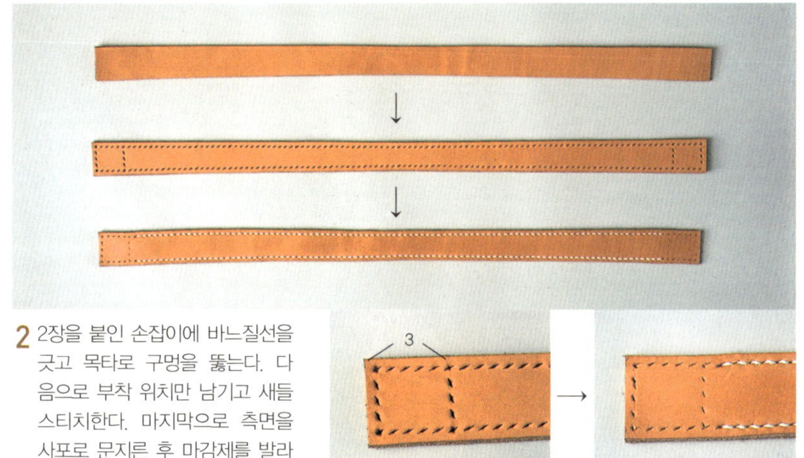

1 손잡이의 뒷면 전체를 긁어서 고무풀을 바르고 표면이 밖을 향하도록 2장을 맞붙인다.

2 2장을 붙인 손잡이에 바느질선을 긋고 목타로 구멍을 뚫는다. 다음으로 부착 위치만 남기고 새들 스티치한다. 마지막으로 측면을 사포로 문지른 후 마감제를 발라 다듬는대(p.55 참조).

7 자석단추 스트랩을 만든다

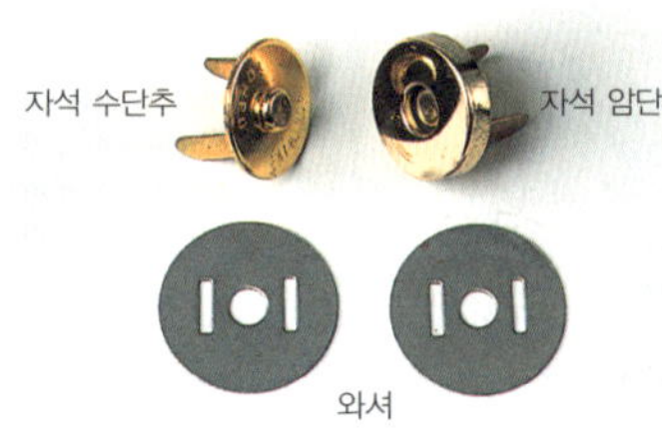

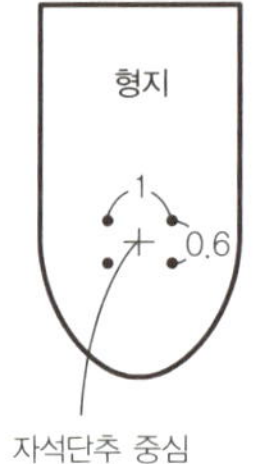

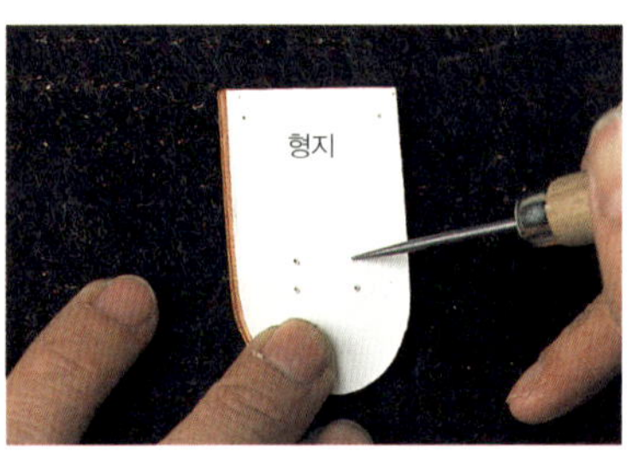

1 자석단추를 준비한다. 자석단추 1세트는 암·수단추, 와셔 2개이다.

2 자석단추 스트랩 A, B 모두 측면 마감 처리를 한 후에 표면에 형지를 대고 단추 발을 끼울 위치를 원형송곳으로 표시한다.

3 표시 위치에 파팅툴(parting tool, 커터칼이나 끌도 된다)을 이용하여 세로로 칼집을 넣는다.

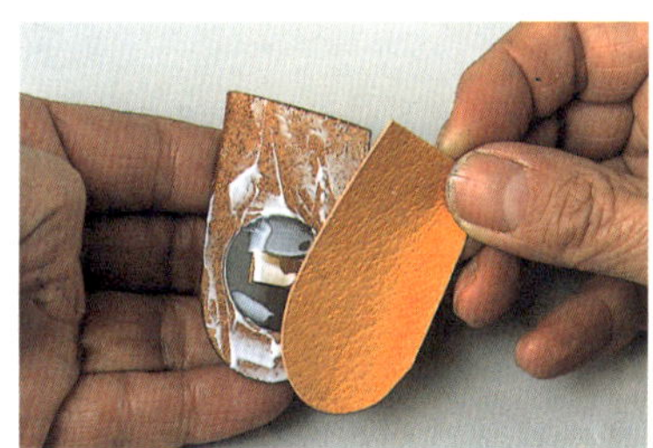

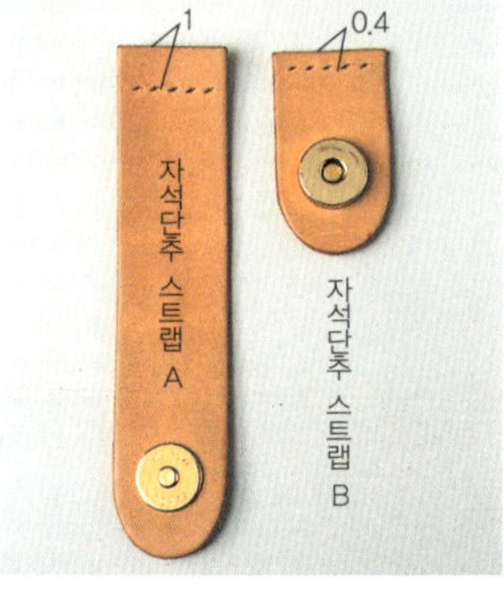

4 자석단추 스트랩 B(짧은 쪽)의 표면 쪽에서 자석 암단추 발을 꽂아 넣고 뒤쪽에는 와셔를 끼워넣는다.

5 자석단추 발을 집게 등을 이용해서 안쪽으로 접고 나무망치로 쳐서 고정한다.

6 와셔를 숨기기 위해 동일 치수로 재단한 덧댈 가죽을 본드로 붙인다. 본드는 가죽과 덧댈 가죽 양쪽에 바른다.

7 자석단추 스트랩 A(긴 쪽)에도 자석 수단추와 덧댈 가죽을 같은 방법으로 붙인다. A, B 모두 상단에 바느질선을 그은 다음에 구멍을 뚫어놓는다.

8 자석단추 스트랩과 손잡이를 붙인다

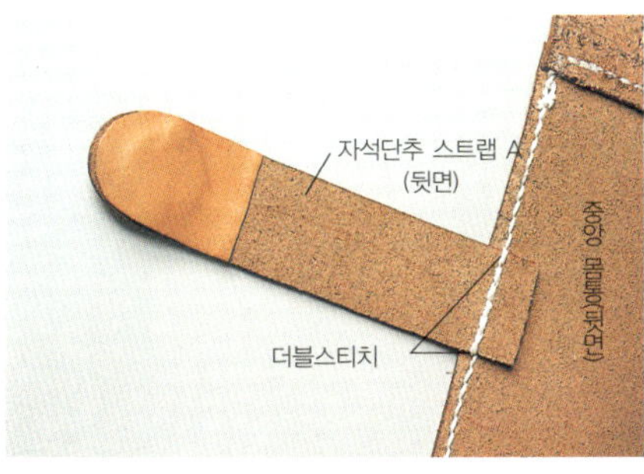

1 자석단추 스트랩 A를 몸통 안쪽 중앙의 부착 위치에 뒷면을 위로 오게 해서 겹친 후 구멍 위치를 맞춰서 고무풀로 붙인다. 중앙 몸통 상단의 연결선 사이를 새들스티치하고 자석단추 스트랩 A도 함께 꿰매 고정시킨다. 이때 자석단추 스트랩 부분은 더블스티치한다.

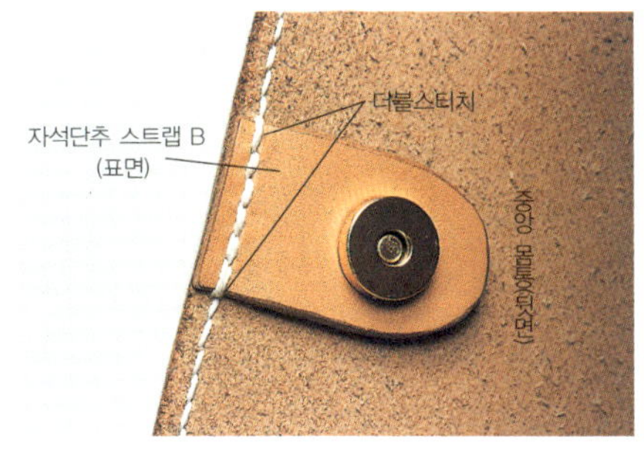

2 자석단추 스트랩 B는 다른 쪽의 몸통 안쪽 중앙에 표면이 밖을 향하도록 맞춘 후 자석단추 스트랩 A와 같은 방법으로 꿰매 고정시킨다.

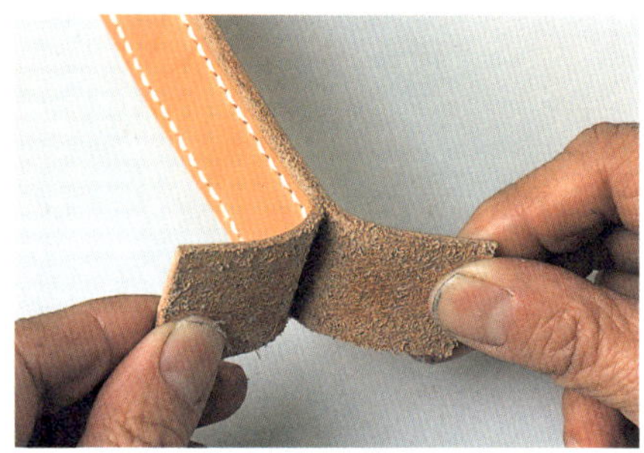

3 손잡이를 붙인다. 먼저 손잡이 가장자리를 꿰매고 남은 부분을 벗겨서 2장으로 만든다.

4 몸통의 손잡이를 부착할 위치를 긁고 먼저 몸통 표면에 바깥쪽 손잡이만 고무풀로 붙인다. 안쪽 손잡이는 피해서 바깥쪽 손잡이 구멍에 다시 한 번 2날 목타를 대고 몸통까지 구멍을 뚫는다.

5 손잡이 부착 위치 뒷면에 구멍 위치를 맞추고 안쪽 손잡이를 고무풀로 붙인다. 몸통을 손잡이 사이에 끼운 상태가 된다.

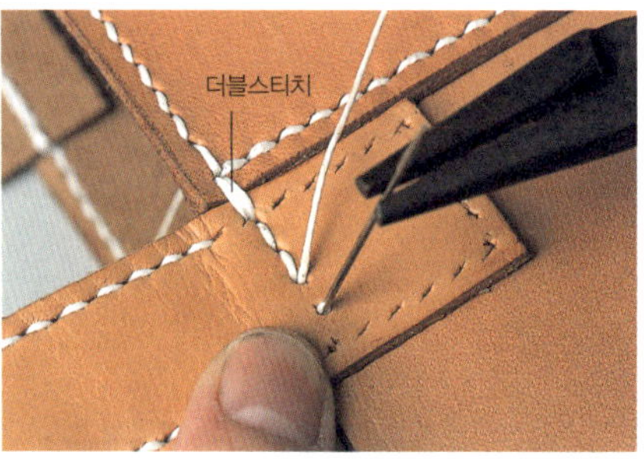

6 손잡이 부착 위치를 새들스티치한다. 첫 땀은 몸통의 바늘구멍으로 바늘을 빼내서 더블스티치한다. 옆면을 꿰맬 때와 마찬가지로 마름송곳으로 구멍을 넓혀가면서 꿰맨다.

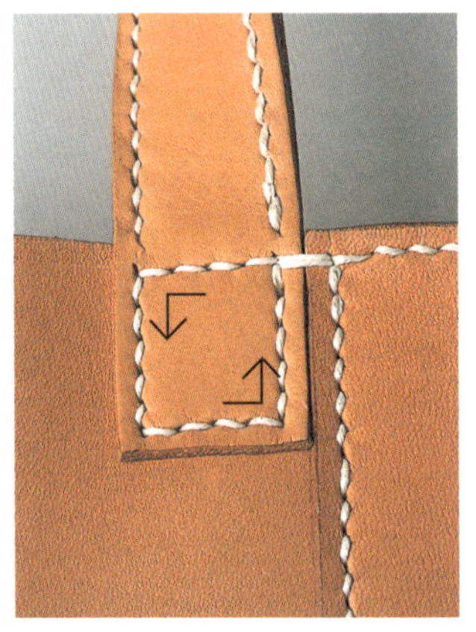

7 손잡이 위치를 사각으로 꿰맨다. 나머지 세 군데도 같은 방법으로 손잡이를 부착해서 완성시킨다.

원형송곳과 마름송곳의 사용 구분

원형송곳과 마름송곳은 언뜻 보면 닮았지만 용도가 다르다.

원형송곳 침 부분이 바늘처럼 곧고 끝이 자연스럽게 가늘고 날카롭다. 재단 시 표시를 하거나 실을 풀 때 사용하는 것 외에도 새들스티치를 할 때 뒷면에서 실이 지나가는 구멍을 찔러 바늘의 가이드 역할을 한다.

마름송곳 날이 붙어 있어서 정면에서 보면 끝이 마름모 모양이다. 목타로 뚫은 구멍이 제대로 관통하지 않은 경우, 또는 옆면이나 바닥을 연결하거나 안단을 붙일 때 몸통 구멍에 맞춰 찔러서 구멍을 넓히기 위해 사용한다. 날 때문에 실이 끊어지므로 실이 지나가는 구멍에는 통과시켜서는 안 된다.

LESSON 3
화보 13페이지

크로스스티치 미니 숄더백

크로스스티치는 자수의 크로스스티치처럼 실을 X자로 교차시켜 꿰매는 것이다. 새들스티치보다 바늘땀 모양이 예뻐 장식 효과가 있다. 정사각형 가죽 조각을 패치워크해서 만드는 이 작품으로 크로스스티치를 마스터해보자.

* 완성 치수: 20×20×5cm
* 재료: 성우 활피 약 18데시

① 형지를 만든다

몸통은 10×10cm의 정사각형, 옆면과 밑판은 각각 5×20cm의 직사각형으로 가죽 조각을 자른다.
어깨끈은 3×72cm.

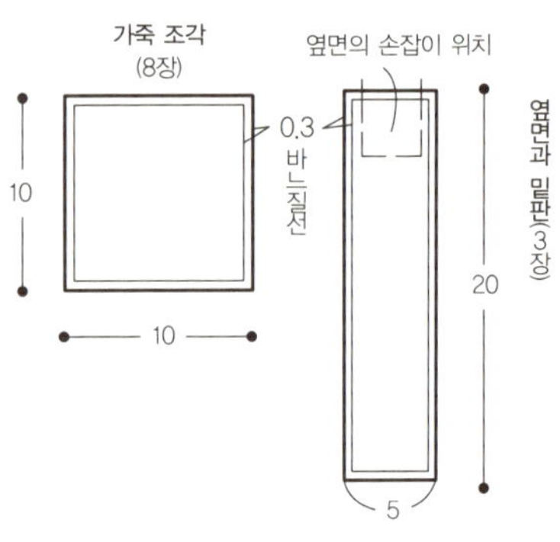

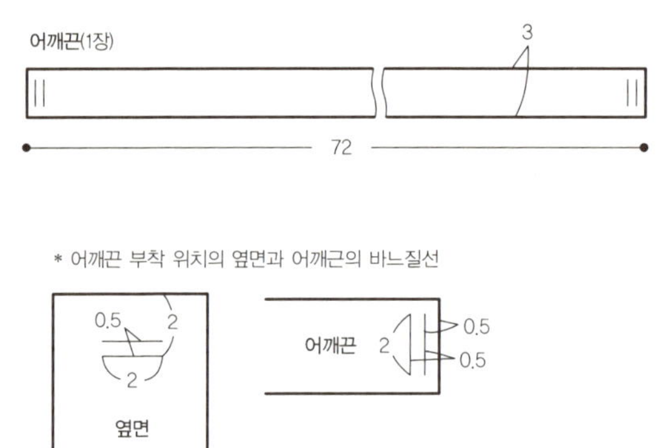

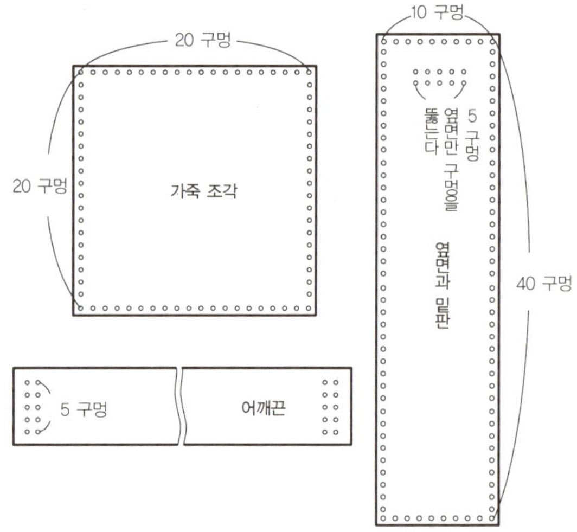

2 가죽을 재단한다

1 각 부분을 모두 가재난해서 뒷면을 다듬은 후 평평하게 놓고 건조시킨다(p.49 참조).

2 형지를 따라 원형송곳으로 선을 그어 정재단한다.

3 각 부분 주위의 측면을 마감 처리한다(p.39 참조).

4 크리저로 바느질선을 긋고 목타로 구멍을 뚫는다(p.40 참조). 사방 10cm의 가죽 조각은 목타로 각 변에 구멍 20개(크로스스티치를 할 경우, 구멍 수는 짝수로 한다)를 뚫는다. 옆면과 밑판의 긴 변은 조각의 2배인 40개, 짧은 변은 10개를 뚫는다. 옆면은 손잡이 부착 위치에도 2날 목타로 구멍을 뚫는다. 손잡이는 양쪽 끝에 옆면의 손잡이 부착 위치와 구멍 수를 맞춰서 뚫는다.

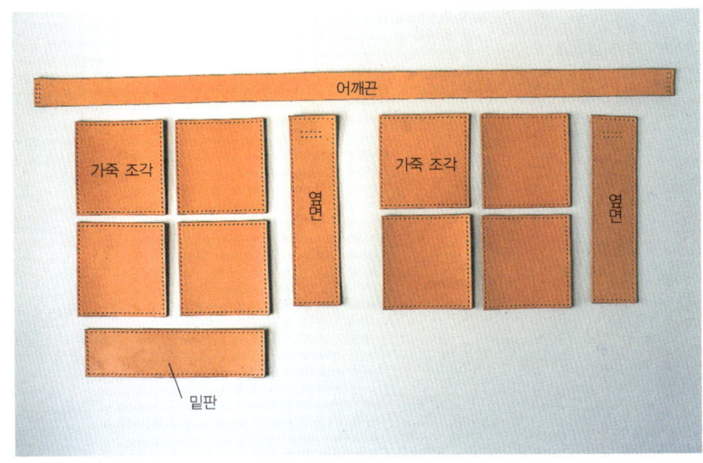

3 몸통을 꿰매어 연결한다

1 실과 바늘을 준비한다(p.41 참조). 크로스스티치에 필요한 실의 길이는 구멍 간격에 따라 다르지만 꿰매어 연결하는 치수의 4~5배이므로 처음에 가죽 조각 2변 분량으로 약 90cm를 준비한다. 정사각형 조각 2장을 맞대고 두 조각의 가장 위쪽 구멍으로 실을 통과시킨다. 양쪽의 실 길이를 똑같이 맞춘다.

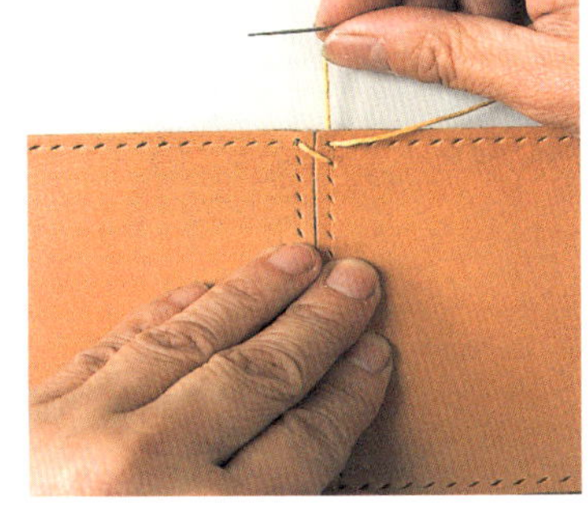

2 오른쪽 실은 내려놓고 먼저 왼쪽 바늘로만 꿰맨다. 왼쪽 바늘을 오른쪽 조각의 두 번째 구멍에 통과시키고 안쪽에서 실을 잡아당긴다.

3 왼쪽 조각의 세 번째 구멍으로 실을 표면으로 빼내고 오른쪽 사선 아래쪽 구멍에 바늘을 넣는다. 이것을 반복해서 오른쪽 아래 방향으로(이하 ＼) 하단까지 꿰맨다.

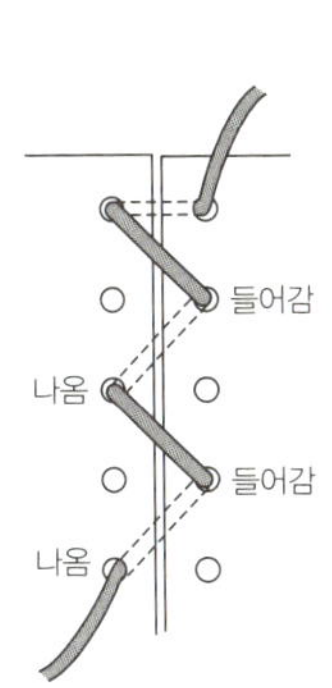

4 내려놓은 오른쪽 실로 꿰맨다. 왼쪽 사선 아래쪽 구멍에 바늘을 통과시키고 ＼의 실에 교차시켜 X자 모양의 바늘땀으로 만든다.

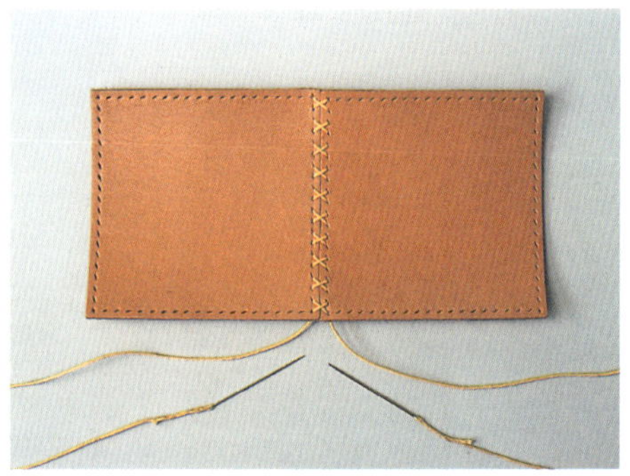

5 같은 방법으로 하단까지 꿰맨다. 이것으로 한 변이 연결되었다.

6 아래쪽에 정사각형 조각 2장을 맞대고 세로를 이어서 꿰맨다. 먼저 가장 위쪽 구멍에서 실을 빼낸다.

7 한 땀만 크로스로 꿰매 조각을 고정시킨다. 이때 먼저 작업한 바늘땀과 똑같아지도록 먼저 왼쪽에서 오른쪽 사선 아래쪽으로, 다음에 오른쪽에서 왼쪽 사선 아래쪽으로 실을 교차한다.

8 2~5와 같은 방법으로 하단까지 크로스스티치를 한다. 마지막으로 뒷면에서 매듭(p.45 참조)을 지어 실을 자른다.

9 같은 방법으로 가로 부분을 크로스스티치로 연결한다. 이렇게 하면 4장의 조각을 연결한 몸통이 완성된다. 똑같은 몸통을 하나 더 만든다.

④ 몸통과 옆면을 꿰매 연결한다

1 정사각형 조각 4장을 연결한 몸통과 옆면을 직각으로 맞대고 입구 쪽에서부터 꿰매기 시작한다.

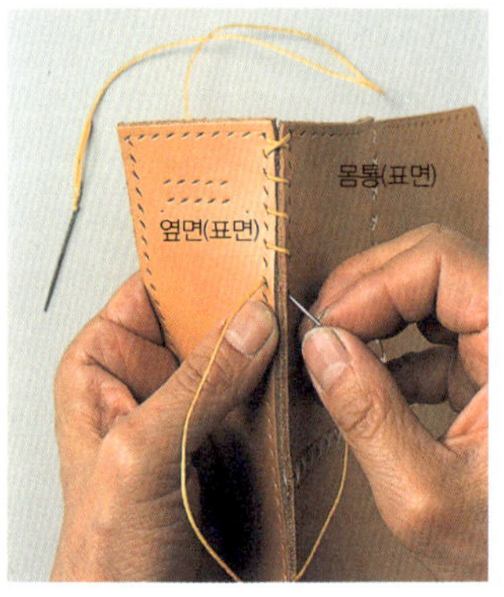

2 상단의 첫 땀을 크로스스티치로 고정한다. 몸통 조각을 크로스스티치로 연결한 것과 같은 방법으로 먼저 오른쪽 아래 방향으로(이하 ╲) 하단까지 꿰맨다.

3 상단에서 왼쪽 아래 방향으로(╱) 실을 걸어 X자로 교차시켜 하단까지 꿰맨다. 같은 방법으로 남은 옆면 한 장을 몸통 반대쪽에 크로스스티치로 연결한다.

4 남은 몸통 한 장을 크로스스티치로 옆면에 연결한다.

5 밑판을 붙인다

1 몸통 바닥에 밑판을 맞추고, 몸통 모서리 구멍으로 바늘을 찔러 밑판 모서리 구멍으로 빼낸다.

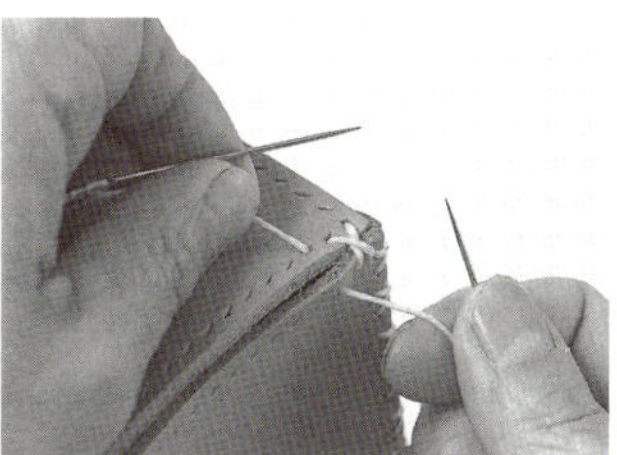

2 첫 땀을 크로스스티치해서 고정시킨다.

3 조각을 꿰매어 연결할 때와 마찬가지로 오른쪽 실을 내려놓고, 왼쪽 실로 \ 방향으로 다음 모서리까지 꿰맨다.

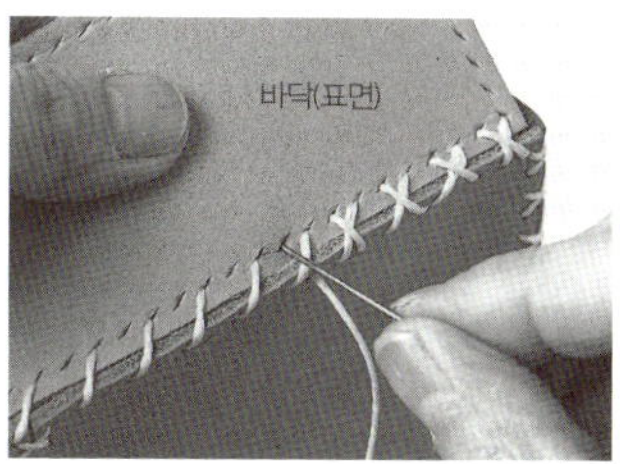

4 내려놓은 오른쪽 실을 교차시키면서 모서리까지 꿰맨다. 한 변을 크로스스티치하고 나면 다음 변도 마찬가지로 크로스스티치한다.

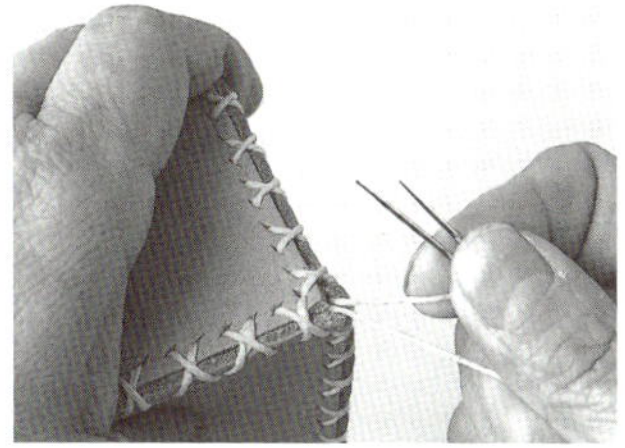

5 바느질이 끝나면 마지막 모서리에서 표면 쪽으로 두 가닥의 실을 빼낸다.

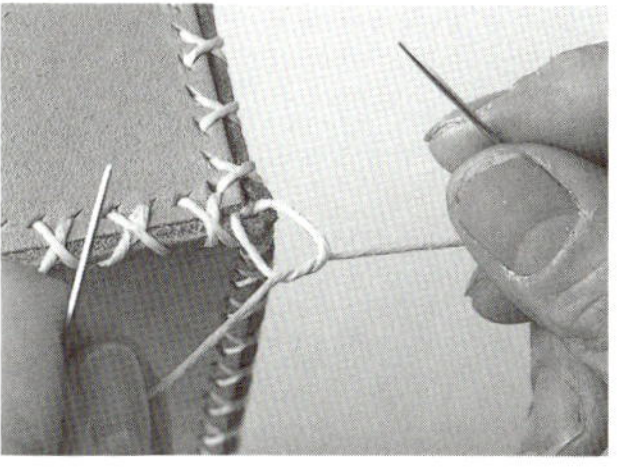

6 두 가닥의 실을 묶는다. 실을 꽉 잡아당겨 조인 후, 두 번 묶고 매듭에 본드를 바른다.

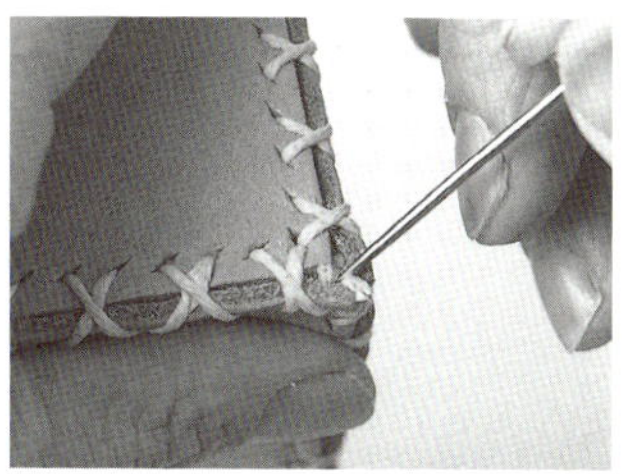

7 매듭 가장자리에서 실을 바짝 자르고 원형송곳으로 남은 실을 안으로 밀어넣는다.

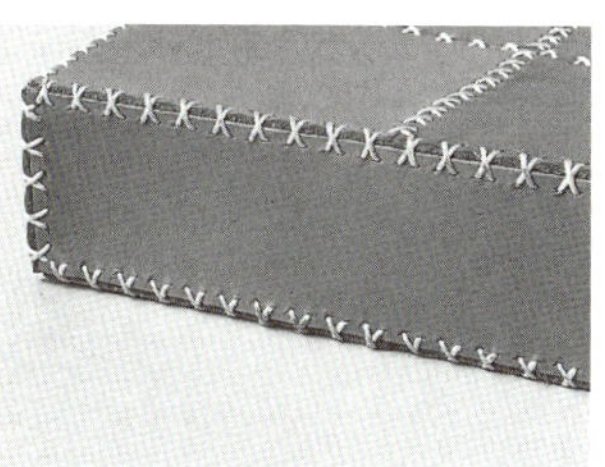

8 밑판 부착 완성.

6 입구에 크로스스티치를 하고 어깨끈을 연결한다

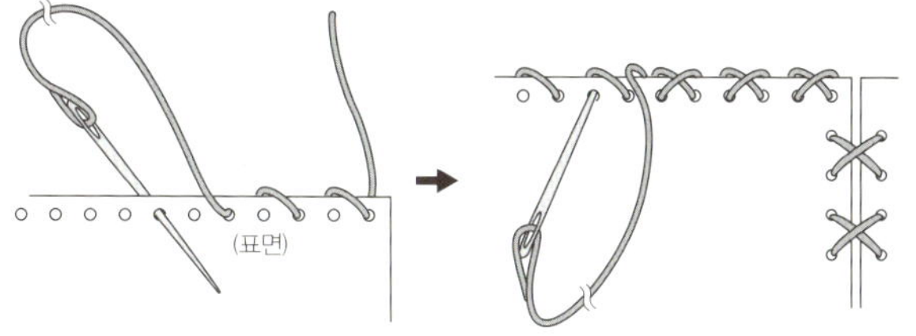

1 입구를 휘감치듯이 둘레를 크로스스티치한다.

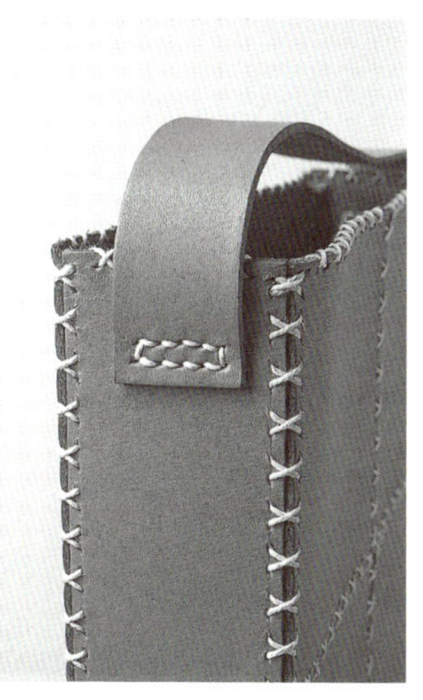

2 옆면 표면의 손잡이 부착 부위와 손잡이 뒷면의 바느질 위치를 커터칼로 긁는다(p.51 참조). 옆면과 손잡이의 구멍 위치를 맞춰서 본드로 붙이고 마름송곳으로 구멍을 넓혀가면서 새들스티치로 고정시키면 완성된다.

PART IV

유용한 응용기술을
알아두자

+ 별도로 재단한 옆면, 밑판 붙이기

+ 안주머니 만들기

+ 손잡이 만들기

+ 가죽 컷워크

+ 버클, 슬라이드형 잠금장치 부착하기

+ 안감 붙이기

이번 장에서는 가방을 만들 때 알아두면 유용한 응용기술을 설명한다. '모양은 이 가방으로 하되 안주머니를 붙이고 싶다'는 식으로 자기 나름대로 디자인을 변형할 때 유용하다.

* 가죽 두께는 특별히 표시하지 않는 한 2.2~2.mm
* 예로 든 작품의 형지와 만드는 방법은 78페이지 이후의 '작품을 만들어보자' 참조
* 사진에 표시된 치수 단위는 전부 cm이다.
* 가죽의 표면과 뒷면은 사진과 도면에서는 편의상 (겉), (안)으로 표시한다.

별도로 재단한 옆면, 밑판 붙이기

몸통과는 별도로 재단한 옆면과 밑판을 몸통에 꿰매 연결하는 방법이다.
옆면과 밑판의 풀칠 부위를 얇게 깎아 맞붙여 꿰매기 쉽게 만든다(아래 피할 참조).
11페이지의 사각 토트백을 예로 들어 설명하겠다.
사각 토트백의 형지, 만드는 방법은 80페이지를 참조한다.

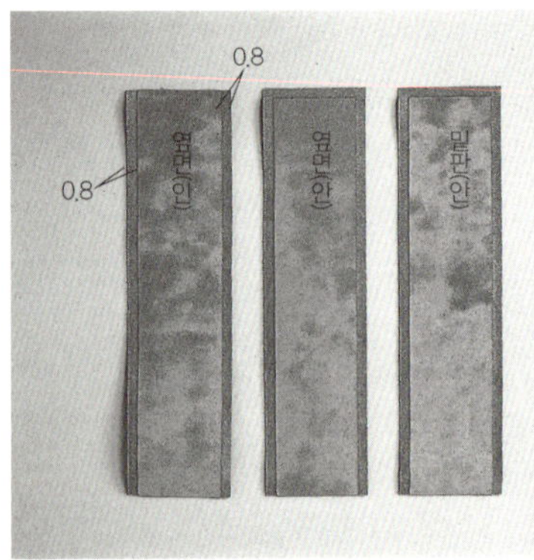

1 옆면 2장, 바닥 1장을 재단하고 뒷면을 다듬는다. 옆면은 양옆과 바닥 쪽의 풀칠 부위, 밑판은 긴 두 변의 풀칠 부위를 각각 0.8cm 폭으로 부분 피할한다. 이 경우에는 원래 2.0mm 두께의 가죽을 1.7mm로 피할했다.

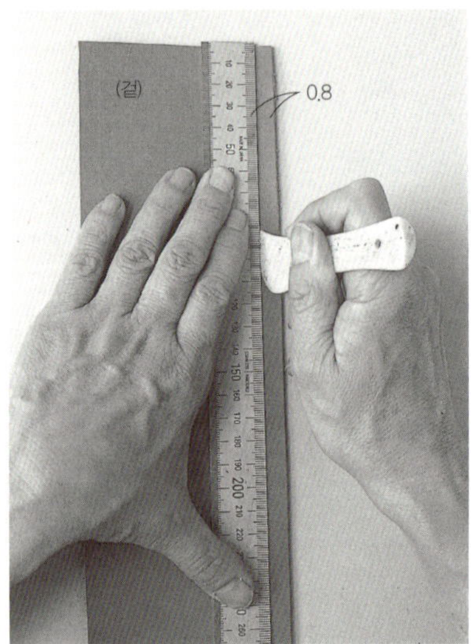

2 옆면과 밑판의 테두리를 피할한 위치에 표면에서 본드주걱으로 선을 그어 표시한다.

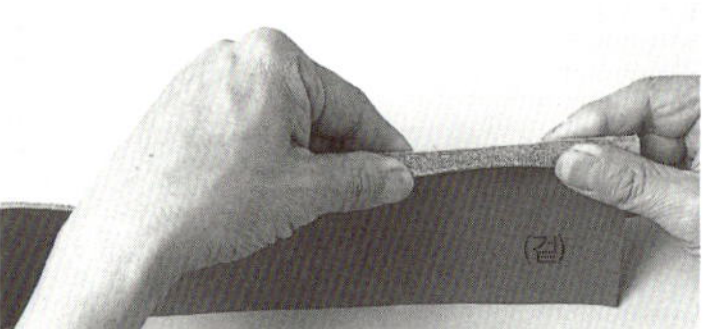

3 몸통과 옆면, 밑판을 맞출 때 쉽게 붙이기 위해 본드주걱으로 표시한 선을 따라 피할한 부분을 표면 쪽으로 꺾어 접는 선을 만든다.

가죽 조각 피할에 대하여

가죽을 살 때, 만들 작품에 맞춰 두꺼운 가죽 뒷면 전체를 기계로 균일하게 깎아달라고 부탁한다. 이를 '전체 피할'이라고 한다. 이 책에서는 가방에는 2.2~2.4mm, 소품에는 1.5mm 두께로 피할한 가죽을 사용한다. 또 전체 피할과는 별개로 디자인에 따라 재단한 부분을 좀 더 세밀하게 깎을 필요가 있는데 원래의 가죽 종류와 목적에 따라 피할하는 두께가 다르므로 가죽 구입 시 매장에서 상담한 후에 피할을 부탁하면 좋다.

옆면과 밑판 등의 가죽 조각 전체 피할 옆면, 밑판이나 안단, 손잡이 등을 몸통과 똑같은 두께 그대로 작업하면 뻣뻣해서 다루기 힘들거나 바느질하기 어려운 경우, 가죽 조각 전체를 피할한다.

부분 피할 옆면, 바닥의 풀칠 부위를 원래 두께대로 작업하면 붙이기 힘들다. 이때 풀칠 부위만 균일한 폭으로 깎는다. 이것을 부분 피할이라고 한다.

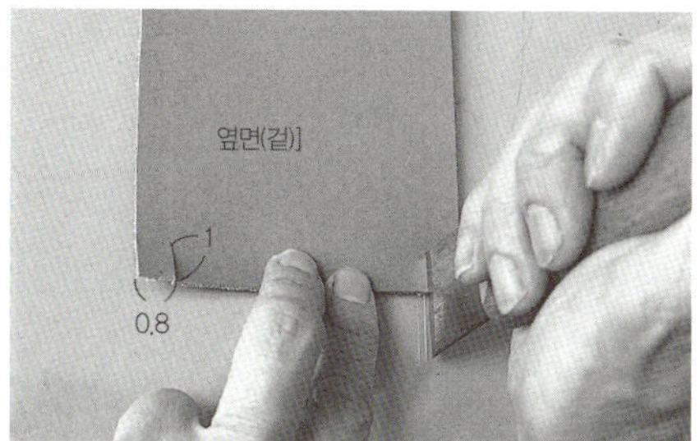

4 옆면 바닥 쪽에 칼집을 넣는다. 본드주걱 선이 있는 곳을 칼로 1cm 정도 깊숙이 자른다.

5 밑판과 옆면을 붙인다. 옆면 바닥 쪽에 넣은 칼집 사이의 표면 시접을 긁어둔다. 밑판 뒷면의 시접에 본드를 바르고, 옆면의 칼집에 밑판을 끼워넣어 붙인다.

6 크리저로 바느질선을 긋고 목타로 구멍을 뚫는다. 구멍을 뚫을 때는 먼저 중앙을 정한 후 중앙에서부터 좌우로 목타를 친다. 가장자리 쪽은 칼집에서 약간 떨어진 곳까지 구멍을 뚫는다.

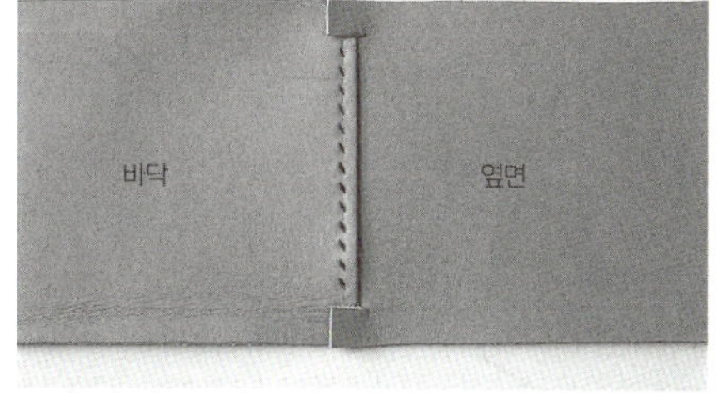
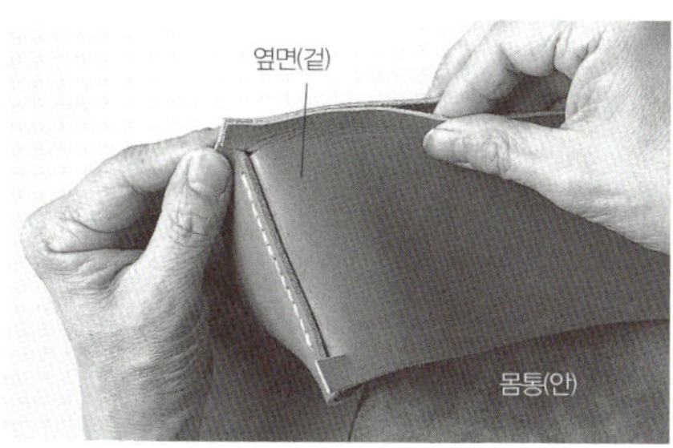
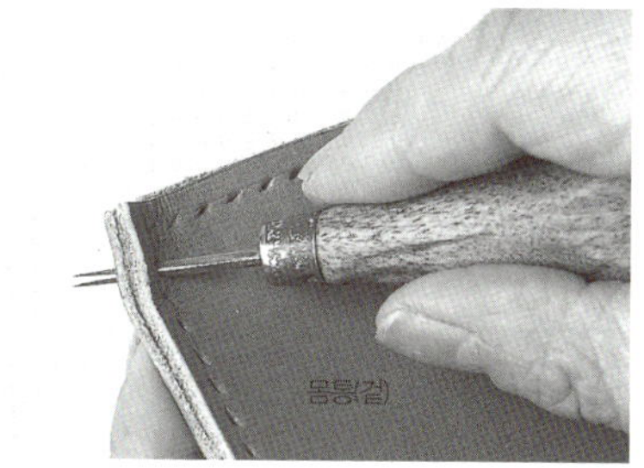

7 위는 구멍을 전부 뚫은 사진이고 아래는 밑판과 옆면을 새들스티치로 연결한 모습이다.

8 몸통 주위에 구멍을 뚫고 옆쪽과 바닥 쪽 뒷면에 풀칠 부위를 긁어 고무풀을 발라둔다. 옆면과 밑판의 가장자리를 깎은 부분에도 고무풀을 발라 표면이 밖을 향하도록 몸통과 맞붙인다. 사진처럼 바닥 모서리에서 절단면을 맞추면서 붙인다.

9 몸통 구멍에 맞춰 다시 한 번 목타를 쳐서 옆면과 밑판까지 구멍을 뚫는다(p.85 참조). 모서리는 목타를 관통시키기 어려우므로 마름송곳으로 다시 한 번 구멍을 끝까지 찔러준다(p.82 참조).

10 입구 쪽에서 옆면과 밑판, 몸통 둘레를 새들스티치한다. 입구는 가죽 가장자리에 실을 걸어서 더블스티치를 한다.

밑판에서 본 바느질 완성 상태.

안주머니 만들기

안감을 붙이지 않은 가방에 부착할 안주머니를 만드는 방법이다.
11페이지의 사각 토트백을 예로 들어 설명하겠다.
사각 토트백 형지, 만드는 방법은 80페이지를 참조하면 된다.

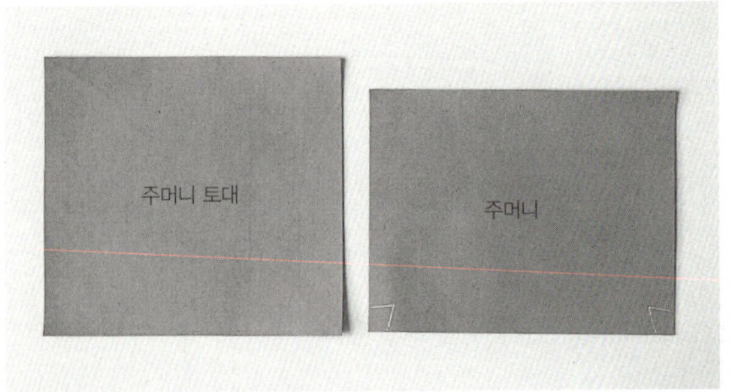

1 주머니와 주머니 토대를 재단하여 두께 1.2mm로 전체 피할한다(p.68 참조). 주머니 아래쪽 모서리에는 다트 모양으로 위치를 표시해둔다.

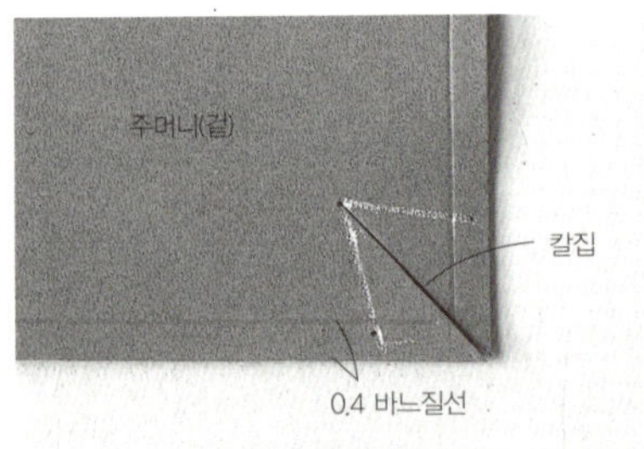

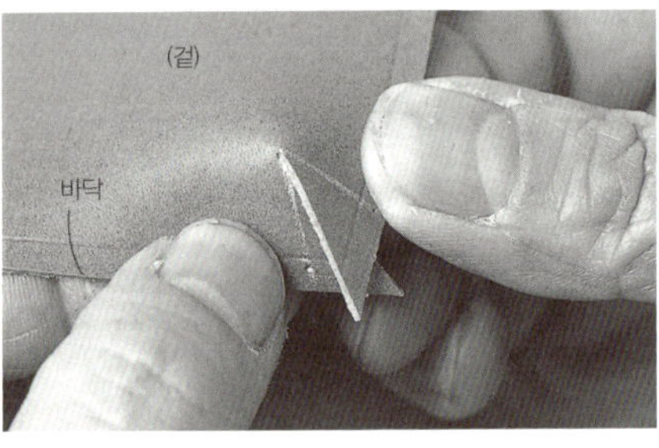

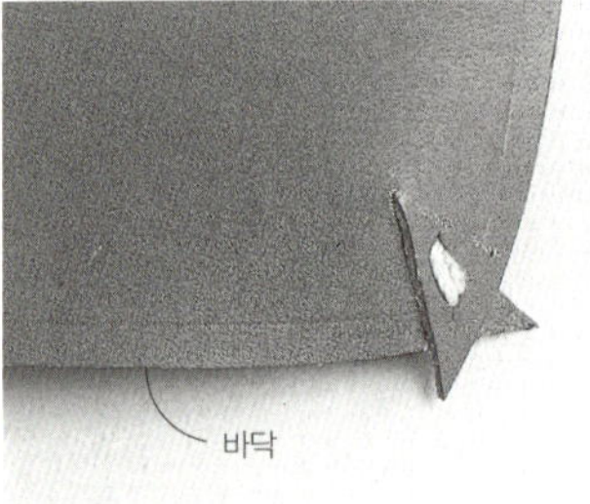

2 주머니 입구에 0.1~0.2cm 폭으로 장식선을 긋고 나머지 세 변에는 0.4cm 폭으로 바느질선을 긋는다. 다트 모서리에는 비스듬히 칼집을 넣는다.

3 다트의 칼집 부분을 사진처럼 포개서 고무풀로 붙인다.

4 포갠 부분에 2날 목타로 구멍을 뚫어 한 땀만 꿰매어 고정시키고 모서리를 둥글게 다듬는다.

5 주머니 토대는 표면 상단에 바느질선을 긋고, 옆쪽과 바닥 쪽의 주머니를 붙일 풀칠 부위를 긁어둔다. 주머니도 옆쪽과 바닥 쪽 뒷면의 풀칠 부위를 긁는다. 주머니 토대 위에 주머니를 겹쳐서 고무풀로 붙이고 새들스티치한다. 여기서는 토대의 상단까지 꿰맸지만 주머니 입구에서 더블스티치로 고정시켜도 좋다.

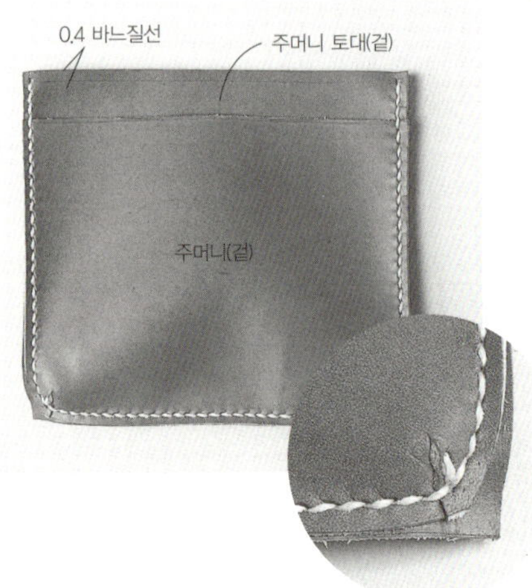

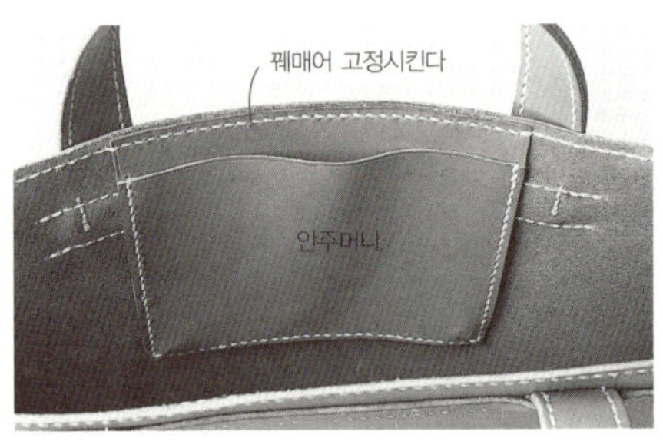

6 다트 위치의 주머니 토대를 주머니의 둥근 부분에 맞춰서 잘라낸다.

7 몸통 안쪽에 주머니를 맞추고 몸통 입구를 꿰맬 때 같이 꿰매어 고정시킨다.

손잡이 만들기

로프 심을 넣은 둥근 손잡이를 만드는 방법이다. 15페이지의 컷워크백을 예로 들어 설명
하겠다.
컷워크백의 만드는 방법은 85페이지를 참조하면 된다.

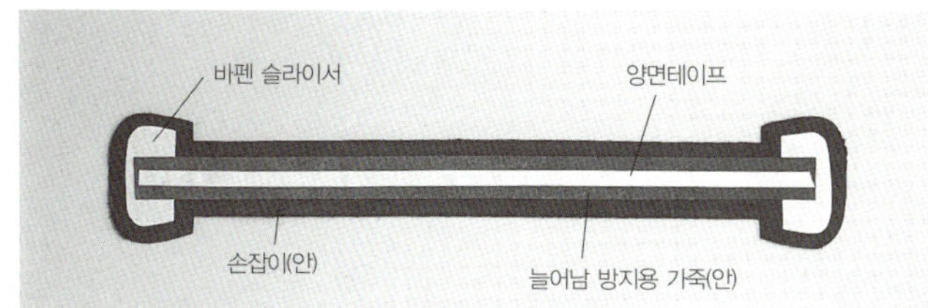

* 손잡이 1개 분량의 재료

  A. 손잡이용 가죽(몸통과 동일한 가죽을 1.6mm 두께로 피할한다) 1장

  B. 늘어남 방지용 가죽(두께 0.5mm 정도의 가죽) 1장

  C. 심지용 면 끈(굵기 0.6cm) 1줄

  D. 덧댈 가죽(몸통과 동일한 가죽을 1.6mm 두께로 피할한다) 2장

  E. 손잡이 연결 부위 심(바펜 슬라이서) 2장

  그 외 양면테이프

  ※ 바펜 슬라이서(wappen slicer)는 가방용 부직포심 재료의 일종이다.

1 손잡이 뒷면의 연결 부위에 바펜 슬라이서를
붙이고, 그 위에 늘어남 방지용 가죽 표면에 본
드를 발라 붙인다. 또 그 위에 양면테이프를 붙
여둔다.

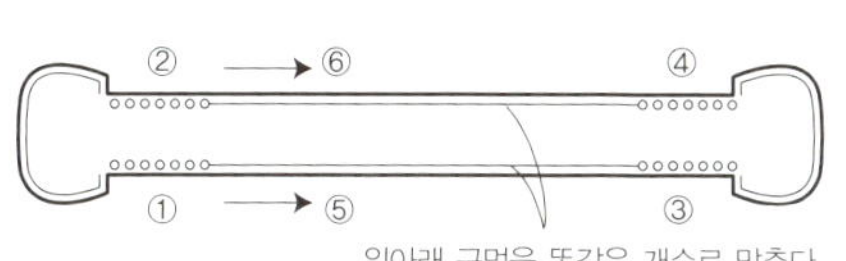

2 손잡이 주위에 구멍을 뚫는다. 직선 부분은 7날 목타
로 위아래 구멍을 똑같은 개수로 뚫는다. 손잡이 연
결 부위의 곡선 부분은 2날 목타로 구멍을 뚫는다.

* 직선 부분의 구멍 뚫기

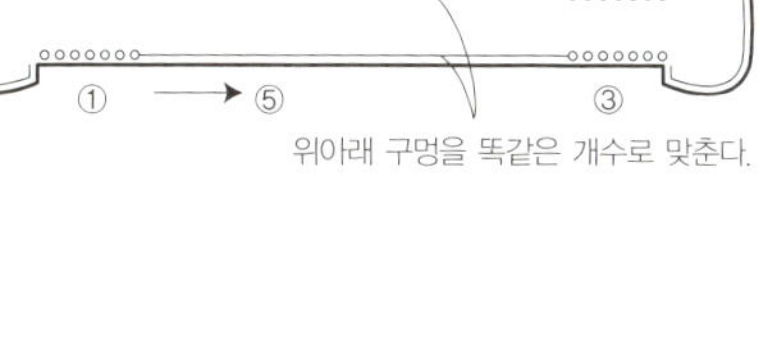

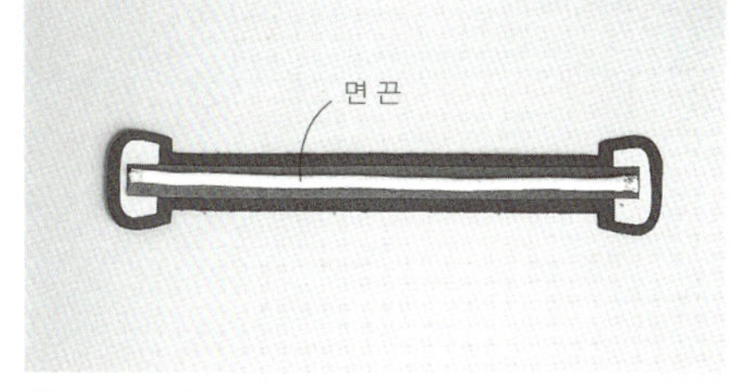

3 구멍 뚫은 부분의 뒷면을 긁은 후 양면테이프 대
지를 벗겨 면 끈을 붙인다.

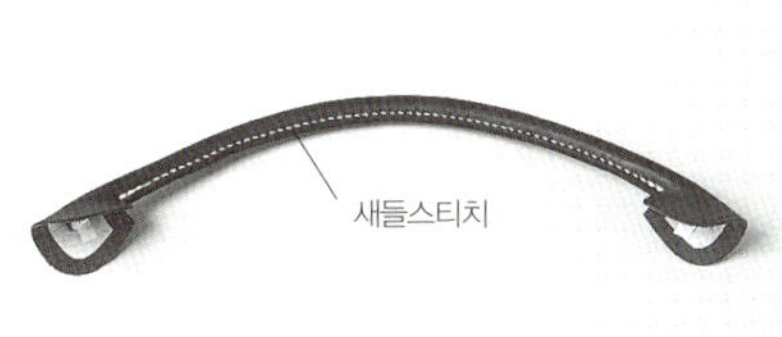

4 직선 부분의 뒷면에 고무풀을 바른다. 면 끈을 감
싸듯이 접어 구멍 위치를 맞추면서 붙인다. 잘 붙
지 않으므로 클립 등으로 잠시 고정시켜 단단히
접착한 후에 새들스티치한다. 첫 땀과 마지막 땀
은 더블스티치한다. 바느질이 끝나면 바늘땀이
안쪽을 향하도록 자연스럽게 구부린다.

5 손잡이 연결 부위에 가재단한 덧댈 가죽을 고무
풀로 붙인다.

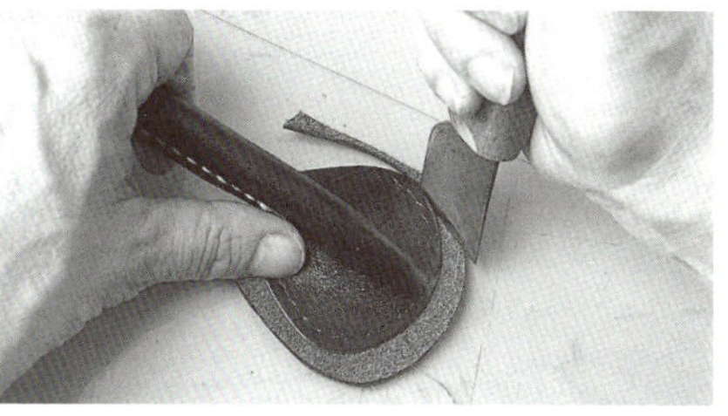

6 덧댈 가죽을 손잡이 연결 부위 모양에 맞춰서 자
른다.

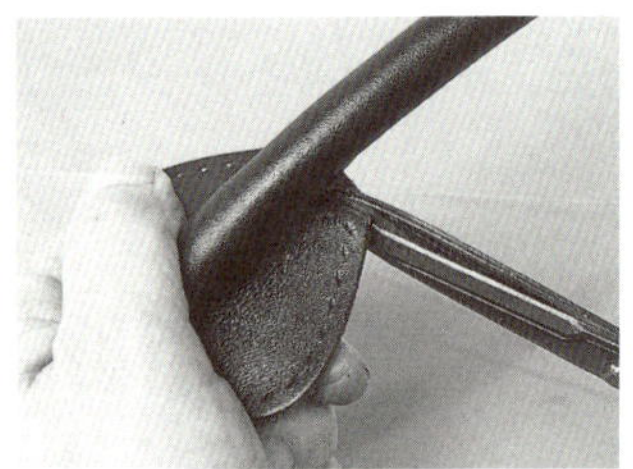

7 손잡이 연결 부위의 안쪽은 가죽칼로 자르기 어려우므로 가죽 가위로 잘라낸다.

8 절단면을 사포로 문지르고 가죽용 염료를 바른 후 마감제로 다듬는다 (p.89 참조).

9 손잡이를 몸통에 새들스티치로 고정시킨다. 먼저 손잡이를 몸통의 부착 위치에 고무풀로 붙이고 손잡이 연결 부위 뒤쪽에 바펜 슬라이서를 붙인 후, 다시 한 번 목타를 구멍에 대고 몸통까지 뚫어 꿰맨다.

가죽 컷워크

컷워크 기법은 본체를 도려낸 후 다른 가죽을 덧대어 꿰매 고정시키는 것이다. 독특한 개성을 드러낼 뿐만 아니라 몸통으로 사용하고 싶은 가죽에 흠집이 있을 때도 가릴 수 있는 편리한 기법이다. 15페이지의 컷워크백을 예로 들어 설명하겠다. 컷워크백의 만드는 방법은 85페이지를 참조하면 된다.

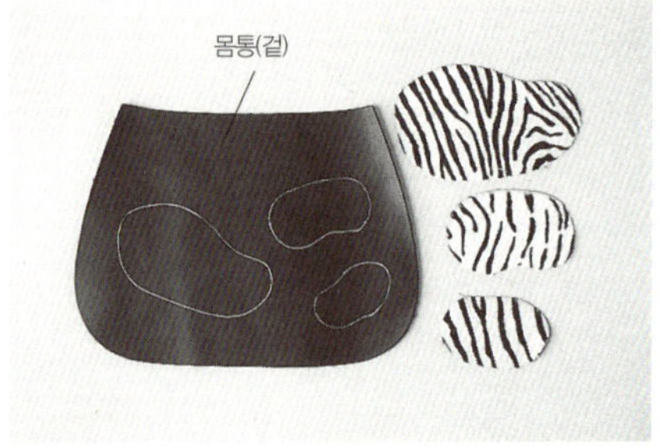

1 표면의 컷워크하고 싶은 위치에 원형송곳으로 도안 선을 표시한다. 컷워크용 가죽은 주위에 1~1.2cm 시접을 주고 재단한다.

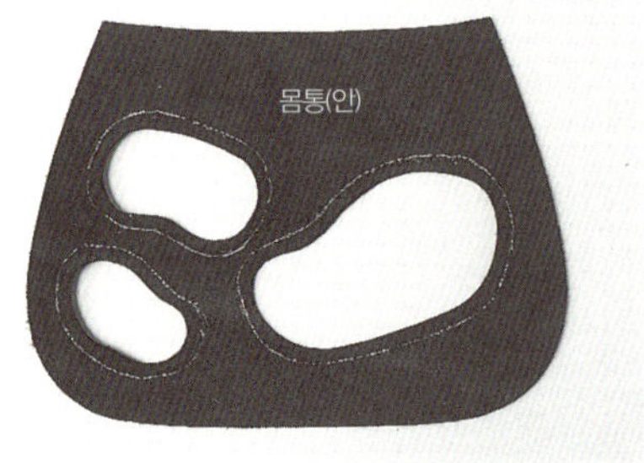

2 원형송곳으로 그린 선을 따라 가죽칼로 도려낸다. 도려낸 부분은 측면을 다듬고 크리저로 표면에 바느질선을 긋는다. 뒷면에 컷워크용 가죽의 형지를 대고 바깥둘레 선을 표시해둔다.

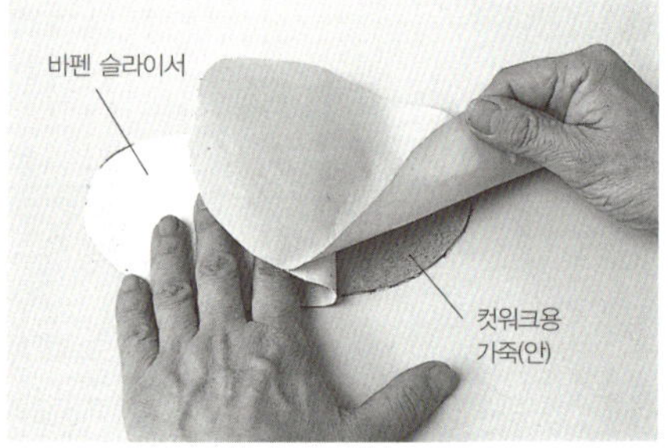

3 컷워크용 가죽 뒷면에 바펜 슬라이서를 붙인다. 바펜 슬라이서는 가재단해서 컷워크용 가죽에 붙인 후, 주위의 여분을 잘라낸다.

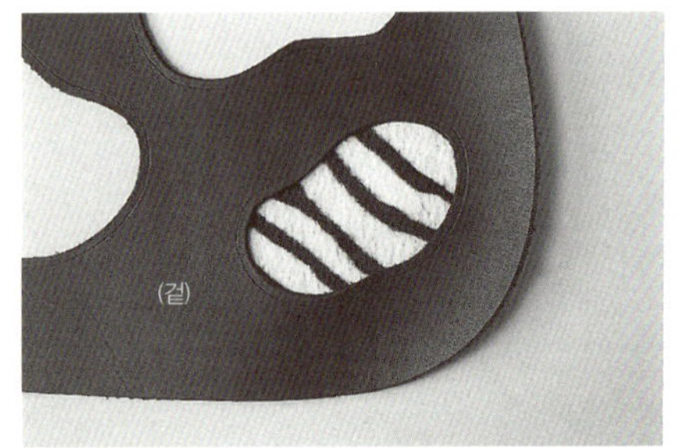

4 몸통 뒷면의 컷워크 위치 부분의 시접을 긁고 본드를 발라서 컷워크용 가죽을 붙인다.

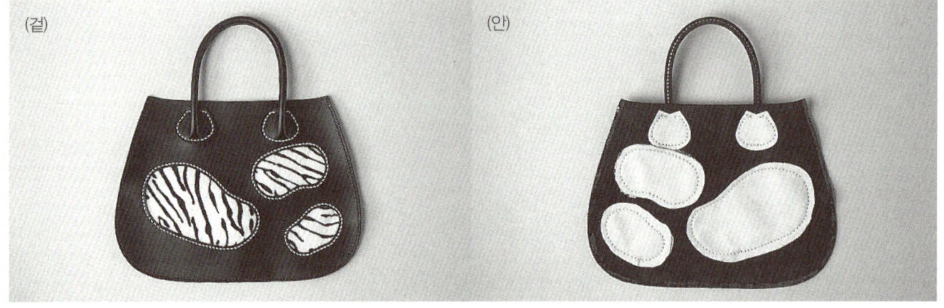

5 목타로 바느질선에 구멍을 뚫어 새들스티치한다. 모든 도안을 꿰매고 나서 몸통 주위에 구멍을 뚫고 손잡이를 만들어 부착한다.

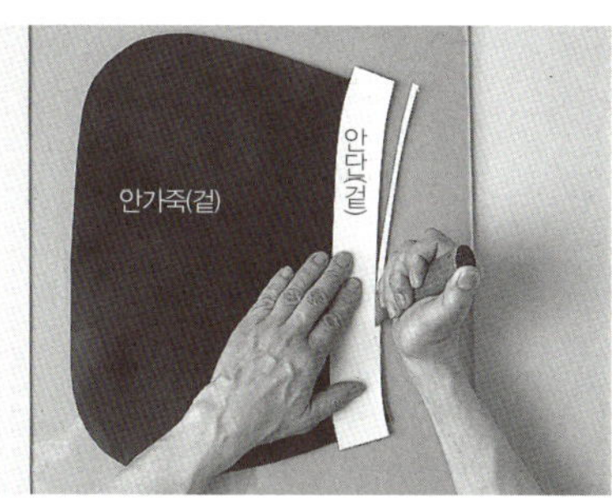

6 안가죽을 붙인다. 몸통의 안가죽과 안단(사진에서는 알기 쉽게 다른 가죽 사용)을 가재단한다. 단 안단의 아래쪽은 형지에 맞춰 재단한다. 안가죽 표면에 안단을 포개어 붙이고 입구 쪽을 본체에 맞춰 자른다.

7 손잡이를 부착한 몸통과 6의 안가죽을 붙인다. 몸통 표면을 따라 안가죽 주위를 칼로 잘라낸다.

버클, 슬라이드형 잠금장치 부착하기

버클, 슬라이드형 잠금장치는 각각 단독으로 사용할 수 있다. 여기서는 25페이지에 있는 서류가방을 예로 들어 두 가지를 조합한 잠금장치를 만드는 방법을 설명하겠다. 서류가방 만드는 방법은 87페이지를 참조한다.

* 필요한 부자재
가죽 부속품은 재단 후 측면에 색을 넣어 마감 처리한다(p.89 참조).

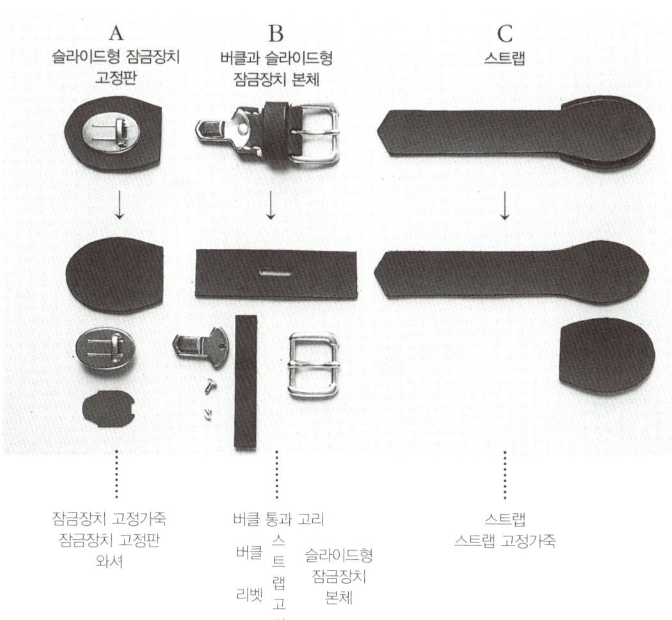

완성된 버클 부분.

완성된 슬라이드형 잠금장치 부분.

A 슬라이드형 잠금장치 고정판

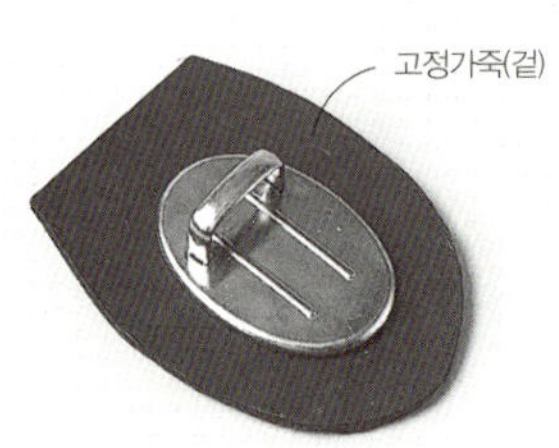

1 고정가죽의 칼집 위치에 가죽칼로 칼집을 넣고 표면 쪽에서 잠금장치 발을 끼워넣는다. 뒷면에 와셔를 대고 발을 안쪽으로 구부려 고정한다.

2 고정가죽 주위에 바느질선을 그은 다음, 몸통의 부착 위치에 고무풀로 붙인다. 목타로 구멍을 뚫어 새들스티치로 고정시킨다.

B 버클과 슬라이드형 잠금장치 본체

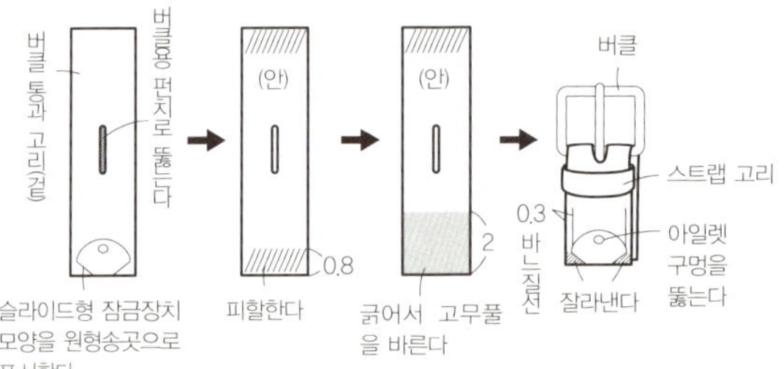

1 스트랩 고리용 가죽 끝을 맞대고 더블스티치로 고정시켜 고리를 만든다.

2 버클 통과 고리의 끝부분을 피할하고(p.75 참조) 버클과 스트랩 고리를 통과시켜 반으로 접어 붙인다. 버클용 펀치가 없는 경우에는 101페이지를 참조. 하단은 슬라이드형 잠금장치 모양에 맞춰 잘라내고 절단면은 색을 넣어 마감한다.

3 양옆을 새들스티치하고 슬라이드형 잠금장치 본체를 리벳으로 고정시킨다(p.86 참조). 가방이 완성되면 스트랩을 끼우고 버클을 채운다.

C 스트랩

1 원형펀치로 스트랩에 구멍을 뚫고(p.86 참조) 고정가죽을 붙인다. 바느질선을 긋고, 목타로 구멍을 뚫은 후 덮개 부착 위치에 고무풀로 붙인다.

2 마름송곳으로 구멍을 찔러서 덮개까지 구멍을 뚫고(p.82 참조) 새들스티치로 고정시킨다. 이때 속덮개는 피하고 겉덮개만 고정시킨다. 첫 땀과 마지막 땀은 더블스티치한다.

안감 붙이기

안감은 몸통 내부를 덮고 싶을 때 붙인다.
17페이지의 육각 새들스티치 패치워크백을 예로 들어 설명하겠다. 형지, 만드는 방법은 81페이지를 참조한다.

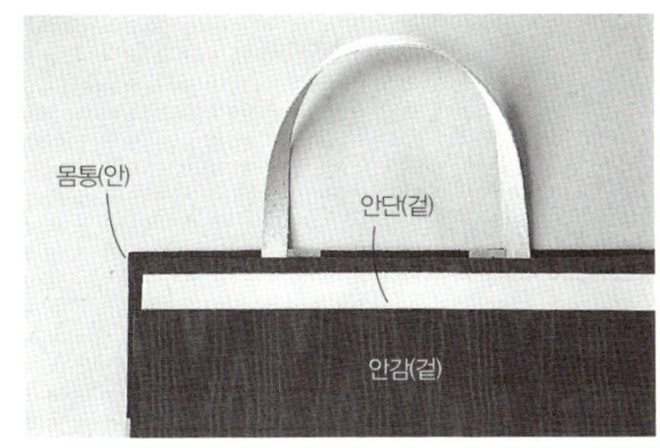

가방에 안감을 붙일 때는 몸통 내부에 안감, 안단 순서로 겹쳐서 붙인다. 안주머니를 부착하는 경우에는 안감과 안단 사이에 끼워서 꿰맨다. 안감은 가방용으로 시중에서 판매되는 그로그랭이나 태피터(호박단이라고도 한다)를 사용하고(집에 있는 양복감이라도 상관없다) 재봉틀로 박아서 가방에 붙인다. 재봉실은 천의 두께에 맞춰 사용한다. 안단은 1.2mm 두께로 전체 피할한다.

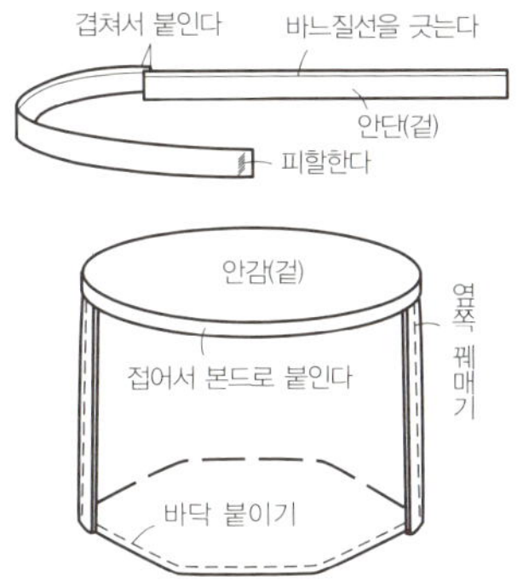

1 안감은 옆쪽을 꿰매고 바닥을 붙인 후 입구의 시접을 안으로 접어 본드로 붙인다. 안단은 겹치는 부분을 피할한 후에(아래 참조) 먼저 한쪽을 겹쳐 붙여서 바느질선을 긋는다. 그리고 나서 다른 한쪽을 붙여 원형으로 만들어둔다.

2 가방 몸통 내부에 안감을 넣고 입구를 고무풀로 붙인다.

3 안감 위에 안단을 겹쳐 고무풀로 붙인다. 표면에서 송곳으로 구멍을 찔러 3장을 한꺼번에 새들스티치한다.

혼자서 할 수 있는 부분 피할

안단을 겹쳐서 바느질을 할 때나 반으로 접은 가죽을 금속장식 사이에 끼워넣을 때, 벨트를 반으로 접어 부착할 때와 같이 가죽을 부분적으로 조금만 깎고 싶을 경우에는 스카이버나 가죽칼을 사용하여 가죽의 가장자리를 직접 얇게 피할한다. 피할하기 전에 재단하고 남은 자투리 가죽으로 깎는 방법과 두께를 시험해보자. 너무 얇게 피할하면 힘을 견디지 못하므로 두께의 절반 정도를 기준으로 삼는다.

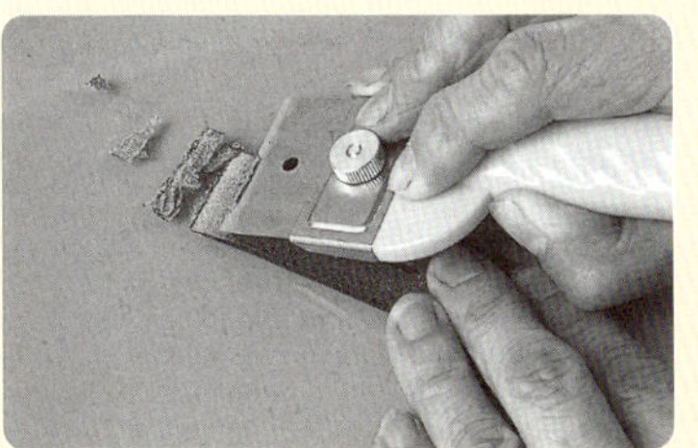

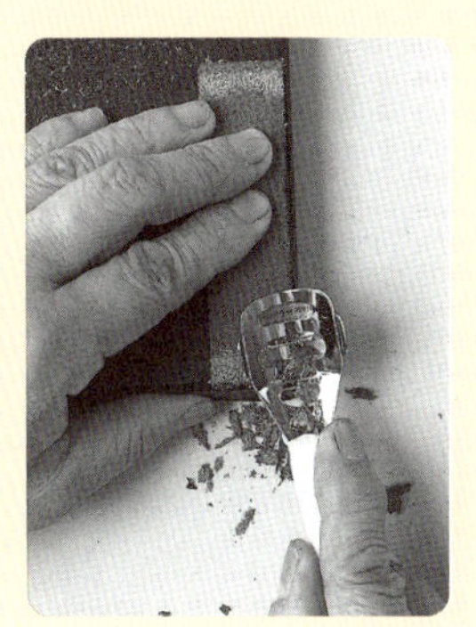

● 가죽칼로 깎는다

● 스카이버로 깎는다

목타로 구멍을 뚫는 것은
손바느질의 중요 포인트.

아버지가 오랜 세월 애용했던 도구.
사용감이 좋을 뿐 아니라 아름답기까지 하다.
지금은 이런 도구를 만들 수 있는 장인도 줄어들었다.

PART V

작품을 만들어보자

- 사각 토트백
- 육각새들스티치 패치워크백
- 사각 새들스티치 패치워크백
- 컷워크백
- 목타 모형 키홀더
- 서류가방
- 덮개 숄더백
- 자투리 가죽백
- 안경집

- 사각 크로스스티치 패치워크백
- 원형 크로스스티치 패치워크백
- 사각 웨이스트백
- 스티치 벨트
- 원형 웨이스트백
- 서류봉투
- 컷워크 벨트
- 명함지갑
- 가방 모형 열쇠 케이스

각 작품을 만드는 방법을 설명하겠다. 여기서부터는 재단까지의 과정은 생략할 것이므로 바느질을 시작하기 전에 가재단을 하고 뒷면을 다듬은 후에 정재단을 해두자.

* 1데시 = 10×10cm
* 도면 내 치수 단위는 전부 cm, 시접을 포함한 치수
* 가죽 두께는 특별히 표시하지 않는 한 2.2~2.4mm
* 가죽의 표면과 뒷면은 이제부터 설명할 만드는 방법에서는 편의상 (겉), (안)으로 표시한다.

사각 토트백 | 화보 11페이지

* 완성 치수: 37×35×9cm
* 재료: 성우 활피 약 64데시

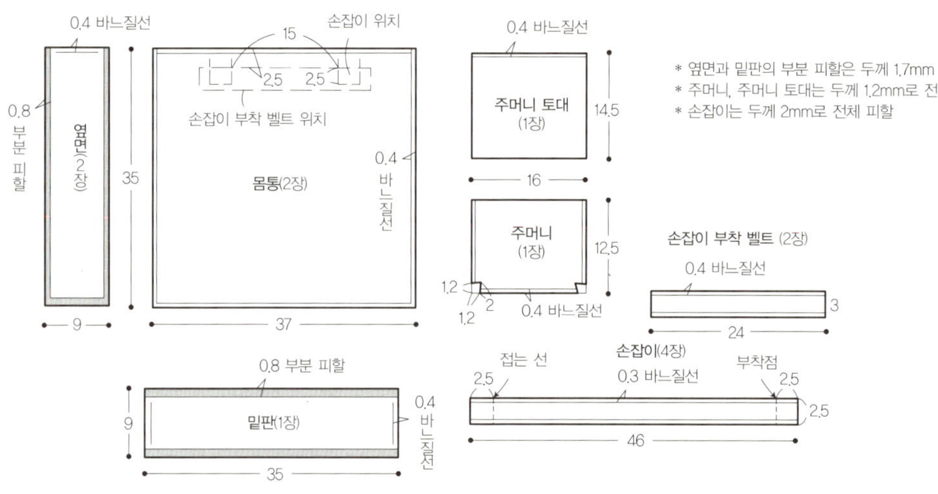

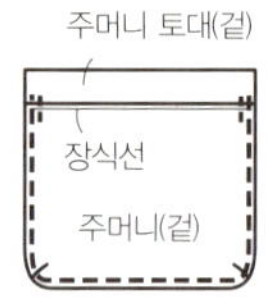

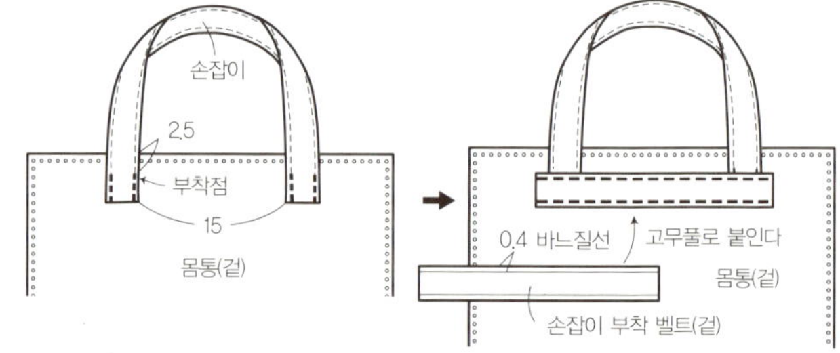

1 손잡이를 만든다. 2장의 손잡이를 표면이 밖을 향하도록 고무풀로 맞붙이고 부착점까지 새들스티치한다(p.60 참조). 2개를 만든다.

2 안주머니를 만든다(p.70 참조).

3 몸통과 옆면 상단, 손잡이 부착 벨트 주위의 측면을 마감하고 몸통 주위에 목타로 구멍을 뚫어둔다. 손잡이를 몸통의 부착 위치에 고무풀로 붙이고 손잡이 구멍에 맞춰서 몸통까지 구멍을 뚫어 새들스티치로 고정시킨다. 그 위에 손잡이 부착 벨트를 겹쳐 붙이고 구멍을 뚫어 새들스티치한다.

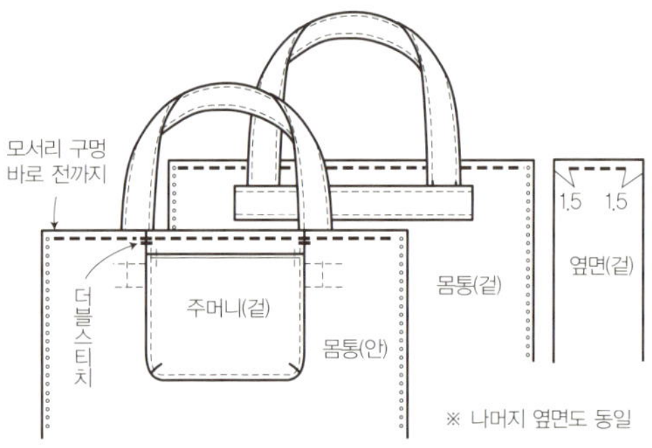

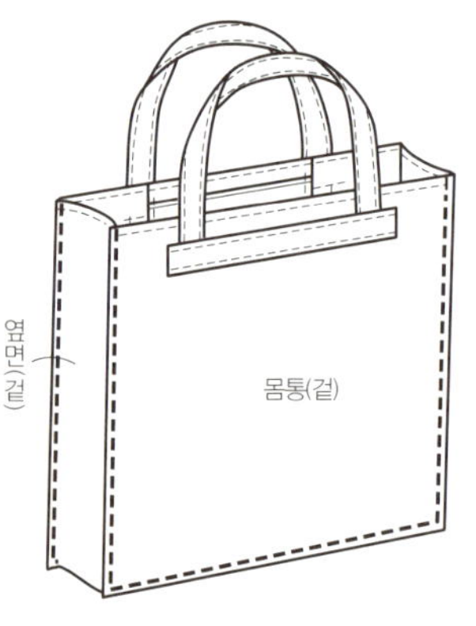

4 손잡이를 피해서 몸통 상단을 새들스티치한다. 이때 다른 쪽 몸통은 가죽 안쪽에 안주머니를 함께 꿰매 고정시킨다. 옆면도 상단에 구멍을 뚫어 꿰맨다.

5 옆면과 밑판을 연결한 후 몸통에 붙이고 측면을 마감해서 완성한다(p.68~69 참조).

육각 새들스티치 패치워크백 | 화보 17페이지

* 완성 치수: 24×20×18cm
* 재료: 성우 활피 약 37데시, 안감(그로그램) 90×25cm, 그 외 가죽용 염료
* 실물형지 별책부록 B면 수록(바닥 2부분)

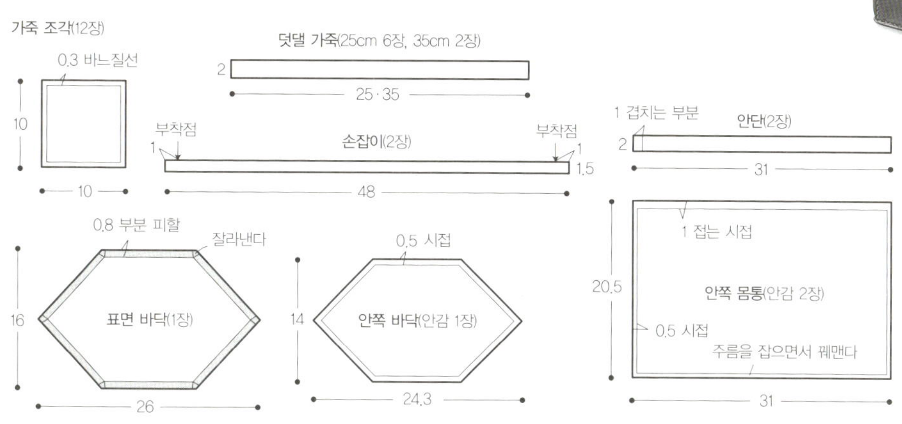

1 조각을 바느질로 연결한다

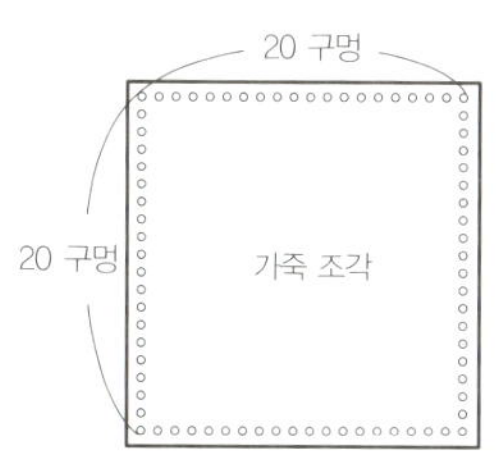

1 가죽 조각은 한 변을 제외하고 측면에 색을 넣어 마감 처리를 해둔다(p.89 참조). 겉에서 0.3cm 폭의 바느질선을 긋고, 목타로 구멍을 뚫는다.

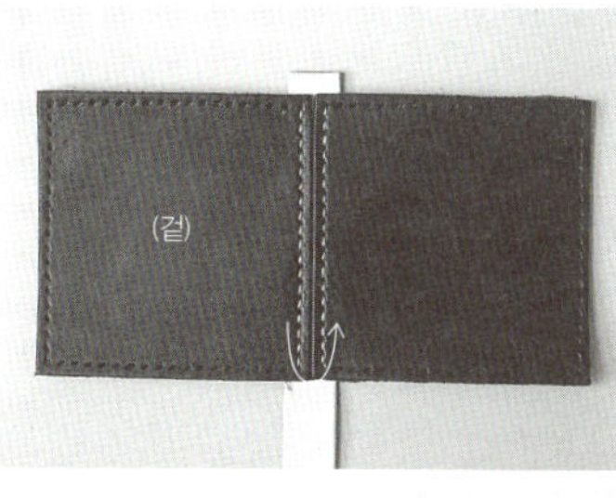

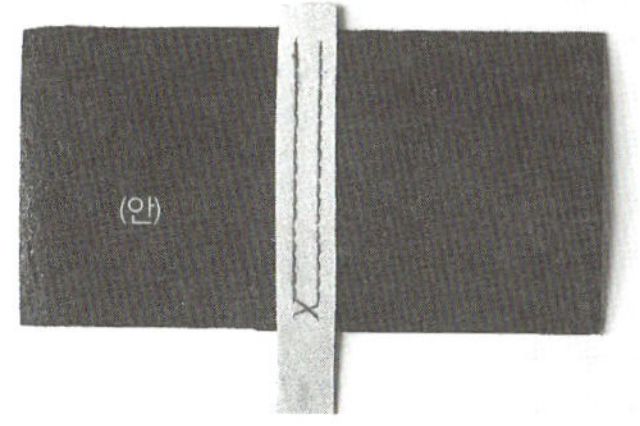

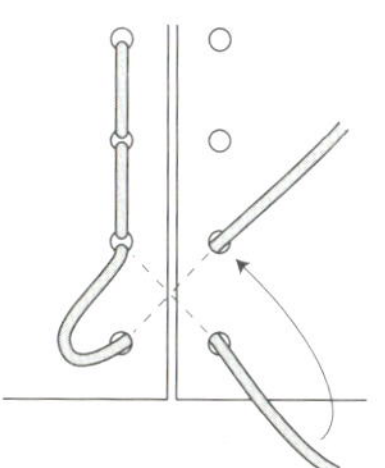

＊ 하단의 실을 걸치는 방법

3 가죽 조각의 구멍에 맞춰 한 번 더 목타로 덧댈 가죽까지 구멍을 뚫은 후 새들스티치 한다. 먼저 왼쪽 조각을 위쪽에서 아래쪽으로 꿰매고 계속해서 오른쪽 조각을 아래쪽에서 위쪽으로 꿰맨다.

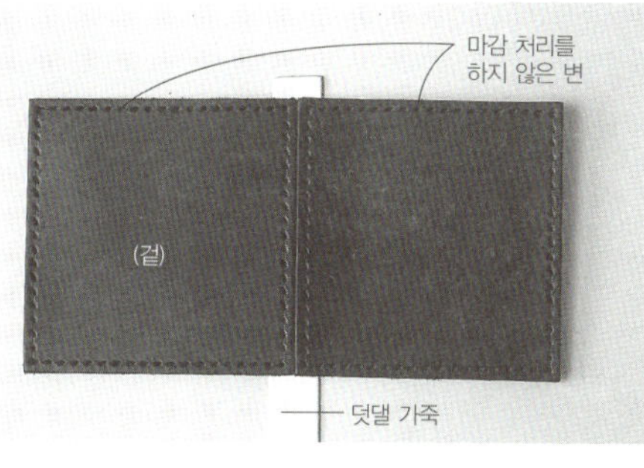

2 마감 처리를 하지 않은 변을 입구 쪽(위)으로 해서 조각 2장을 맞대고 25cm짜리 덧댈 가죽에 고무풀로 붙인다 (사진에서는 덧댈 가죽을 구분하기 쉽게 다른 가죽을 사용).

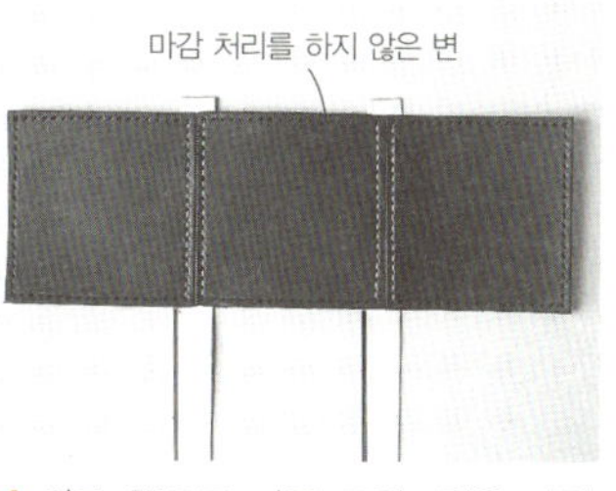

4 가로 쪽으로 다른 조각 1장을 나란히 맞대고 25cm짜리 덧댈 가죽을 대서 고무풀로 붙인 후 3과 같은 방법으로 꿰맨다.

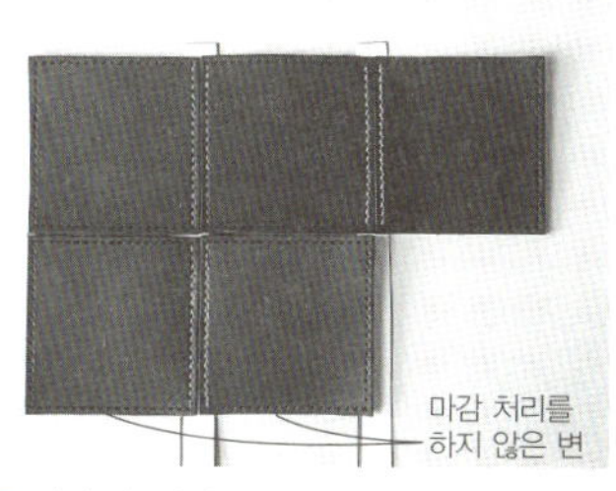

5 하단에 마감 처리를 하지 않은 변을 바닥 쪽(아래)으로 향하게 한 다음 조각 2장을 맞대고 덧댈 가죽에 붙여 새들스티치한다.

6 5의 가로 쪽에 다른 조각 1장을 놓고 덧댈 가죽에 붙여 새들스티치한다.

7 위아래의 조각 사이에 가로로 35cm짜리 덧댈 가죽을 대고 가로의 바느질선을 새들스티치한다. 이 6장을 연결한 가죽을 2장 만든다. 덧댈 가죽이 삐져나온 부분을 잘라낸다.

8 6장을 연결해서 만든 가죽 2장에 덧댈 가죽을 대고 꿰매 통 모양으로 만든다. 이것으로 몸통 완성.

② 바닥을 붙인다

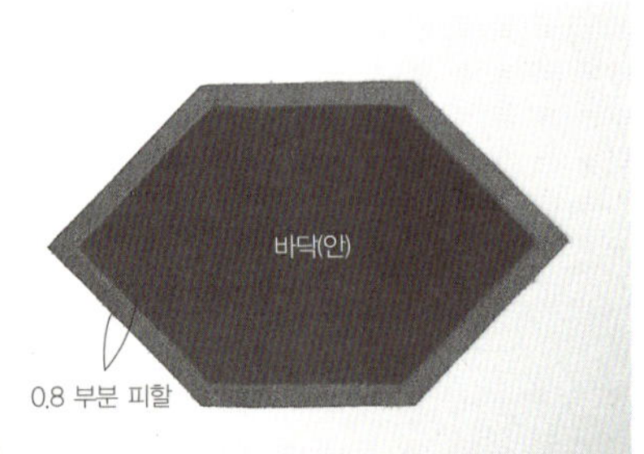

1 바닥 부분의 가장자리를 뒷면에서 0.8cm 폭으로 부분 피할을 한다. 표면에는 크리저로 0.3cm 폭의 바느질선을 긋는다.

2 바닥의 부분 피할한 곳을 표면 쪽으로 꺾어 접은 선을 만든다(p.68 참조).

3 가죽칼로 육각형 모서리를 세모꼴로 잘라낸다.

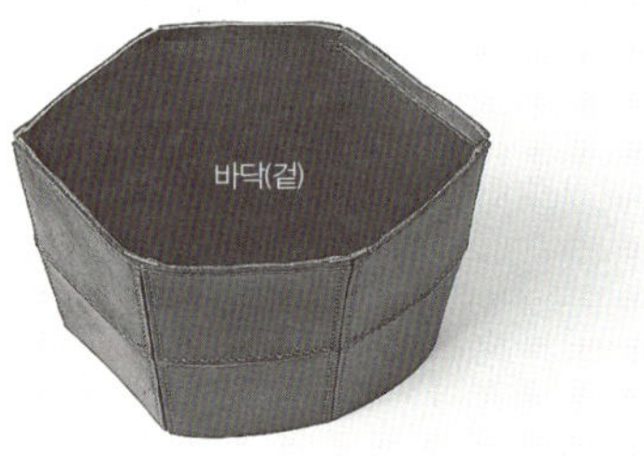

4 바닥 안쪽 주위에 고무풀을 바르고 몸통 안쪽에 끼워넣어 표면이 밖을 향하도록 맞붙인다. 바닥 모서리를 몸통 조각끼리 연결한 자리에 맞추고 잘라낸 부분의 가죽 끝을 맞대어 붙인다.

5 마름송곳으로 가죽 조각 구멍을 하나씩 찔러 바닥 가죽에 구멍을 뚫는다. 마름송곳을 수직으로 찌르기는 어려우므로 바닥의 바느질선을 목표로 삼아 마름송곳을 찌른다. 또 실이 지나가는 구멍을 마름송곳으로 찌르면 실이 끊어지므로 그런 부분은 원형송곳으로 구멍을 찌른다.

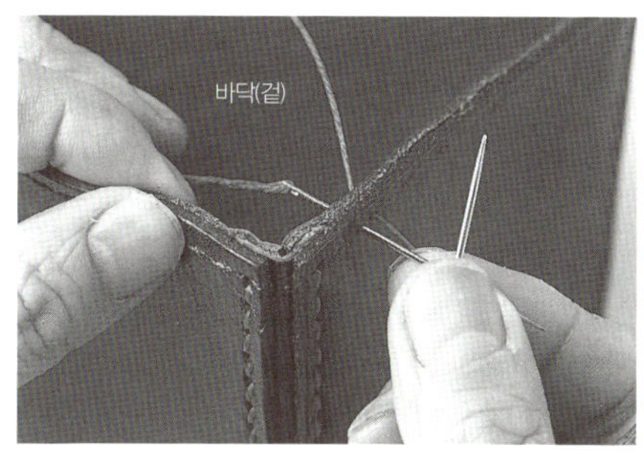

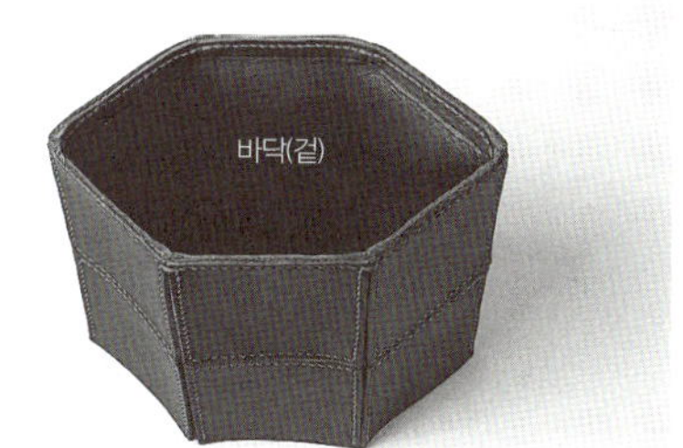

6 바닥을 새들스티치한다. 첫 땀은 모서리에서 3~4땀 떨어진 지점에서 시작해 모서리 쪽으로 꿰맨다.

7 모서리에서는 실을 두 번 걸어 더블스티치를 하면서 꿰맨다.

8 바닥을 다 꿰매면 측면을 사포로 문지르고 색을 넣어 마감한다(p.89 참조).

③ 안감을 붙인다

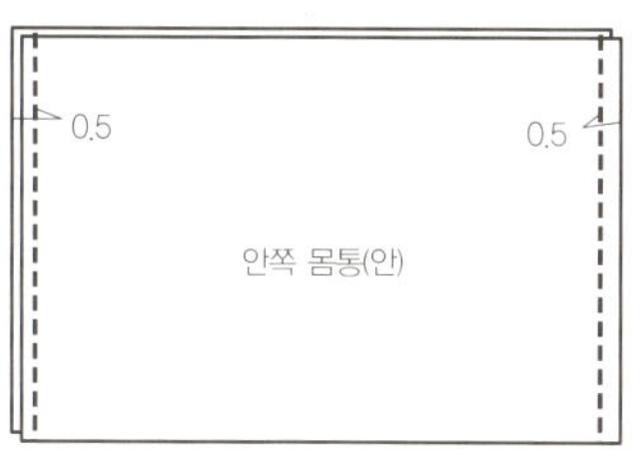

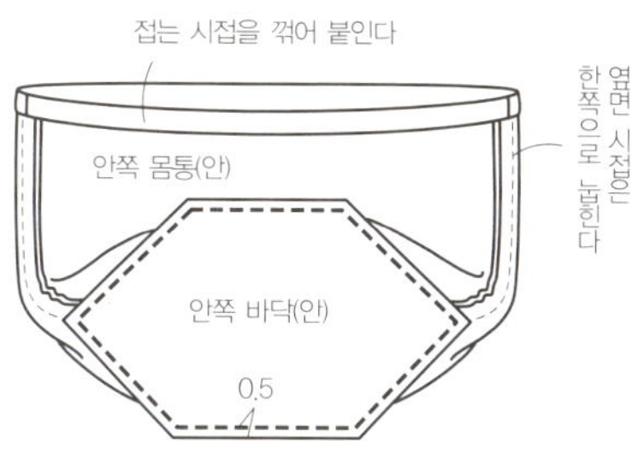

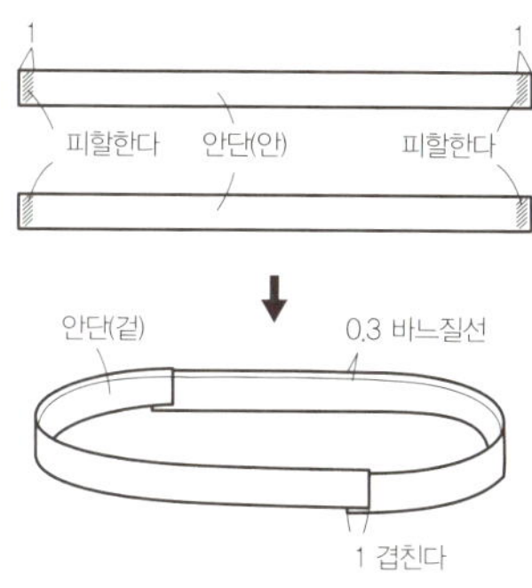

1 안쪽 몸통의 천 2장을 표면끼리 맞추고 양옆을 재봉틀로 박는다.

2 안쪽 몸통과 안쪽 바닥의 천을 맞추고 바닥을 재봉틀로 박는다. 상단은 접는 시접 1cm를 안쪽 면으로 꺾어 본드로 붙여놓는다.

3 안단 가죽 2장은 양쪽 가장자리를 약 1cm 폭으로 피할한다(p.75 참조). 먼저 한쪽을 겹쳐서 고무풀로 붙이고 하나로 이은 상태에서 폭 0.3cm의 바느질선을 긋는다. 그리고 남은 끝부분끼리 붙여 원을 만든다.

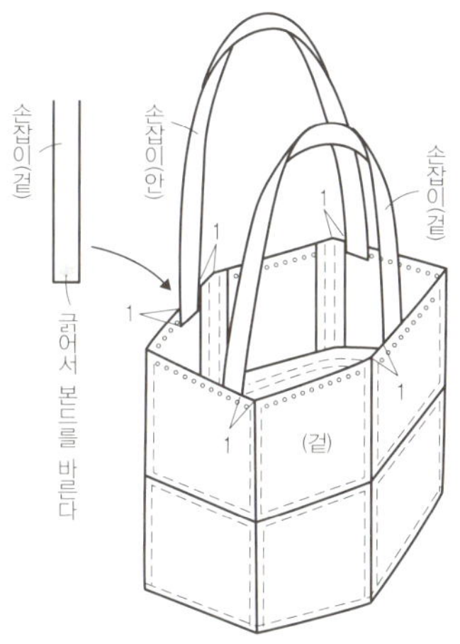

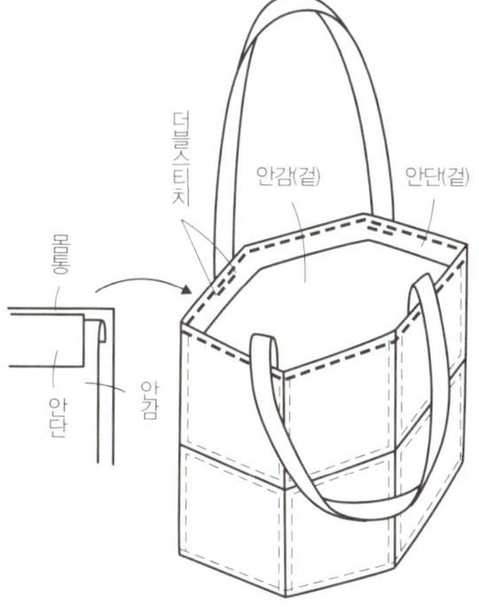

4 손잡이는 측면에 색을 넣어 마감하고 표면 가장자리를 약 1cm 폭으로 긁는다. 긁은 부분에 본드를 발라 몸통 안쪽에 손잡이를 붙인다.

5 입구 안쪽에 안감, 안단 순서로 겹쳐서 고무풀로 붙인다. 바닥과 마찬가지로 마름송곳으로 구멍을 찔러서 안단 가죽까지 구멍을 뚫어준 뒤 새들스티치한다. 손잡이 부착 위치는 더블스티치한다. 입구를 사포로 문지르고 색을 넣어 마감하면 완성된다.

사각 새들스티치 패치워크백

* 완성 치수: 28.5×19×9.5cm
* 재료: 성우 활피 약 32데시, 그 외 가죽용 염료

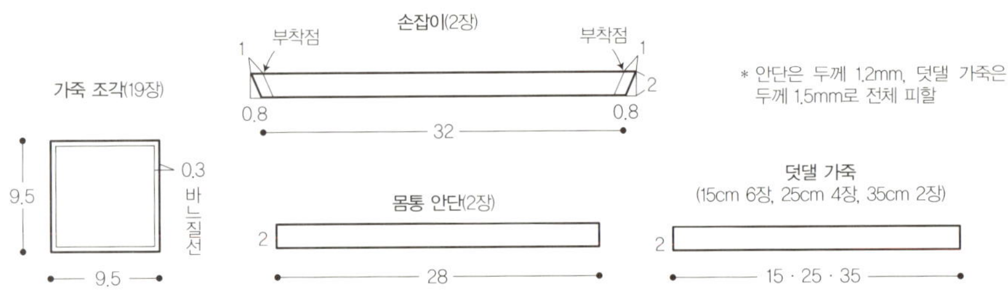

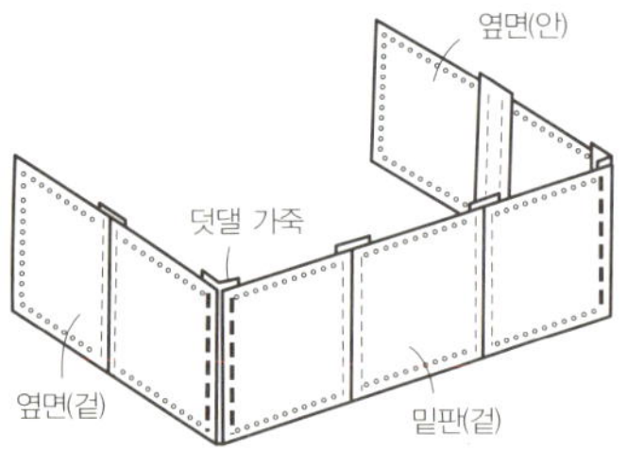

2 옆면과 밑판을 직각으로 맞댄 후 덧댈 가죽을 대고 고무풀로 붙인 다음 새들스티치한다.

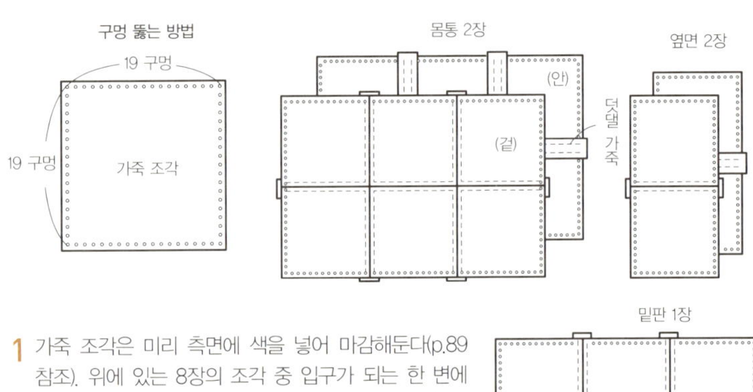

1 가죽 조각은 미리 측면에 색을 넣어 마감해둔다(p.89 참조). 위에 있는 8장의 조각 중 입구가 되는 한 변에는 측면에 색을 넣거나 마감 처리를 하지 않는다. 바느질선을 그은 후 목타로 구멍을 뚫는다. 조각을 나란히 맞대놓고 덧댈 가죽을 대서 새들스티치로 연결한다(p.81 참조). 몸통은 조각 6장, 옆면은 2장, 밑판은 3장을 꿰매 연결한다.

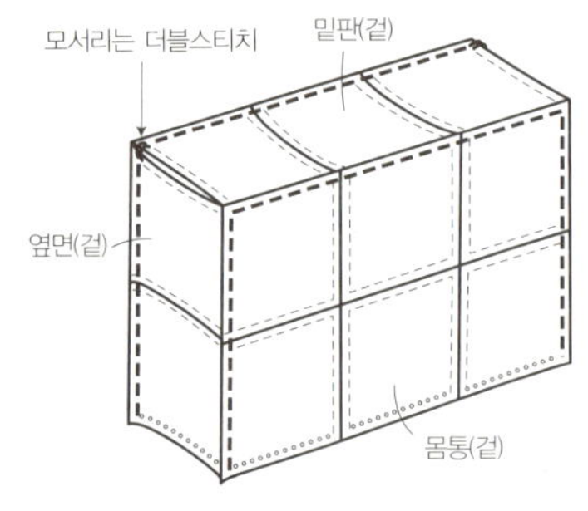

3 몸통과 옆면, 밑판의 풀칠 부위에 고무풀을 바르고 구멍 위치를 맞추면서 표면이 밖을 향하도록 맞붙인다. 마름송곳으로 구멍을 넓혀가면서 새들스티치로 연결한다(p.82 참조).

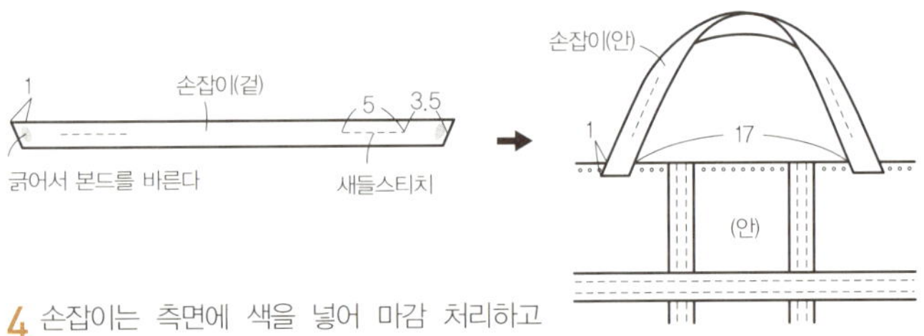

4 손잡이는 측면에 색을 넣어 마감 처리하고 장식선을 새들스티치한 후 몸통 안쪽에 본드로 붙인다.

5 안단 표면에 바느질선을 그은 후 몸통 안쪽에 고무풀로 붙인다. 안단의 양쪽 끝은 옆면의 바느질한 안쪽에 밀어넣어 안정감을 준다. 마름송곳으로 몸통 조각의 구멍을 하나씩 찔러서 안단의 바느질선 위에 구멍을 뚫고, 입구 둘레를 새들스티치한다. 손잡이 부착 위치는 더블스티치한다. 바느질이 끝나면 입구를 사포로 문지르고 색을 넣어 마감하면 완성.

컷워크백 | 화보 15페이지

* 완성 치수: 35×25×8cm
* 재료: 성우 활피 약 72데시, 송치풍 헤어카프 프린트(이하 송치) 약 7데시, 바펜 슬라이서 (두께 0.6mm) 35×30cm, 손잡이 심용 면 끈(두께 0.6~0.8cm) 90cm, 그 외 가죽용 염료
* 실물형지 별책부록 A면 수록

* 옆면과 바닥, 손잡이, 덧댈 가죽은 두께 1.6mm로 피할
* 안단은 두께 1mm로 전체 피할
* 몸통 안가죽, 늘어남 방지용 가죽은 두께 0.5mm로 전체 피할

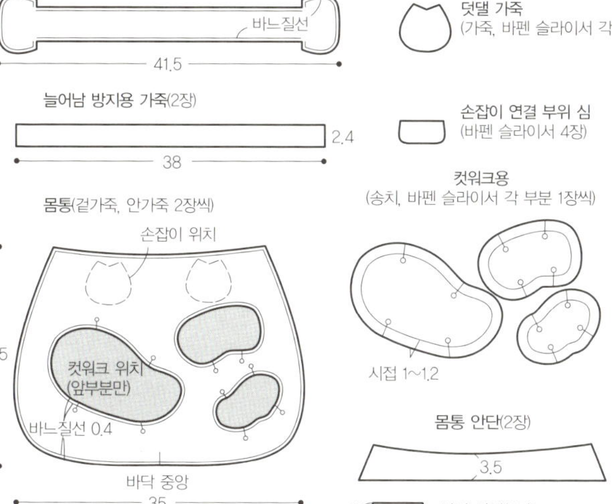

1 앞 몸통에 컷워크를 하고 손잡이를 만들어 부착한 후 안가죽을 붙인다 (p.71~72 참조). 다음으로 몸통 입구를 꿰맨다. 먼저 앞 몸통 구멍에 맞춰 다시 한 번 목타로 안단까지 구멍을 뚫은 다음 새들스티치한다. 옆면도 안쪽에 안단을 붙이고 위쪽에 구멍을 뚫어 새들스티치한다. 몸통과 옆면 모두 입구 측면에 색을 넣어 마감해둔다(p.89 참조).

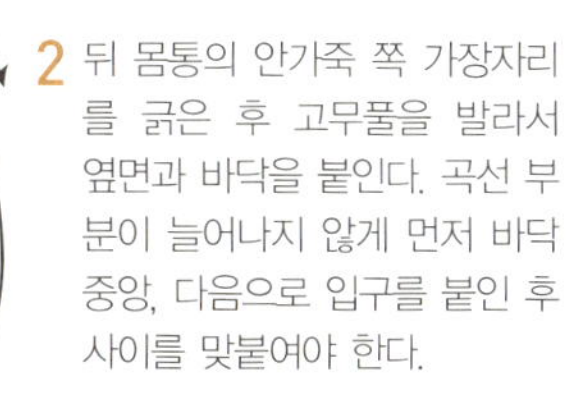

2 뒤 몸통의 안가죽 쪽 가장자리를 긁은 후 고무풀을 발라서 옆면과 바닥을 붙인다. 곡선 부분이 늘어나지 않게 먼저 바닥 중앙, 다음으로 입구를 붙인 후 사이를 맞붙여야 한다.

3 몸통 구멍에 맞춰서 다시 한 번 목타로 옆면까지 구멍을 뚫는다.

4 몸통과 옆면을 새들스티치로 연결한다.

5 앞 몸통도 같은 방법으로 옆면과 꿰매 연결한다. 측면을 사포로 문지르고 색을 넣어 마감하면 완성된다.

목타 모형 키홀더 | 화보 18페이지

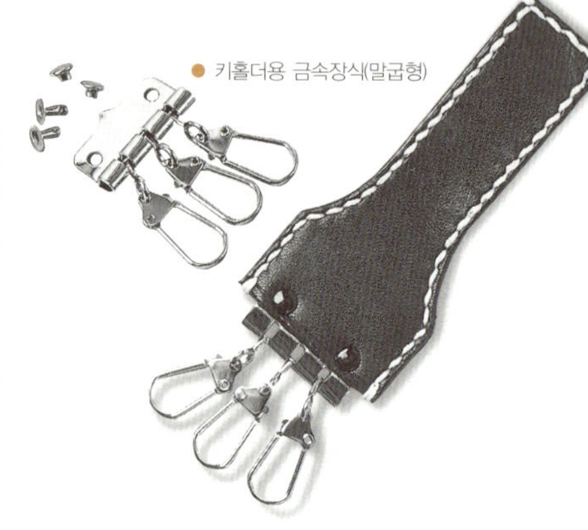

* 완성 치수: 4.2×10cm
* 재료: 성우 활피(두께 1.5mm) 1데시, 키홀더용 금속장식(3구 말굽형) 1개, 양면 리벳(직경 0.5cm) 2세트, 그 외 가죽용 염료

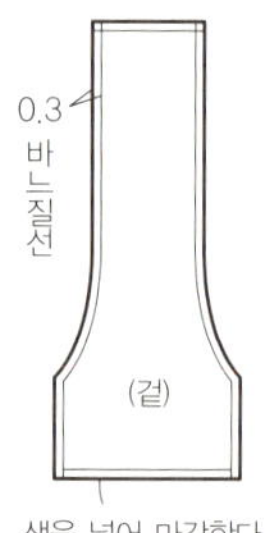

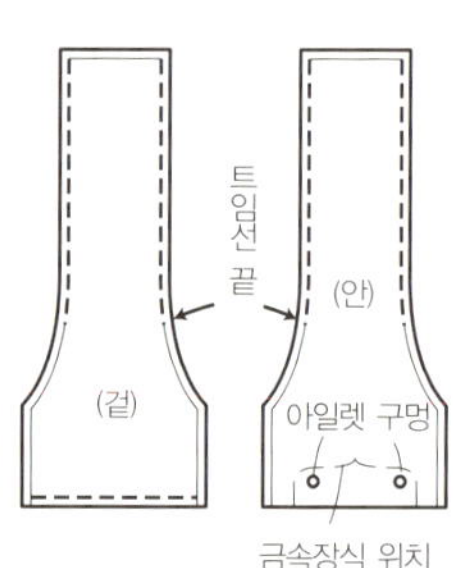

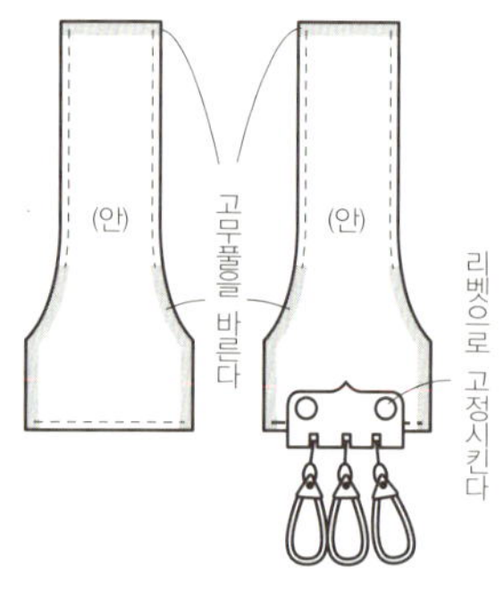

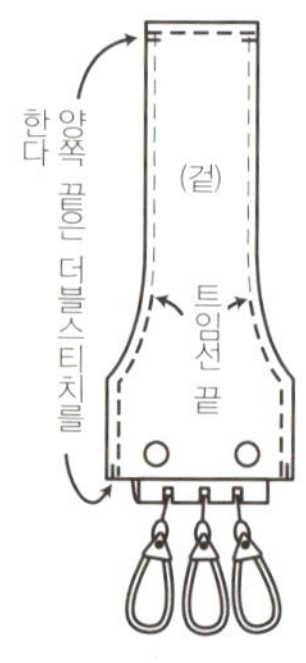

1 2장 모두 하단 측면에 색을 넣어 마감하고(p.89 참조) 하단을 뺀 주위에 바느질선을 긋는다.

2 2장 모두 양옆 상단에서 트임선 끝까지 목타로 구멍을 뚫는다. 그중 한 장에는 하단에도 구멍을 뚫고 각각 새들스티치한다. 다른 한 장에는 키홀더용 금속장식을 대서 위치를 정하고 구멍 위치에 아일렛 구멍을 뚫는다.

3 구멍을 뚫어놓은 하단에 리벳을 박아 금속장식을 고정시킨다. 2장 모두 상단과 트임선 부분의 안쪽을 긁은 다음 고무풀을 바른다.

4 2장을 표면이 밖을 향하도록 맞붙이고 상단과 트임선 부분을 목타로 구멍을 뚫어 새들스티치한다. 바느질이 끝나면 주위를 사포로 문지르고 색을 넣어 측면을 마감한다.

* 실물형지

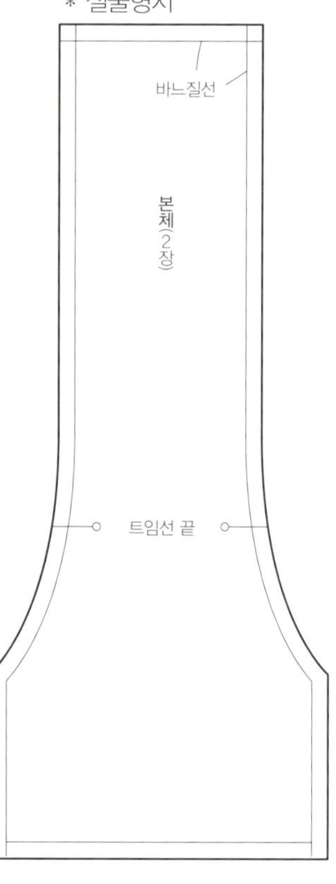

리벳 박기

리벳은 가죽을 사이에 끼워서 고정할 때 사용하는 대표적인 금속장식이다. 가방이나 소품 만들기에 자주 등장하므로 고정 방법을 익혀두자. 리벳은 단면과 양면이 있는데 이 책에서는 전부 양면을 사용한다. 받침쇠의 평평한 면을 사용하면 뒤가 납작해져서 나중에 바느질할 때 표면에 영향을 주지 않는다. 리벳 뒷면이 납작해지는 것을 원하지 않을 때는 받침쇠의 움푹 파인 면을 사용하자.

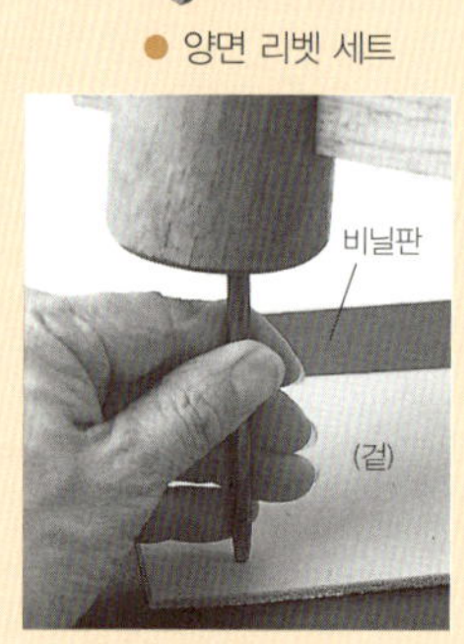

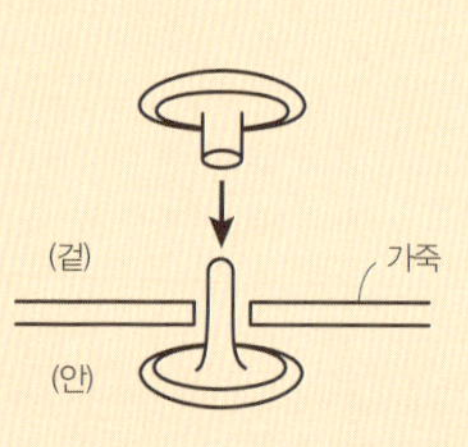

1 원형펀치로 구멍을 뚫는다. 리벳 발의 길이는 가죽 두께, 구멍 크기는 리벳 발의 지름에 맞춘다.

2 리벳 사이에 가죽을 끼운다. 아래쪽(안)에서 발을 꽂고 위쪽(겉)에서 머리를 씌운다.

3 받침쇠에 올려놓은 후 머리에 누름쇠를 대고 나무망치로 쳐서 고정한다.

서류가방

* 완성 치수: 39×25×7cm
* 재료: 성우 활피 약 92데시
  ※ 칸막이용(25×39cm, 약 12데시 분량)은 표면으로 나오지 않으므로 흠집이 있는 부분, 다른 활피의 자투리, 전체 피할을 할 때 나온 뒷면 가죽 등을 사용해도 좋다.
  바펜 슬라이서 2×40cm, 쇠판 2×35cm
  사각링(2.5cm 폭) 2개,
  리벳(손잡이용) 직경 0.9cm 4세트
  (슬라이드형 잠금장치용)직경 0.5cm 2세트
  버클(2.5cm 폭) 2개, 슬라이드형 잠금장치용 2세트, 그 외 가죽용 염료
* 실물형지 별책부록 B면 수록

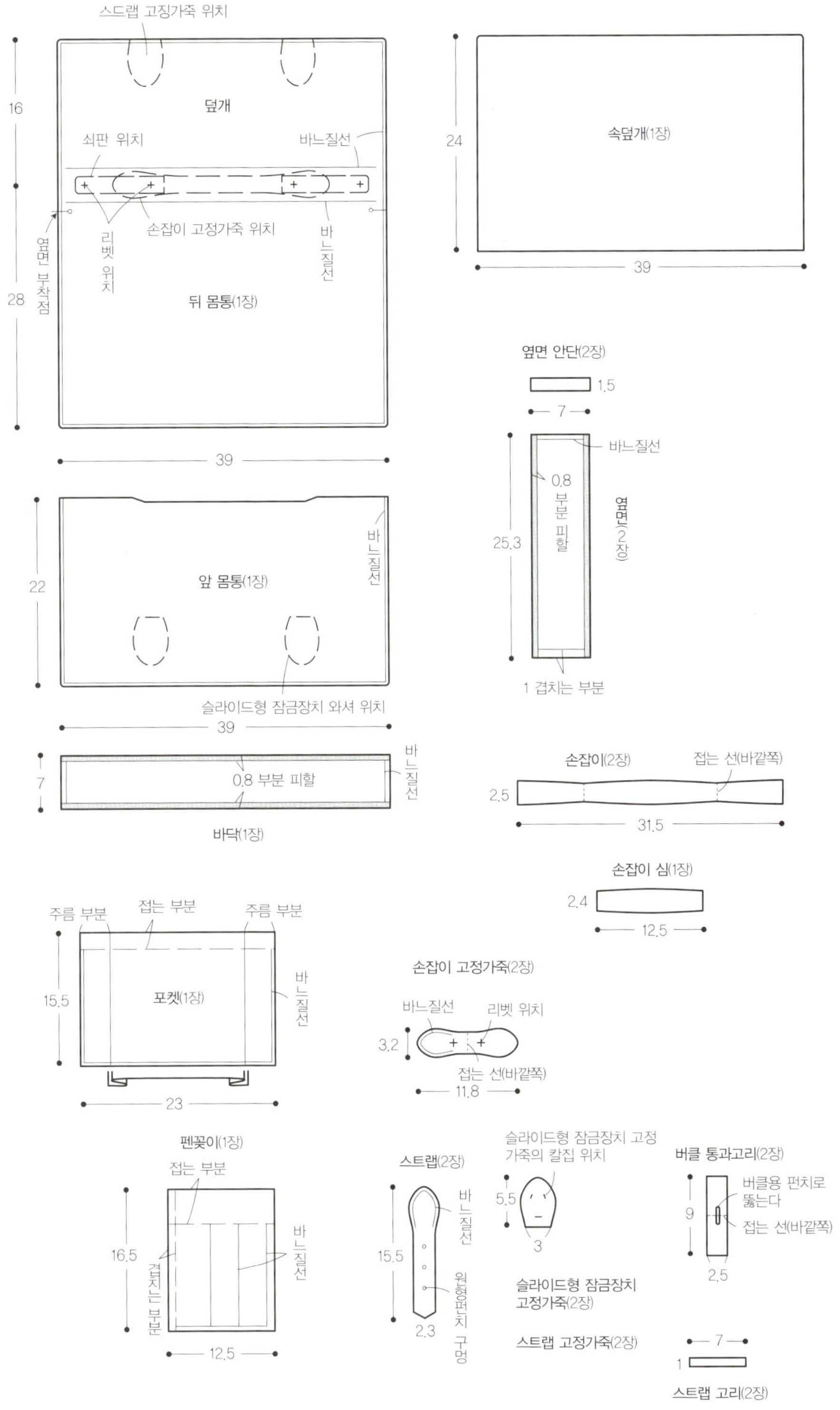

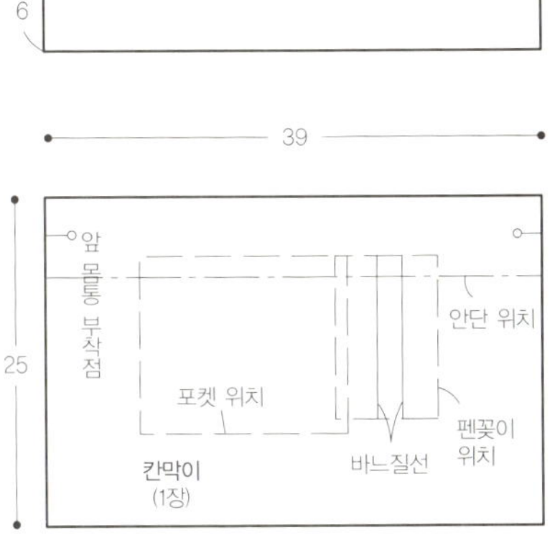

* 속덮개, 칸막이 안단, 옆면 안단, 포켓, 펜꽂이는 두께 1.2mm로 전체 피할, 칸막이는 1.5mm 두께로 전체 피할
* 옆면, 바닥, 손잡이, 손잡이 심은 2mm 두께로 전체 피할
* 옆면, 바닥의 부분 피할 두께는 1.5mm

☐1 손잡이를 만든다

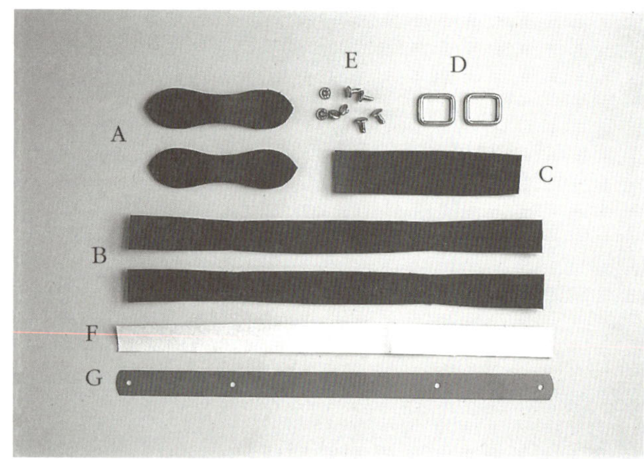

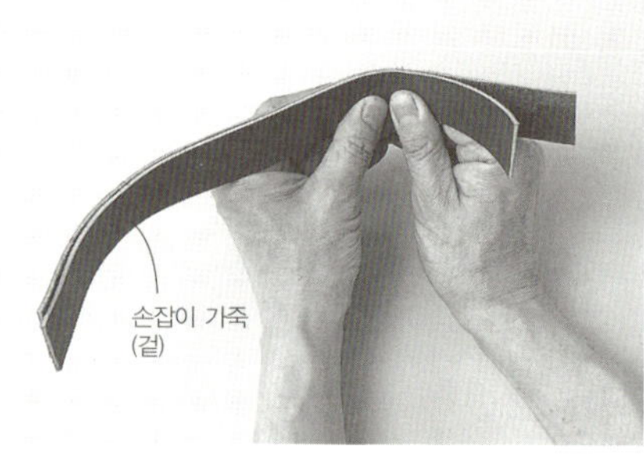

1 손잡이 가죽 2장의 뒷면을 긁은 다음 표면이 밖을 향하도록 해 고무풀로 맞붙인다. 접어야 하는 선에 따라 살짝 접으며 붙인다.

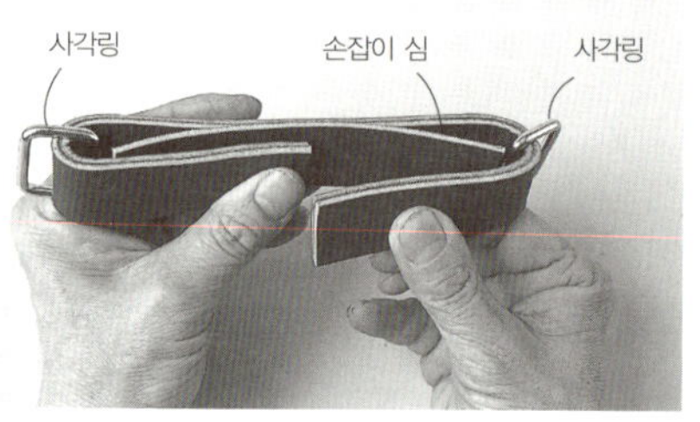

2 사각링을 손잡이 양쪽에 끼운다. 손잡이 끝부분을 맞대고 접는 선을 따라 양쪽을 접은 후 사이에 손잡이 심을 끼워 위치를 확인한다.

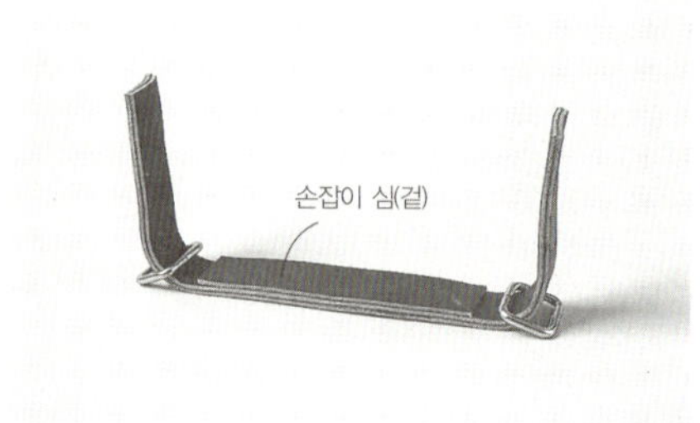

3 손잡이 안쪽의 사각링 사이를 손잡이 심 길이만큼 긁어 손잡이 심을 고무풀로 붙인다.

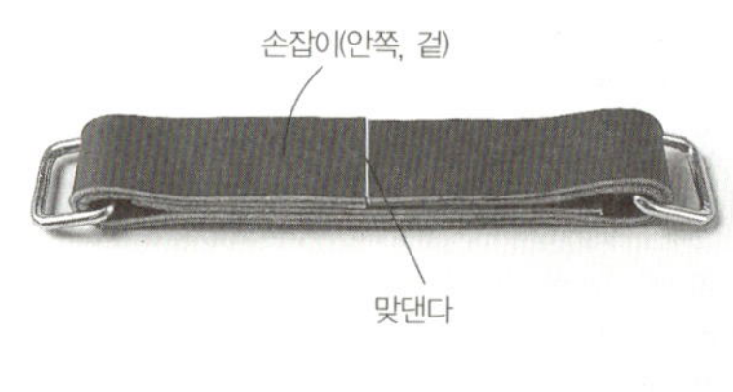

4 손잡이 심 표면과 손잡이의 나머지 안쪽을 긁고 나서 양쪽 끝을 맞붙인다.

5 손잡이 표면 쪽에 바느질선을 긋는다. 중심선은 원형송곳으로 긋고, 가장자리는 0.5cm 폭으로 크리저로 그은 후 목타로 구멍을 뚫는다. 가죽이 맞닿아 있는 안쪽 중앙의 연결 자리는 한 땀씩 걸치고 이후 양옆을 똑같은 개수로 뚫는다. 손잡이는 두께가 있으므로 안쪽까지 구멍을 뚫기가 어렵지만 목타가 최대한 깊이 박히도록 친다.

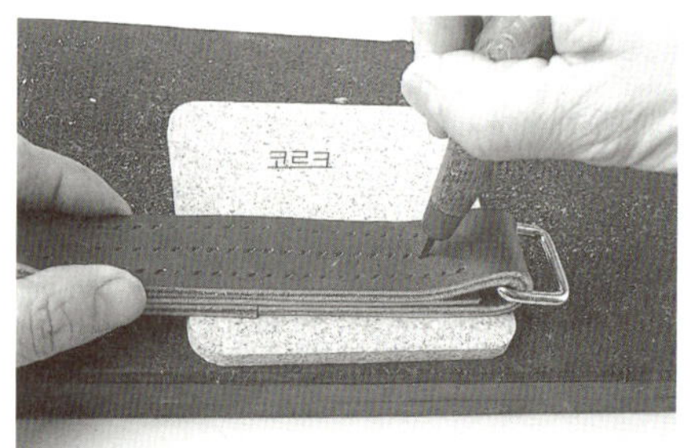

6 손잡이 밑에 코르크판(컵받침을 이용하면 좋다)을 깔고 목타로 뚫은 구멍을 마름송곳으로 하나씩 수직으로 찔러서 안쪽까지 구멍을 관통시킨다.

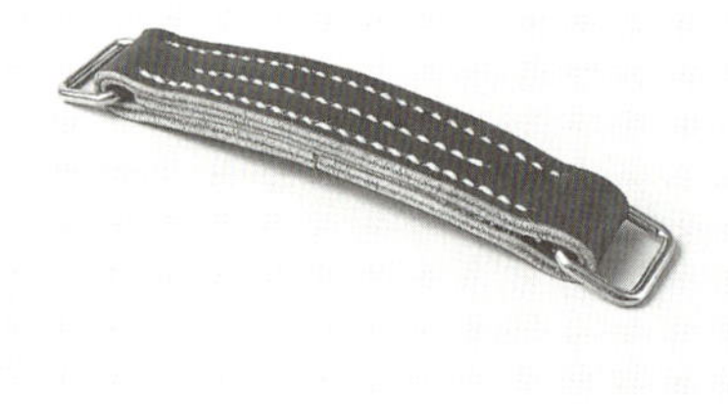

7 새들스티치를 한다. 바느질 마감은 매듭으로 처리한다.

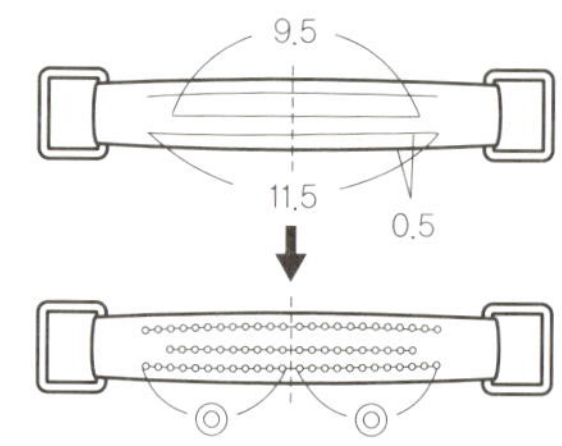

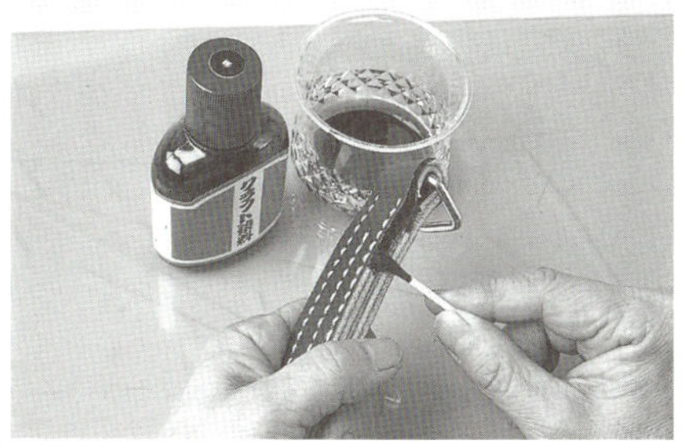

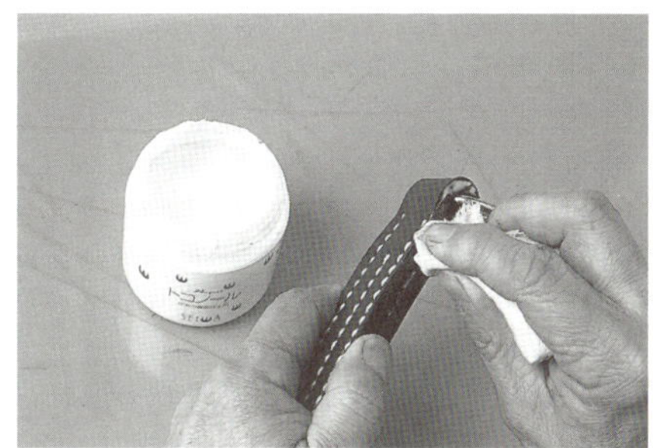

8 손잡이 측면을 사포로 정리하고 나서 측면에 색
을 넣는다. ※ 먼저 측면에 면봉으로 염료를 발라
건조시킨다.

염료가 완전히 마르면 마감제를 묻힌 다음 천으로
다듬는다.

② 손잡이를 부착한다

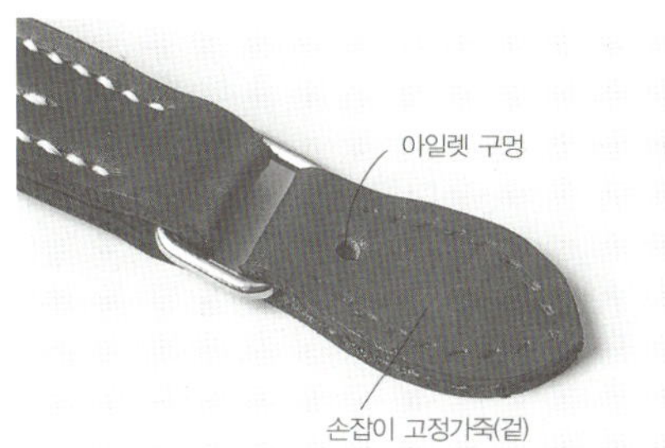

1 손잡이 고정가죽의 뒷면을 긁은 다음 고무풀을 바
른 후 손잡이 사각링을 끼워 반으로 접어 붙인다.
바느질선을 긋고, 2날 목타로 구멍을 뚫는다. 리벳
위치에 아일렛용 펀치로 구멍을 뚫어둔다.

2 덮개의 리벳 위치 4군데에 아일렛 구멍을 뚫고
손잡이 고정가죽을 부착할 위치를 원형송곳으로
표시해둔다. 고정가죽 위치는 점으로 표시한다.

3 손잡이 고정가죽의 아랫부분과 덮개의 고정가죽
을 부착할 위치를 긁은 다음 고무풀로 붙인다.

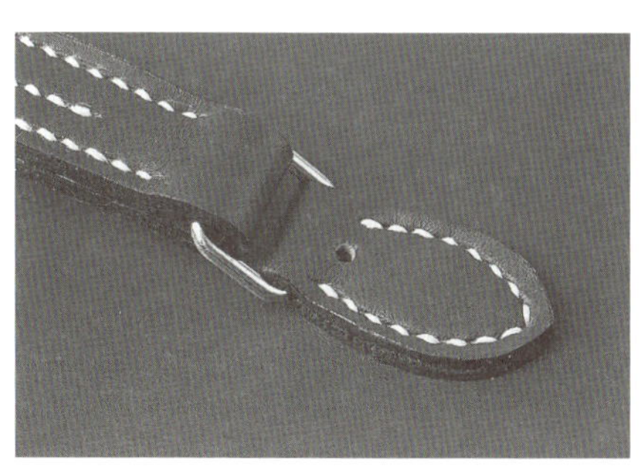

4 손잡이 고정가죽 구멍에 다시 한 번 목타를 대고
덮개까지 구멍을 뚫어서 새들스티치로 고정시킨
다. 바느질 마감은 매듭으로 처리한다.

5 바펜 슬라이서를 작게 잘라 쇠판의 양쪽 끝을 감
싼다. 이때 구멍을 덮지 않게 주의한다.

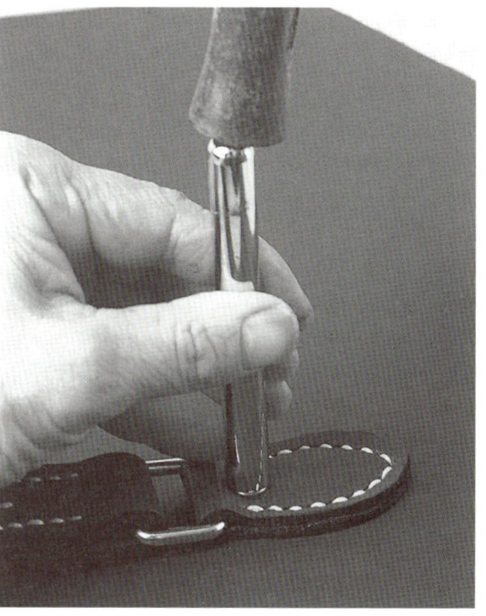

6 쇠판을 덮개 안쪽의 부착 위치에 맞춘 후, 겉에서
리벳을 박는다(p.86 참조). 먼저 손잡이 고정가죽
구멍에 리벳을 박는다.

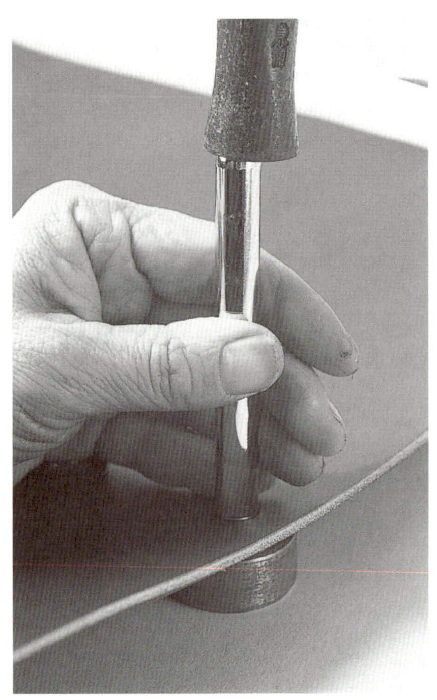

7 다음으로 바깥쪽 리벳을 박는다.

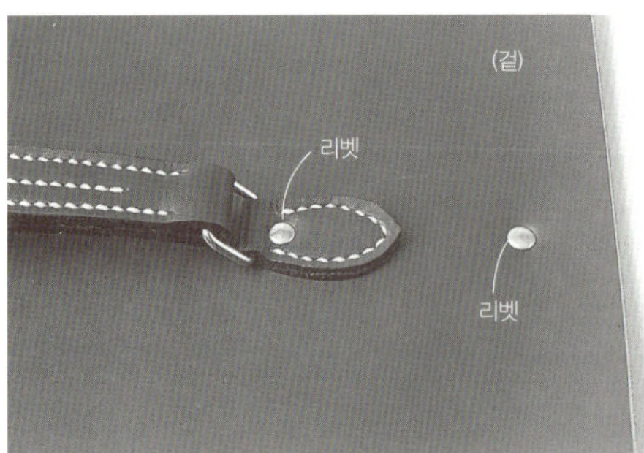

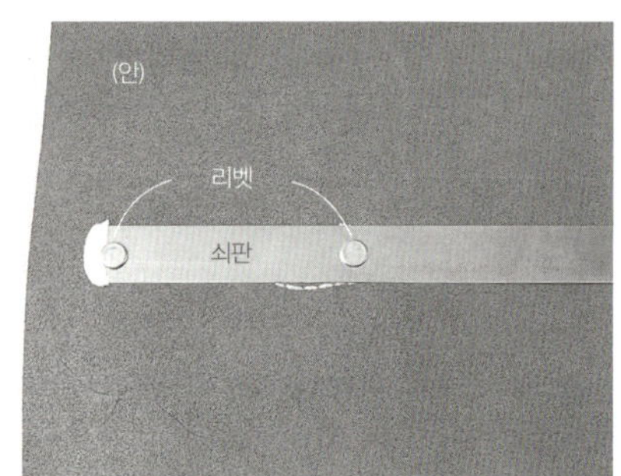

8 리벳으로 손잡이와 쇠판을 고정시켜 연결한 상태.

9 쇠판에 바펜 슬라이서를 붙인다.

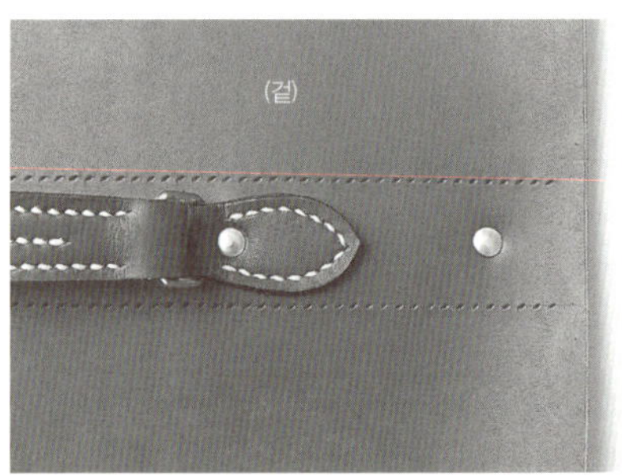

10 손잡이 위아래에 바느질선을 긋고, 목타로 구멍을 뚫는다.

11 덮개의 바늘구멍 위치 뒷면을 긁은 후 고무풀을 바른다. 덮개와 가재단한 속덮개의 표면이 밖을 향하도록 맞붙인다.

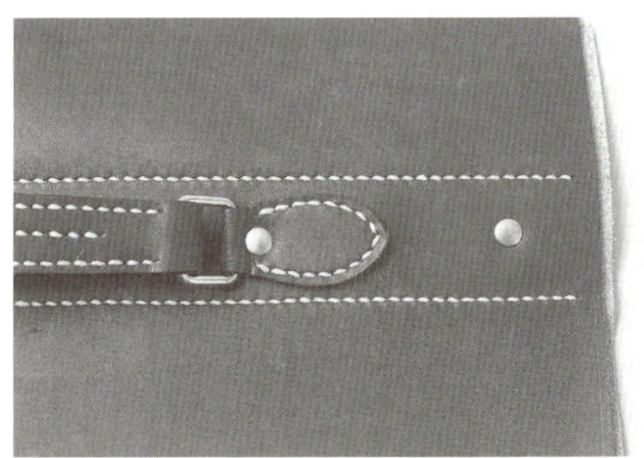

12 덮개 구멍에 다시 한 번 목타를 대고 속덮개까지 구멍을 뚫은 다음 새들스티치한다.

1 슬라이드형 잠금장치 고정판을 고정가죽에 붙이고, 앞 몸통의 부착 위치에 꿰매 고정시킨다(p.74 참조).

2 슬라이드형 잠금장치와 버클을 만든다(p.74 참조).

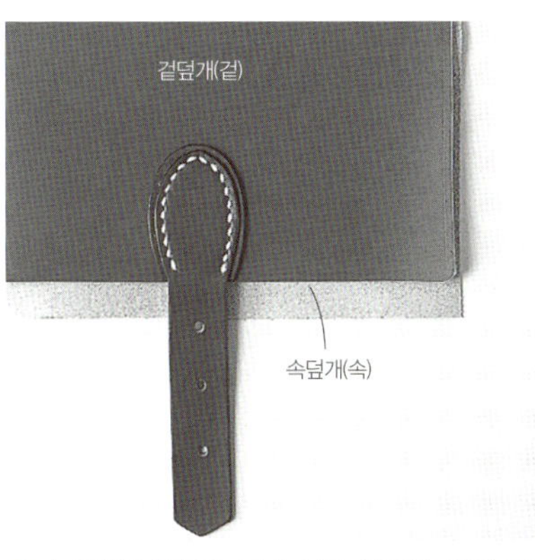

3 스트랩을 만들어 덮개 부착 위치에 꿰매 고정시킨다. 이때 속덮개는 피하고 겉덮개에만 고정시킨다(p.74 참조).

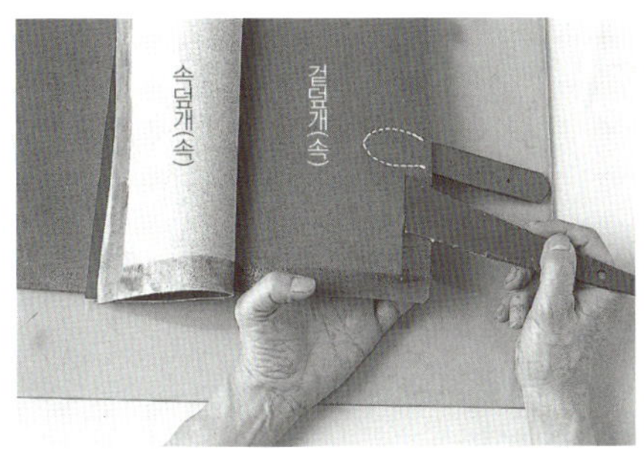

4 겉덮개, 속덮개 모두 안쪽 가장자리에 1.5cm 폭으로 고무풀을 바른다.

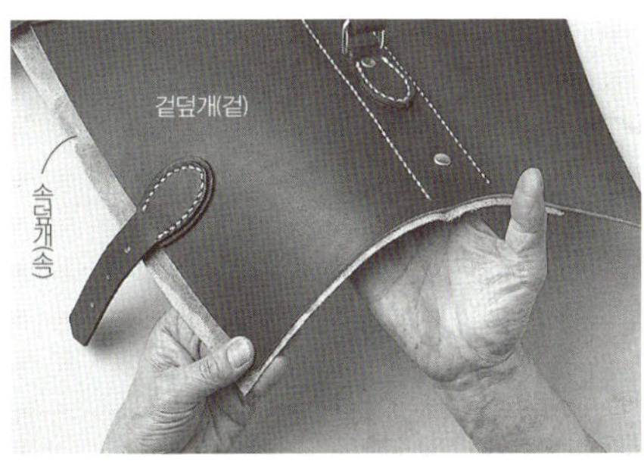

5 자연스럽게 둥그스름한 느낌을 주면서 겉, 속덮개를 맞붙인다.

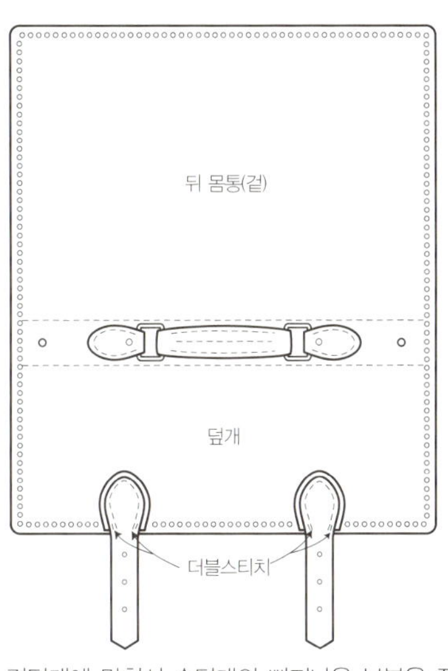

6 겉덮개에 맞춰서 속덮개의 삐져나온 부분을 잘라내고 주위에 바느질선을 긋고, 구멍을 뚫는다.

4 칸막이에 펜꽂이, 포켓을 붙인다

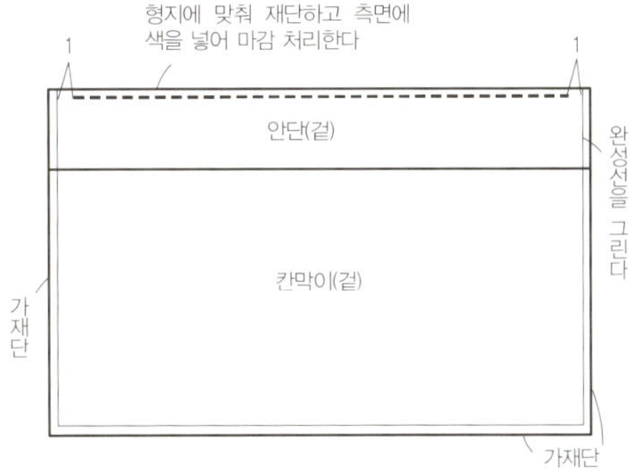

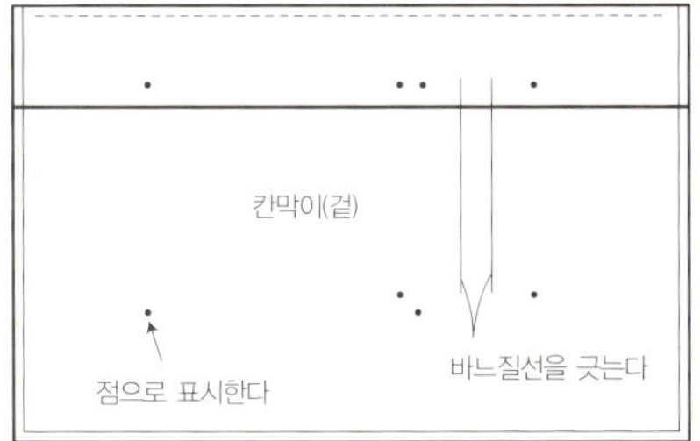

1 가재단한 칸막이에 안단을 붙인다. 상단은 형지에 맞춰 재단하고 측면에 색을 넣어 마감 처리해둔다. 표면에 원형송곳으로 상단 바느질선과 나머지 세 변의 완성선을 긋는다. 상단은 완성선에서 좌우 1cm를 남기고 구멍을 뚫어 새들스티치한다.

2 칸막이 표면에 포켓과 펜꽂이 위치를 점으로 표시하고 펜꽂이 부분에 원형송곳으로 바느질선을 두 줄 긋는다.

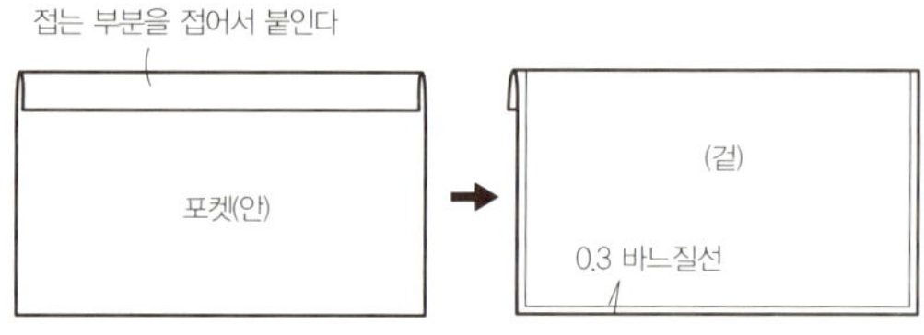

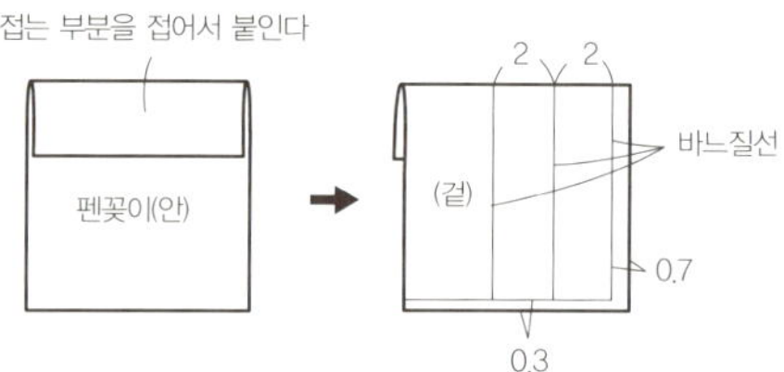

3 포켓의 접는 부분을 안쪽으로 접어 본드로 붙인다.

4 펜꽂이의 접는 부분을 안쪽으로 접어 본드로 붙이고 표면에는 바느질선을 그어놓는다. 원형 송곳으로 2cm 폭의 바느질선을 긋는다.

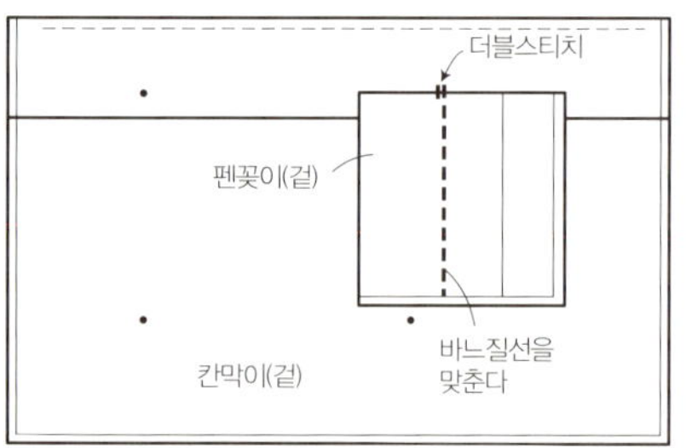

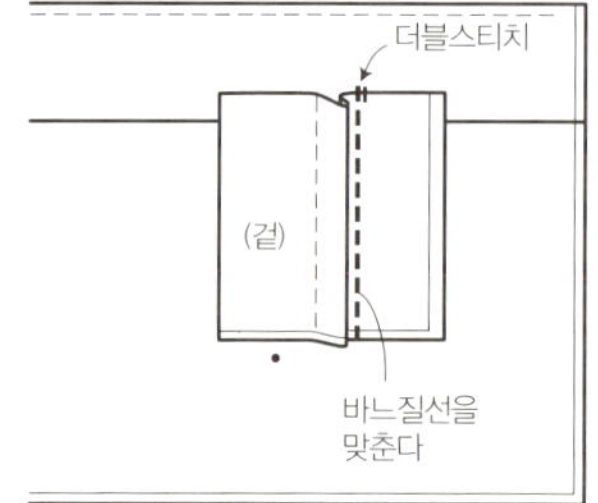

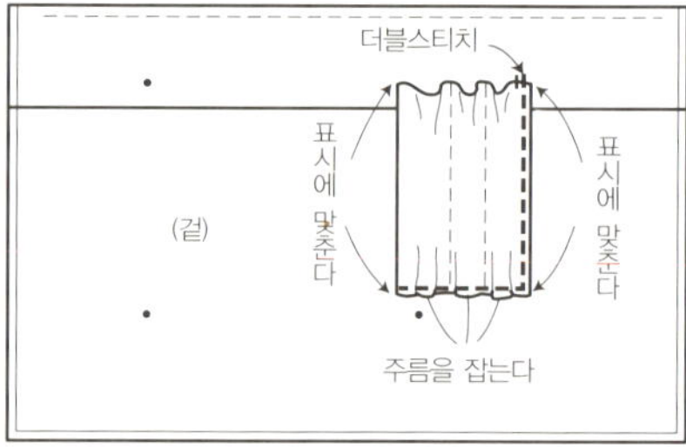

5 펜꽂이와 칸막이에 그린 바느질선을 맞춰서 본드로 붙이고 구멍을 뚫은 다음 새들스티치 한다. 맨 위는 더블스티치를 한다.

6 펜꽂이와 칸막이에 그린 다른 바느질선을 맞춰서 마찬가지로 새들스티치한다. 펜을 꽂는 부분이 뜬 상태가 된다.

7 펜꽂이의 양쪽 끝과 밑 부분을 칸막이 표시에 맞춘 후 고무풀로 붙인다. 밑쪽에 남은 부분은 적당히 주름을 줘서 붙이고 오른쪽 옆과 밑 부분을 새들스티치한다.

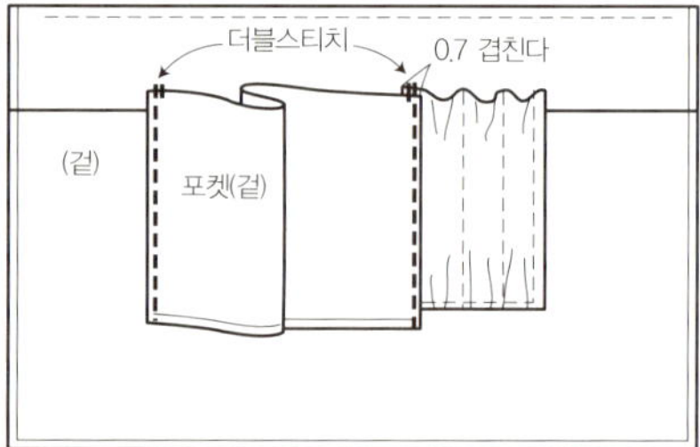

8 포켓 옆쪽의 뒷면에 고무풀을 바르고 왼쪽을 표시에 맞춰서 붙인다. 오른쪽 옆은 펜꽂이에 0.7cm 겹쳐서 붙인다. 양쪽 옆에 구멍을 뚫은 다음 새들스티치한다.

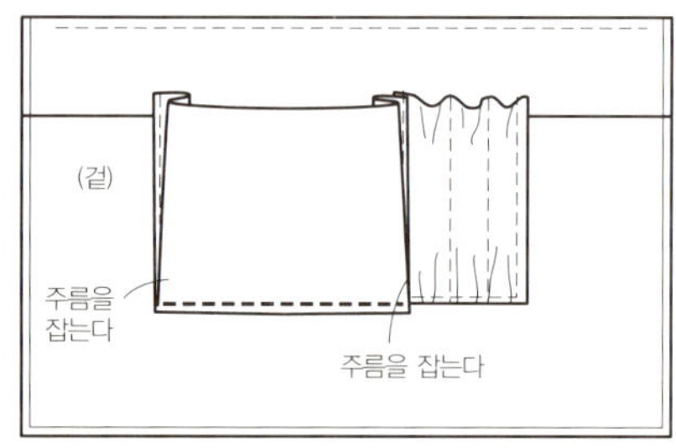

9 양쪽 옆의 밑 부분에서 주름을 잡고 고무풀로 붙여서 새들스티치한다.

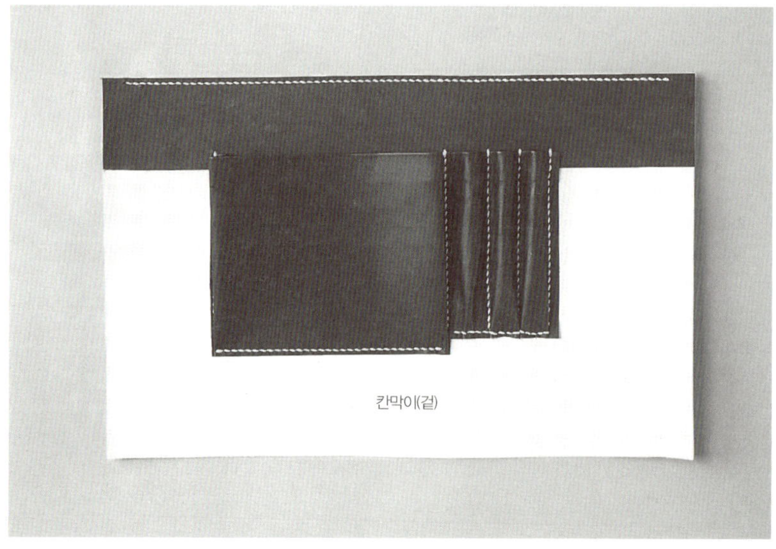

10 펜꽂이와 포켓 완성.

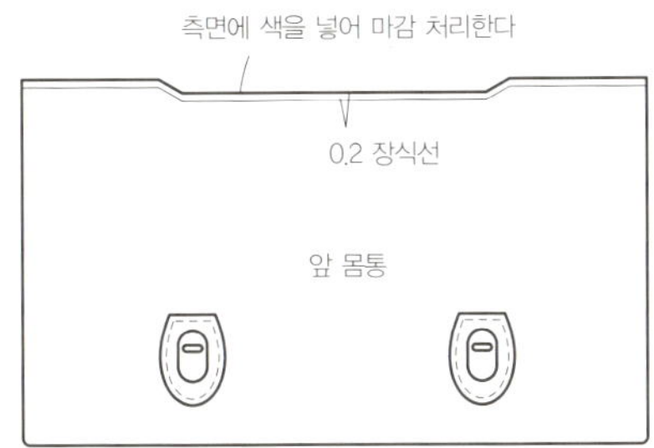

1 앞 몸통 상단에 장식선을 긋고 측면에 색을 넣어 마감 처리한다.

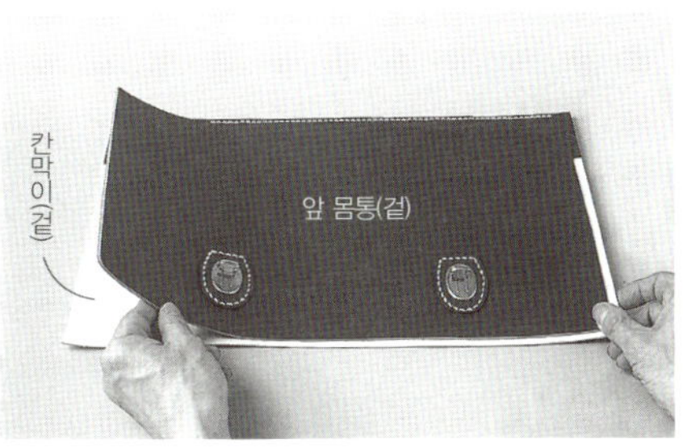

2 칸막이 표면의 옆쪽(앞 몸통 부착 위치까지)과 바닥에 약 0.5cm 폭으로 고무풀을 바른다. 앞 몸통 뒷면의 옆쪽과 바닥에도 고무풀을 발라 칸막이 위에 겹쳐서 붙인다.

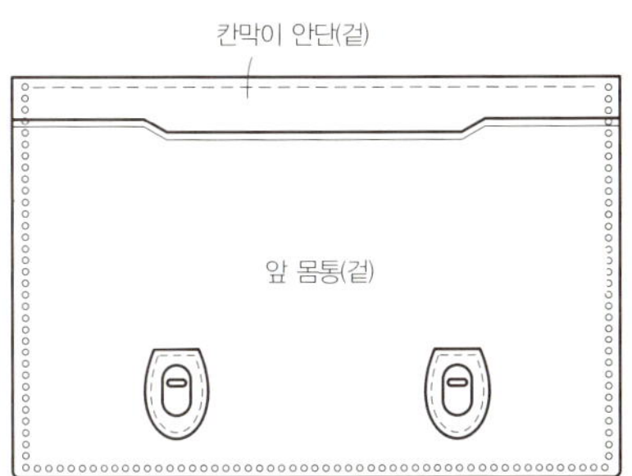

3 칸막이 옆쪽과 바닥을 앞 몸통에 맞춰서 자르고 0.4cm 폭의 바느질선을 그은 다음, 구멍을 뚫는다.

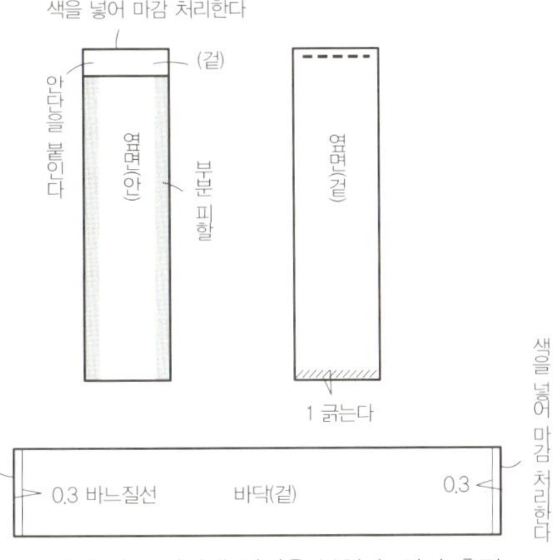

4 옆면 안쪽 상단에 안단을 붙인다. 상단 측면에 색을 넣어 마감 처리한 후 새들스티치한다. 옆면 바닥 쪽은 표면이 겹치는 부분을 긁어놓는다. 바닥도 양옆 측면에 색을 넣어 마감 처리하고 바느질선을 긋는다.

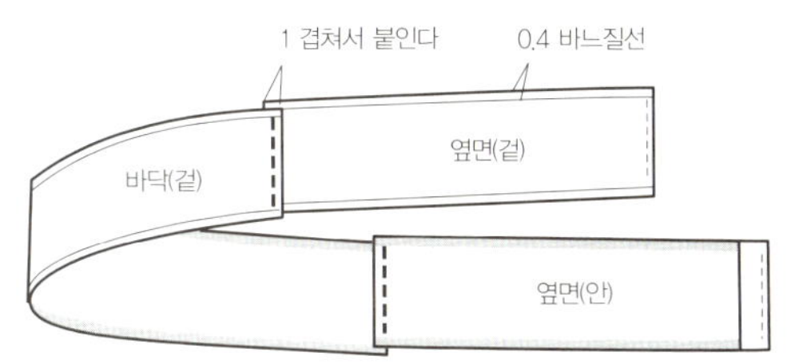

5 옆면에 바닥을 1cm 겹쳐서 붙이고 새들스티치로 연결한다. 표면에 바느질선을 긋고, 부분 피할한 가장자리에서 가죽을 바깥쪽으로 접어 선을 만든다.

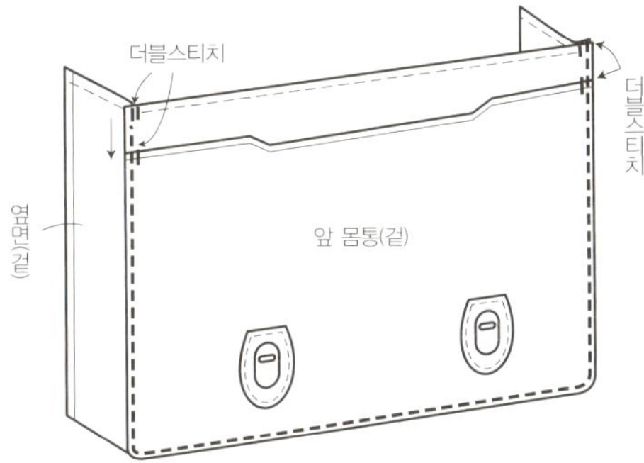

6 3의 앞 몸통의 안쪽 옆과 바닥의 시접을 긁어서 고무풀을 바르고 5에서 만든 옆면과 바닥을 표면이 밖을 향하도록 해 맞붙인다. 옆면의 바느질선을 목표로 삼아 앞 몸통 구멍으로 마름송곳을 찔러서 옆면과 바닥까지 구멍을 뚫은 다음 새들스티치한다(p.81, p.82 참조). 앞 몸통 입구 부분은 더블스티치해둔다.

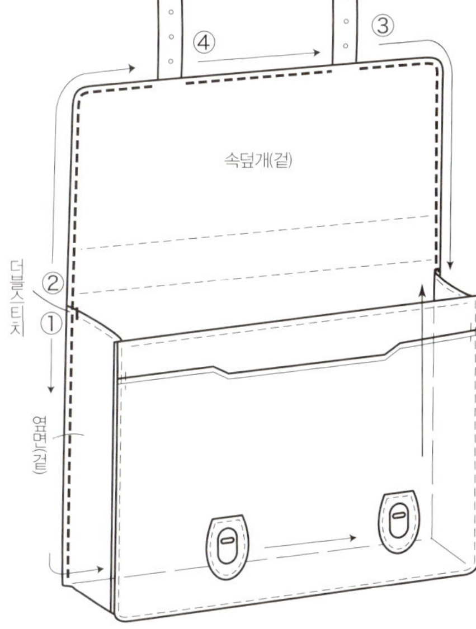

7 뒤 몸통의 옆(옆면 부착점까지)과 바닥의 시접을 긁어서 고무풀을 바르고 옆면과 바닥 표면이 밖을 향하도록 해 맞붙인다. 6과 같은 요령으로 마름송곳으로 구멍을 찔러 구멍을 뚫고 새들스티치로 연결한다. 마지막으로 주위의 측면을 사포로 문지르고 색을 넣어 마감 처리하면 완성된다.

덮개 숄더백 | 화보 21페이지

* 완성 치수: 36×27×7cm
* 재료: 성우 활피 약 55데시
  A. 면 끈(폭 5cm) 180cm
  B. 숄더 패드(폭 5cm) 1개
  C. 왈자고리(폭 5cm) 1개
  D. 사각링(폭 5cm) 2개
  리벳 1개
  그 외 가죽용 염료

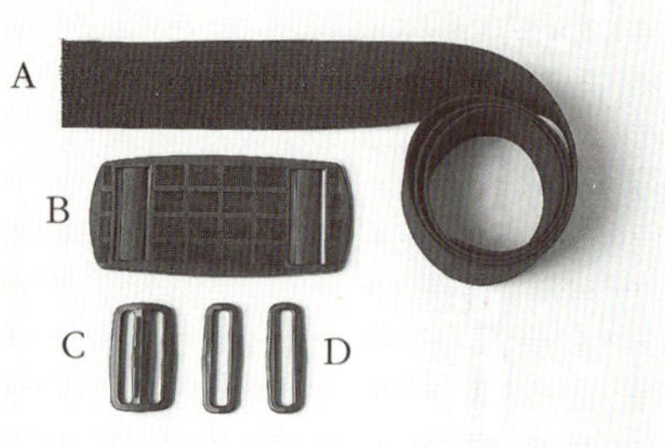

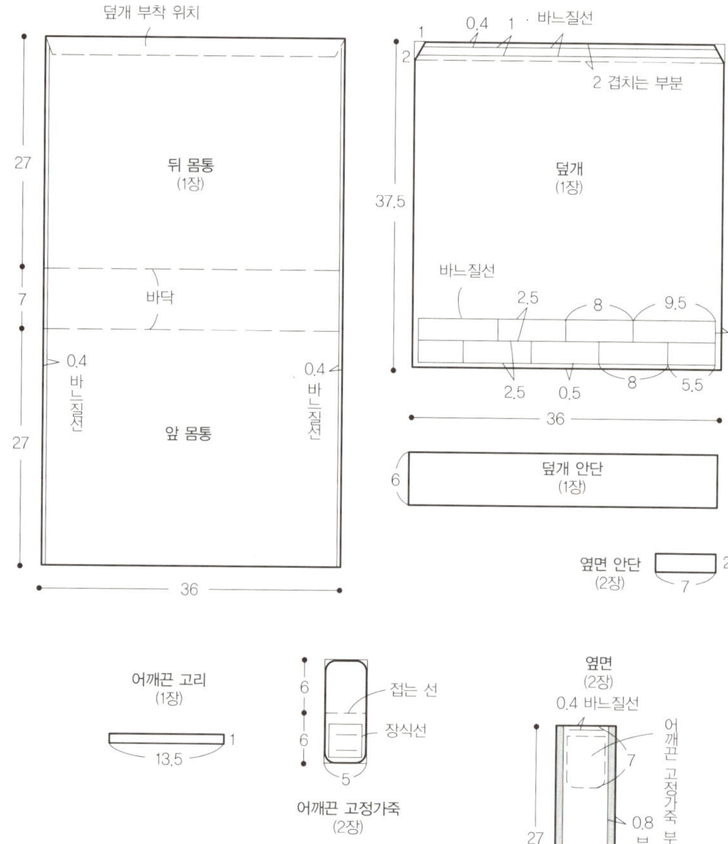

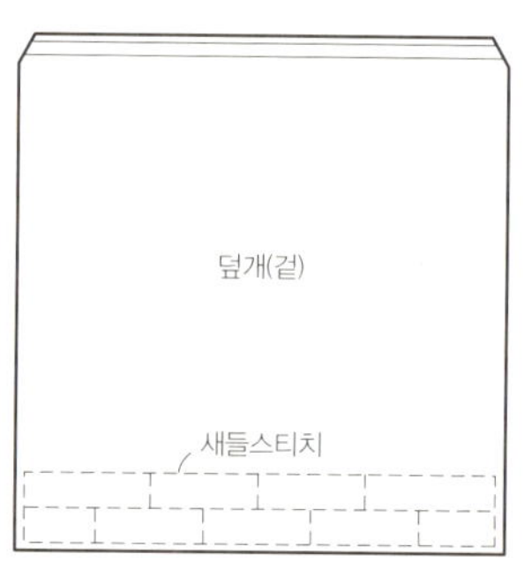

1 덮개 표면에 원형송곳으로 도안선을 그린다. 상단에는 크리저로 바느질선을 긋는다.

2 덮개 안쪽의 안단을 붙이는 위치와 안단 뒷면을 긁은 다음 고무풀을 바르고 안단을 붙인다. 안단은 가재단한 상태로 덮개에 붙이고 나서 덮개에 맞춰 여분을 잘라낸다.

3 도안선에 목타를 대서 안단까지 구멍을 뚫은 다음 새들스티치를 한다. 바느질이 끝나면 주위의 측면에 색을 넣어 마감한다(p.89 참조). 안단을 붙인 부분은 측면을 사포로 문지른 후 색을 넣어 마감한다.

4 뒤 몸통 표면의 덮개 부착 위치를 긋는다. 덮개
안쪽의 부착 위치도 겹치는 부분을 긋고 고무풀
을 발라 뒤 몸통 부착 위치에 붙인다. 크리저로
바느질선을 그은 다음 목타로 구멍을 뚫은 후 새
들스티치로 고정시킨다.

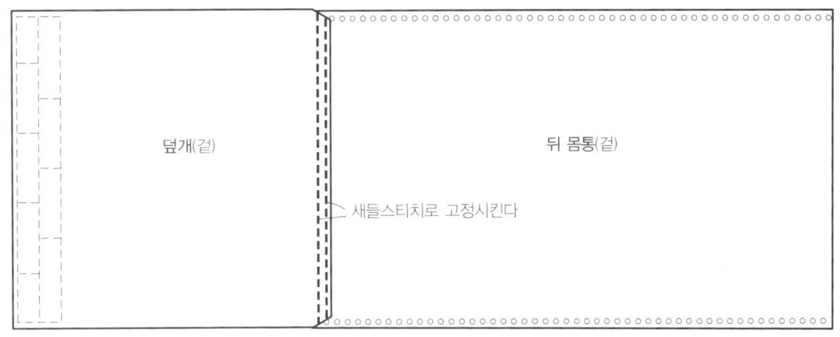

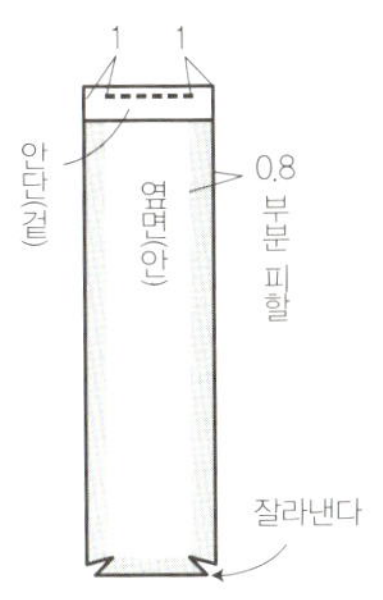

5 옆면은 부분 피할한 가장자리를 바깥쪽으로 접어
선을 만든다(p.68 참조). 옆면 안쪽 상단에 안단
을 붙이고 위쪽을 새들스티치한다. 바닥의 모서
리는 세모꼴로 잘라낸다.

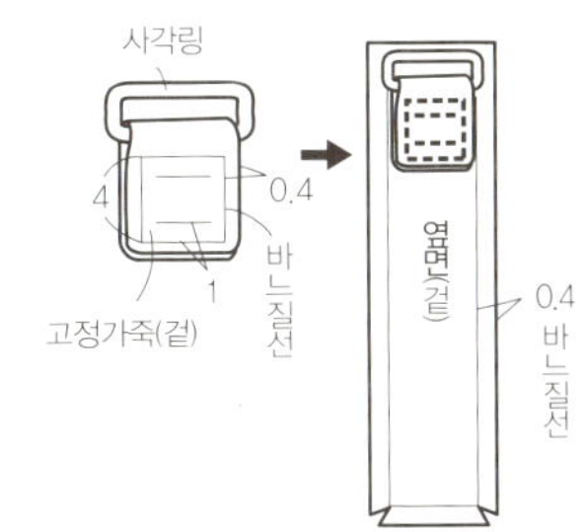

6 어깨끈 고정가죽에 사각링을 끼워 표면이 밖을
향하도록 반으로 접고 고무풀로 붙여 바느질선을
긋는다. 그것을 옆면 부착 위치에 붙이고 새들스
티치로 고정시킨다. 다른 쪽 옆면도 같은 방법으
로 만든다.

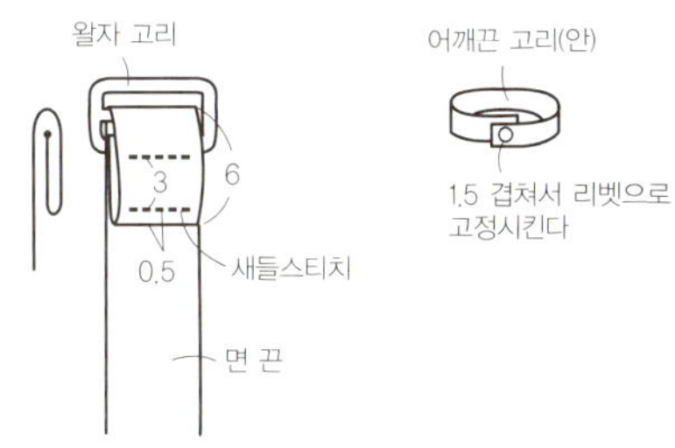

7 면 끈의 한쪽 끝에 왈자고리를 끼운 후 끝을 세
번 접어 본드로 붙인다. 클립 등으로 잠시 눌러놓
아 단단히 접착시킨 후에 목타로 구멍을 뚫은 다
음 새들스티치로 고정시킨다. 어깨끈 고리는 끝을
1.5cm 겹친 후 리벳으로 고정시켜서 만든다.

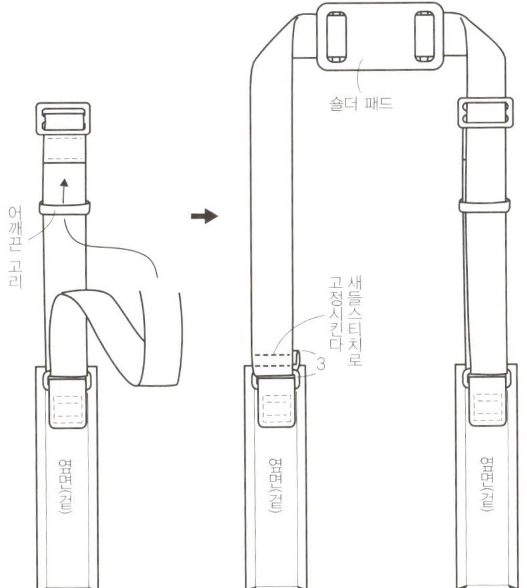

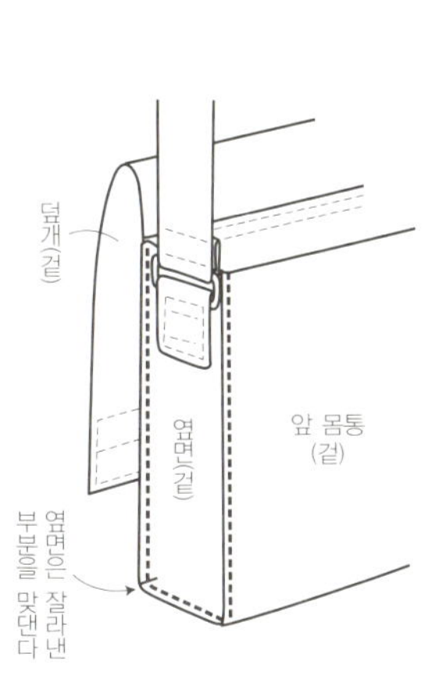

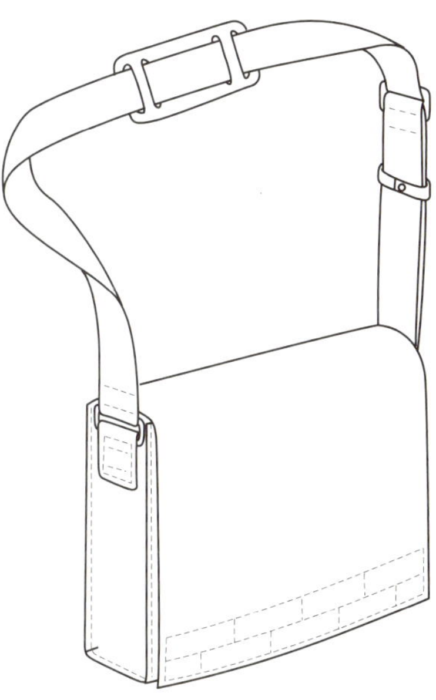

8 어깨끈 고리를 면 끈에 끼운 후 옆면에 붙인 사
각링에 통과시켜 두 겹으로 접고, 다시 한 번 어
깨끈 고리와 사각링에 통과시킨 후 숄더 패드에
통과시킨다. 마지막으로 다른 옆면에 붙인 사각
링에 통과시키고 끝을 세 번 접어 새들스티치로
고정시킨다.

9 몸통 안쪽 옆의 풀칠 부위를 긁어서 고
무풀로 옆면과 붙여 연결한다. 바닥 모
서리는 옆면의 잘라낸 부분을 맞대어
붙인다. 마름송곳으로 몸통 구멍을 찌
르고 옆면에도 구멍을 뚫어 새들스티치
한다(p.81, 82 참조).

10 나머지 옆면도 같은 방법으로 꿰매 연결한 후
측면을 사포로 문지르고 색을 넣어 마감하면
완성된다.

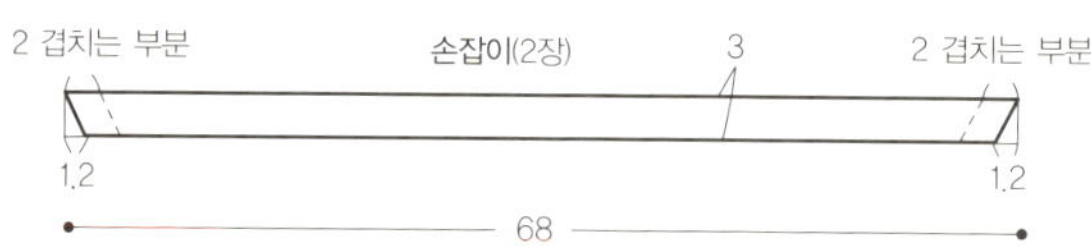

* 완성 치수(가방 부분): 45×32cm
* 재료: 성우 활피 적당히

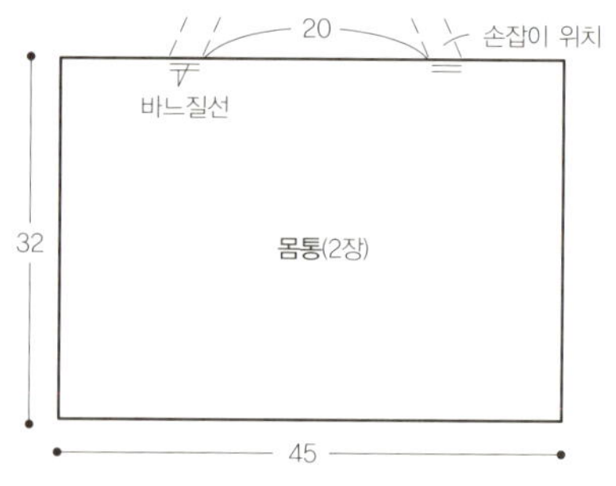

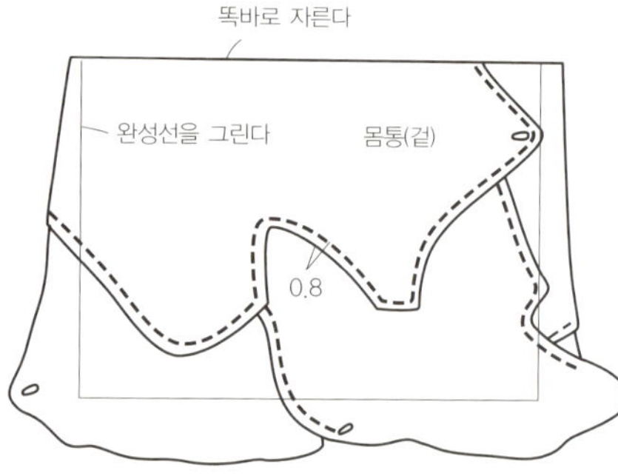

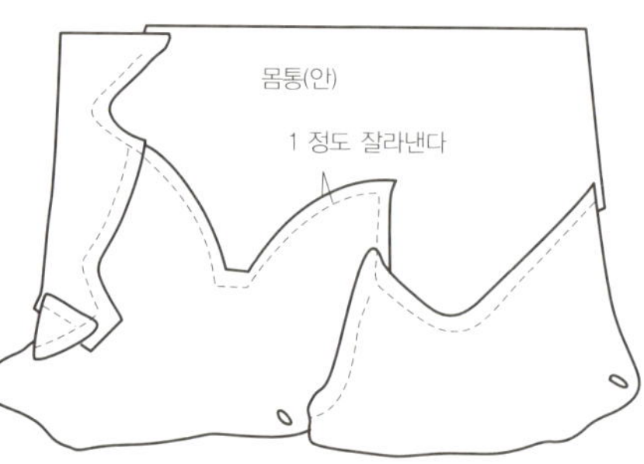

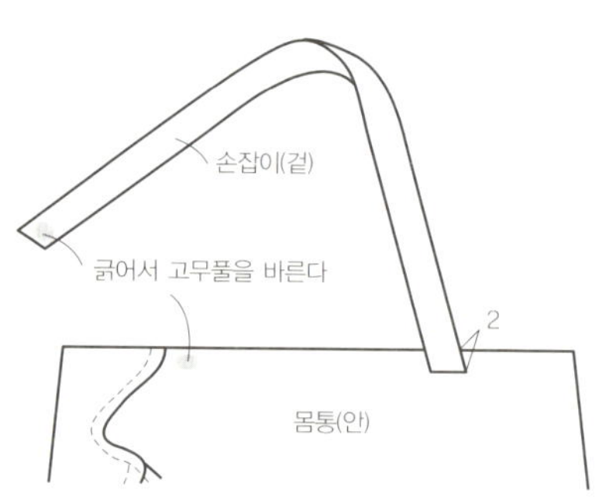

1 몸통 형지 크기를 기준으로 자투리 가죽을 겹쳐서 자신이 원하는 디자인으로 배치한다. 연결 자리를 고무풀로 붙이고 원형송곳으로 표면에 완성선을 그린 후 입구 쪽을 똑바로 자른다. 연결 자리에 바느질선을 그어 목타로 구멍을 뚫고 새들스티치로 연결해서 패치워크를 한다. 입구 측면은 마감 처리를 해둔다.

2 안쪽은 연결 자리의 시접을 약 1cm 남기고 가위(가죽을 자를 수 있는 것)로 잘라낸다. 다른 한쪽 몸통도 같은 방법으로 만든다. 2장의 모양이 똑같지 않아도 된다.

3 손잡이는 모두 측면을 마감 처리하고 몸통 안쪽에 고무풀로 붙인다.

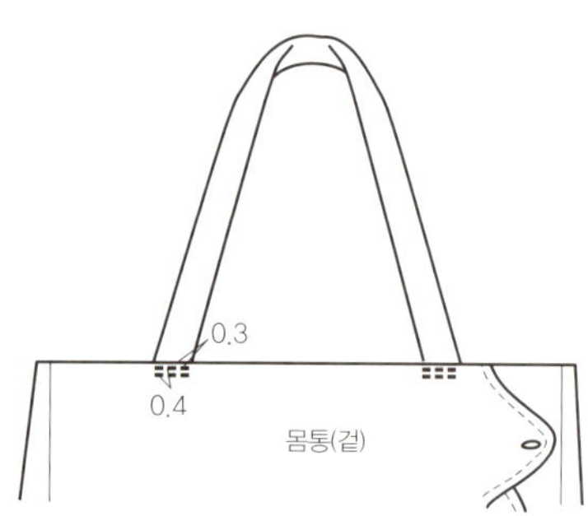

4 몸통 표면의 손잡이 부착 위치에 바느질선을 긋고, 구멍을 뚫어 새들스티치로 고정시킨다(더블스티치).

5 몸통 안쪽의 완성선(바느질선) 위치를 긁어서 고무풀을 바른다.

6 2장의 몸통을 표면이 밖을 향하도록 붙이고 바느질선에 구멍을 뚫어 새들스티치하면 완성된다.

안경집 | 화보 23페이지

* 완성 치수: 8.5×17.5cm
* 재료: 성우 활피(두께 1.8mm) 적당히, 연갈색 돼지가죽(두께 0.5mm) 4데시
* 실물형지 별책부록 A면 수록

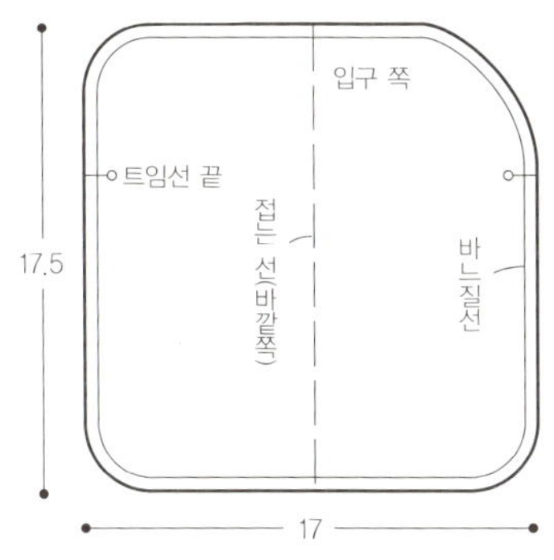

본체
(자투리 가죽 패치워크, 연갈색 돼지가죽 각 1장)

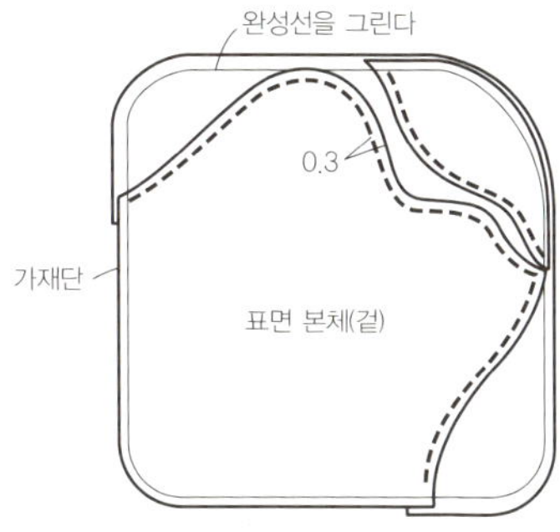

1 형지에 맞춰 자투리 가죽을 포개서 디자인을 하고 연결 자리를 고무풀로 붙인다. 원형송곳으로 완성선을 긋고 가재단한다. 연결 자리에 바느질선을 긋고 목타로 구멍을 뚫어 새들스티치한다.

2 안쪽 면은 연결 자리의 시접을 약 1cm 남기고 가위(가죽을 자를 수 있는 것)로 잘라낸다.

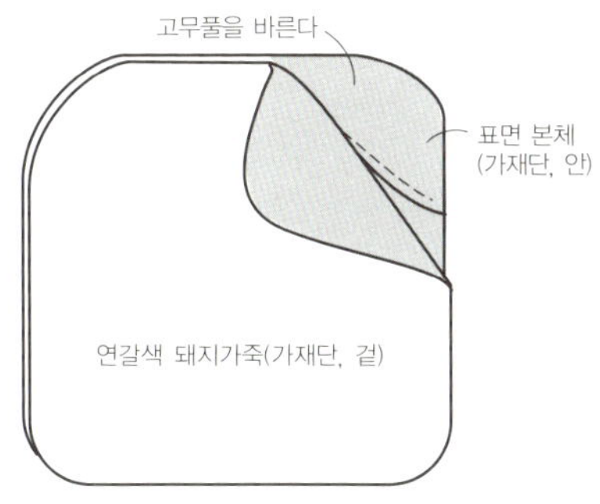

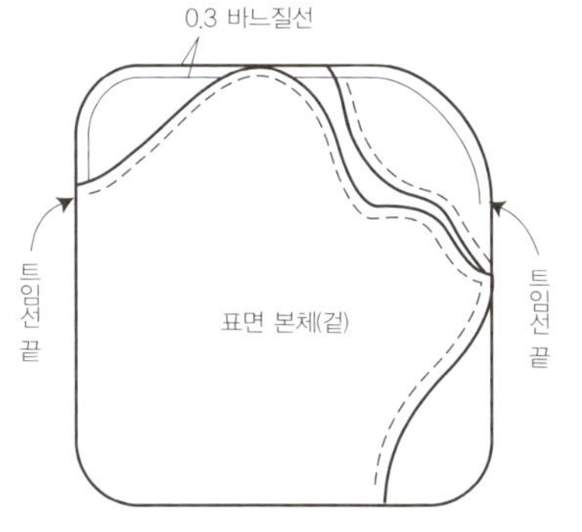

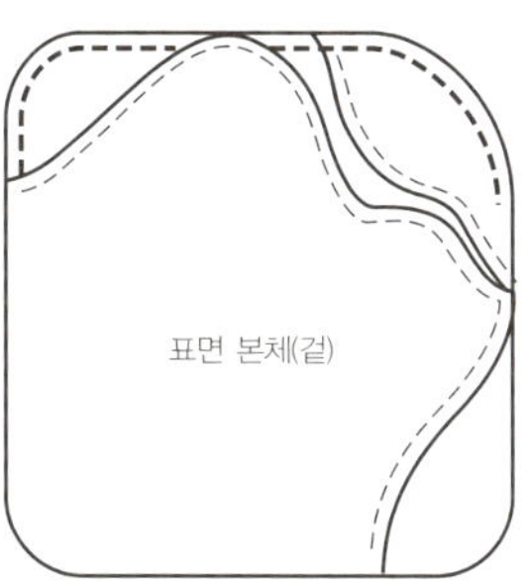

3 안쪽 본체가 되는 연갈색 돼지가죽을 가재단하여 패치워크를 한 표면 본체와 고무풀로 표면이 밖을 향하도록 맞붙인다.

4 패턴을 따라 정재단을 한다. 트임선 끝부터 위쪽 측면을 사포로 문지르고 마감제를 발라 처리한다.

5 바느질선 위에 목타로 구멍을 뚫어 새들스티치한다.

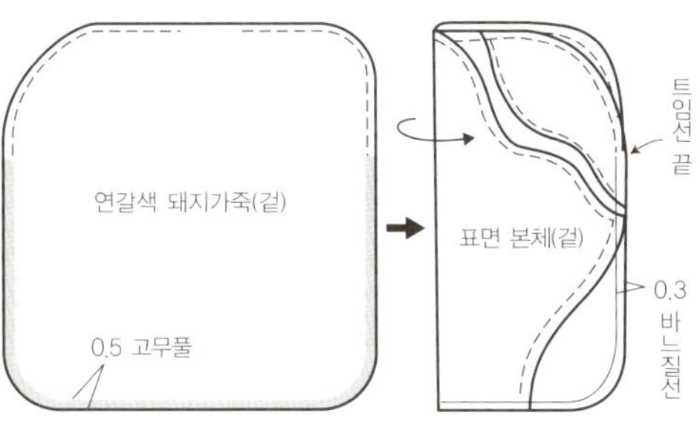

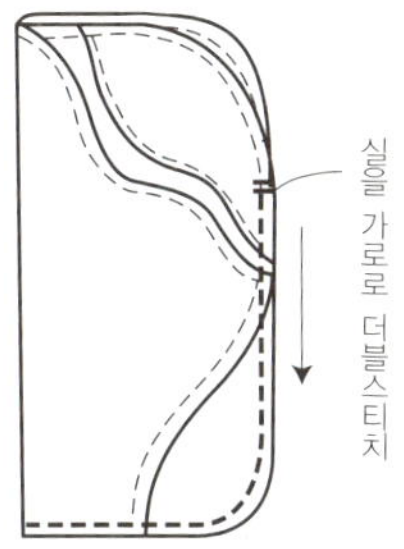

6 연갈색 돼지가죽 면의 트임선 끝부터 아래쪽 풀칠 부위를 긁어 고무풀을 바른 후 반으로 접어 맞붙인다. 트임선 끝에서 아래쪽으로 바느질선을 긋는다.

7 바느질선 위에 구멍을 뚫어 새들스티치한다. 트임선 끝은 실을 가로로 더블스티치해서 단단히 고정시킨다. 마지막으로 측면을 사포로 문지르고 마감제를 발라 처리하면 완성된다.

사각 크로스스티치 패치워크백 | 화보 12페이지

* 완성 치수: 27×18×9cm
* 재료: 성우 활피 약 25데시

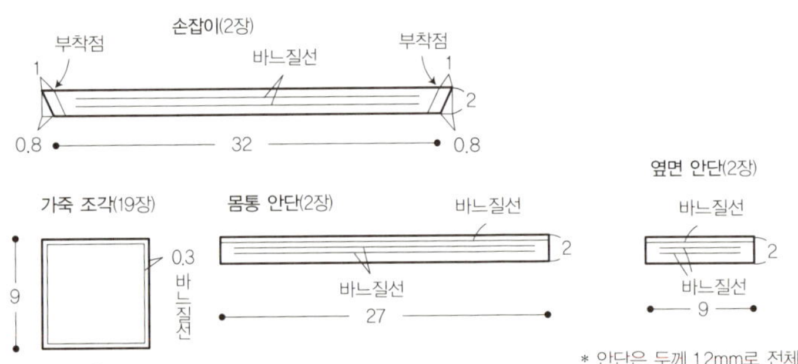

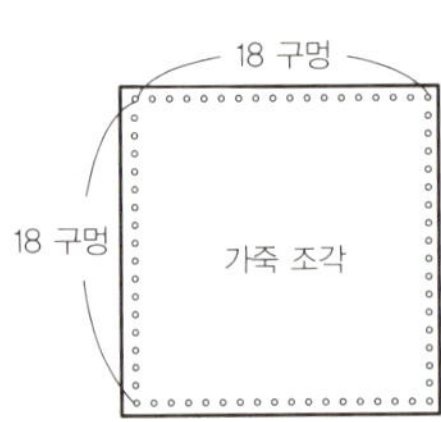

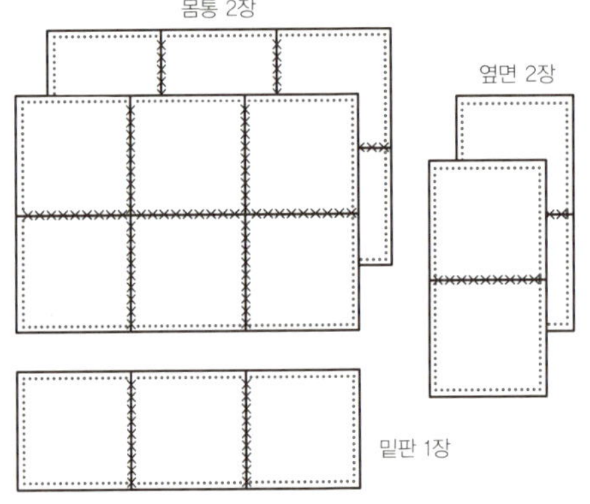

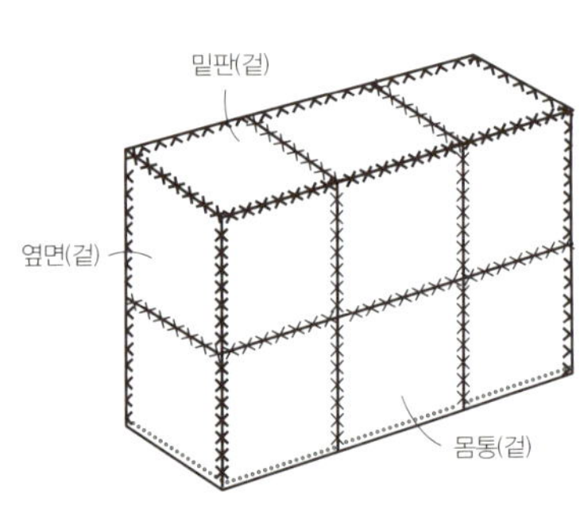

1 가죽 조각 주위에 0.3cm 폭의 바느질선을 긋고, 목타로 구멍을 뚫는다. 각 변에 구멍을 18개씩 뚫는다. 입구가 되는 상단 8장의 변을 제외한 나머지는 측면을 마감 처리한다.

2 가죽 조각을 크로스스티치로 연결한다(p.63 참조). 몸통용으로는 6장을 연결한 것 2세트, 옆면용으로는 2장을 연결한 것 2세트, 밑판용으로는 3장을 연결한 것을 만든다.

3 몸통과 옆면, 밑판을 크로스스티치로 연결한다(p.64 참조). 먼저 몸통과 옆면을 연결한 후에 밑판을 붙인다.

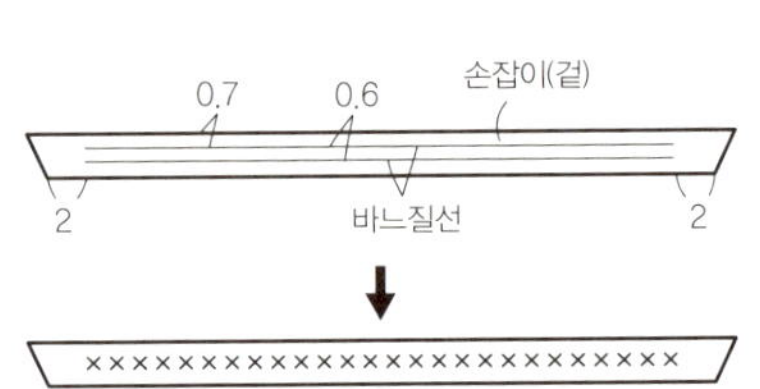

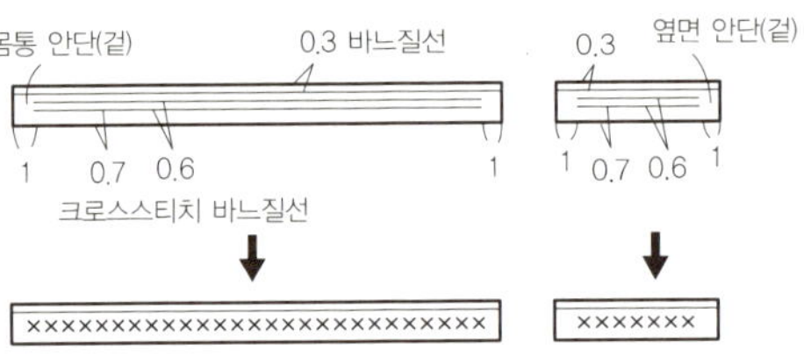

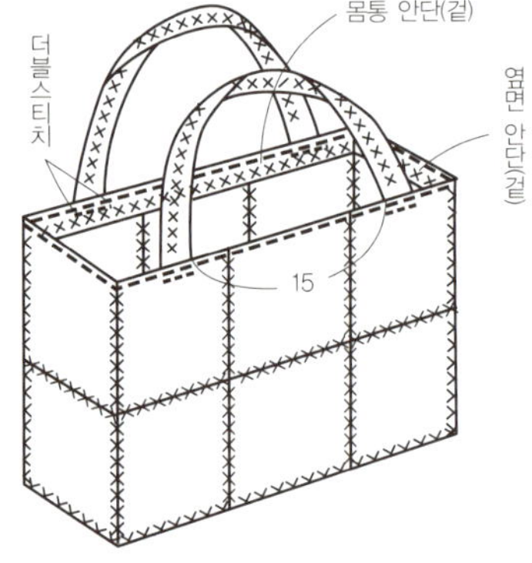

4 손잡이는 측면을 마감 처리하고 중앙에 0.6cm 폭으로 바느질선을 두 줄 그은 후, 목타로 구멍을 뚫어 크로스스티치한다.

5 입구를 꿰맬 때 필요한 바느질선을 안단의 상단에 0.3cm 폭으로 긋고, 그 밑에 크로스스티치용 바느질선을 0.6cm 폭으로 두 줄을 긋는다. 크로스스티치 바느질선에만 목타로 구멍을 뚫어 크로스스티치를 한다.

6 손잡이 부착 위치와 안단 입구 쪽의 풀칠 부위를 긁어서 고무풀을 발라 몸통 안쪽에 붙인다. 고무풀이 마르면 마름송곳으로 가죽 조각 구멍을 하나씩 찔러서 안단까지 구멍을 뚫는다(p.82 참조). 입구 둘레에 구멍을 뚫어 새들스티치한다. 손잡이 부착 위치는 더블스티치한다. 입구의 측면을 사포로 문질러서 마감 처리하면 완성된다.

원형 크로스스티치 패치워크백

* 완성 치수: 34.5×20×12cm
* 재료: 성우 활피 약 33데시

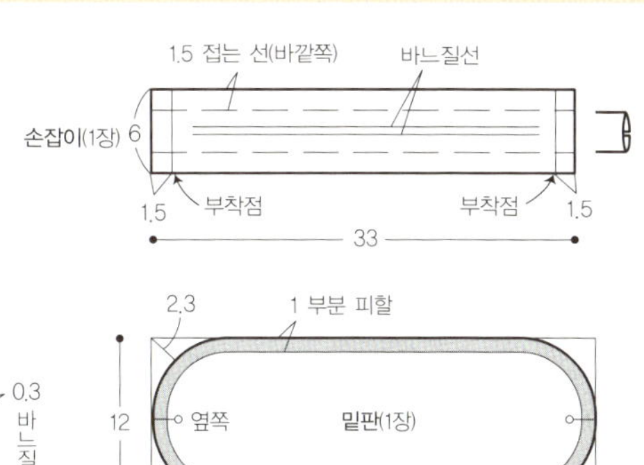

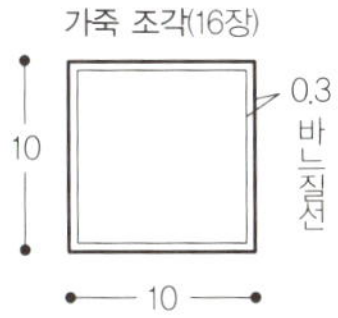

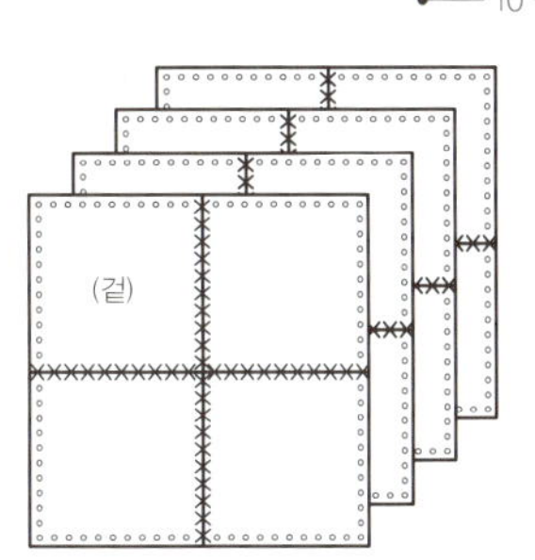

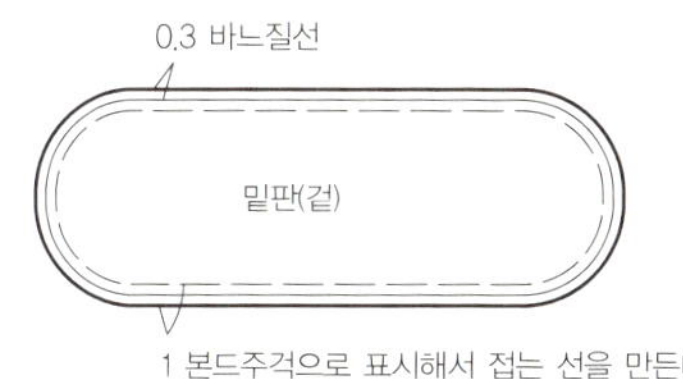

* 밑판의 부분 피할은 두께 1.6mm,
  안단은 두께 1.2mm로 전체 피할

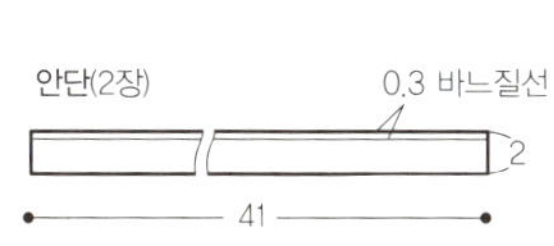

1 가죽 조각 한 변에 구멍을 20개씩 뚫고, 각각 입구 또는 바닥이 되는 변을 제외한 나머지 변의 측면을 마감 처리한다.

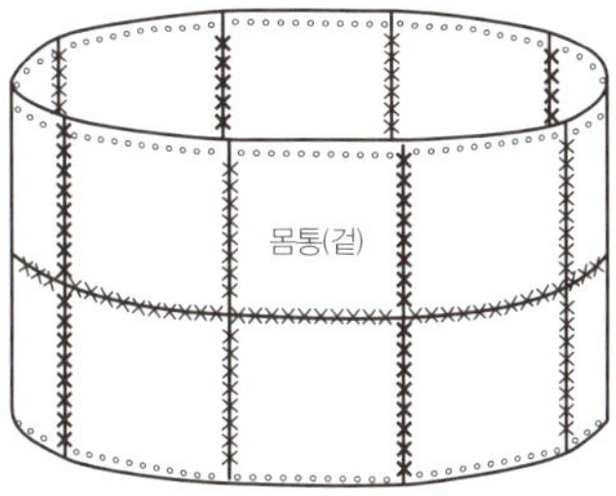

2 4세트를 크로스스티치로 연결해서 원형으로 만드는데, 이것이 몸통이 된다.

3 밑판 표면에 0.3cm 폭의 바느질선을 그은 후, 부분 피할한 가장자리에 본드주걱으로 표시를 한다. 본드 주걱 표시 위치에서 시접을 바깥쪽으로 꺾어 접는 선을 만든다(p.68 참조).

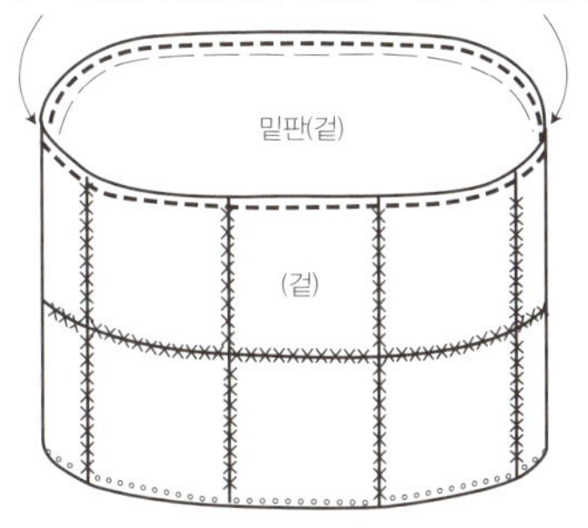

4 밑판을 붙인다. 밑판 안쪽 주위에 고무풀을 발라 붙이고 몸통 안쪽에 밑판을 끼워넣듯이 붙인다. 마름송곳으로 몸통 조각의 구멍을 하나씩 찔러서 밑판까지 구멍을 뚫는다(p.82 참조). 구멍을 뚫은 후 새들스티치한다.

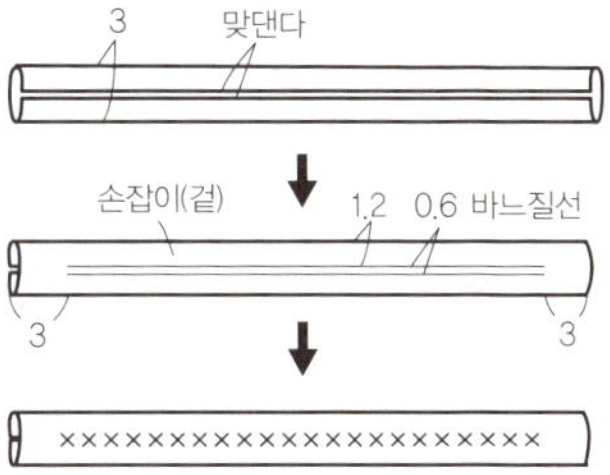

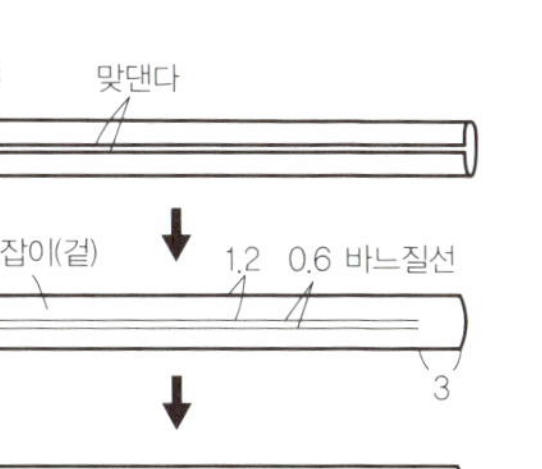

5 손잡이를 3cm 폭으로 접어 고무풀로 붙이고 중앙에 0.6cm 폭의 바느질선을 그어 크로스스티치를 한다.

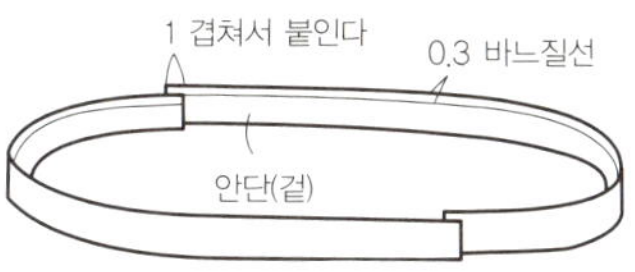

6 안단 2장은 양쪽 끝을 약 1cm 폭으로 피할한다(p.75 참조). 먼저 한쪽을 겹쳐서 고무풀로 붙이고 하나로 이은 상태에서 0.3cm 폭의 바느질선을 그은 후 나머지 한쪽 끝을 붙여 원형을 만든다.

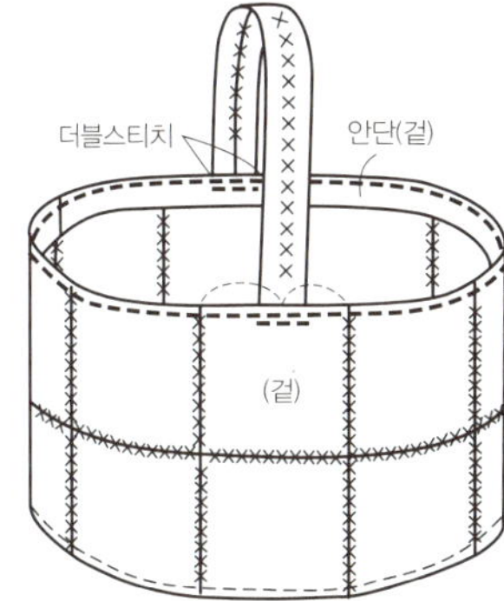

7 입구 안쪽에 손잡이, 안단 순서로 겹쳐서 고무풀로 붙이고 밑판과 마찬가지로 마름송곳으로 찔러서 안단에 구멍을 뚫고 새들스티치한다. 손잡이 부착 위치는 더블스티치한다. 입구와 바닥의 측면을 사포로 문질러 마감 처리하면 완성된다.

사각 웨이스트백 | 화보 20페이지

* 완성 치수: 14×17.5×5cm
* 재료: 성우 활피 약 18데시
  그 외 가죽용 염료

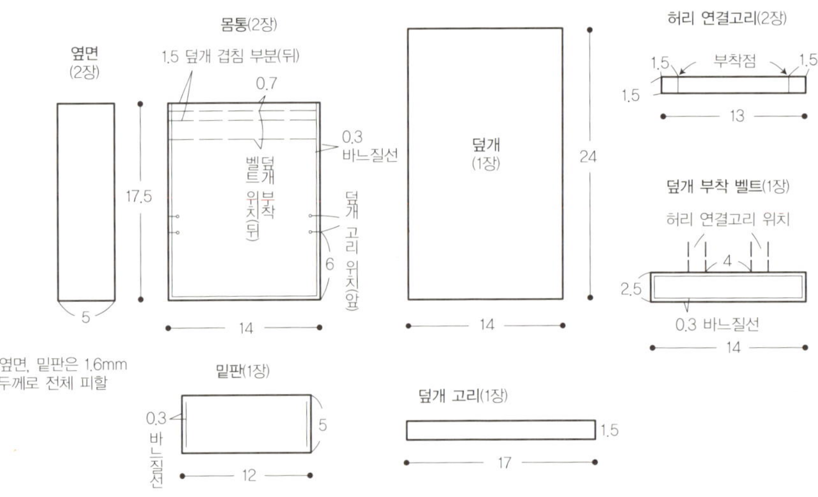

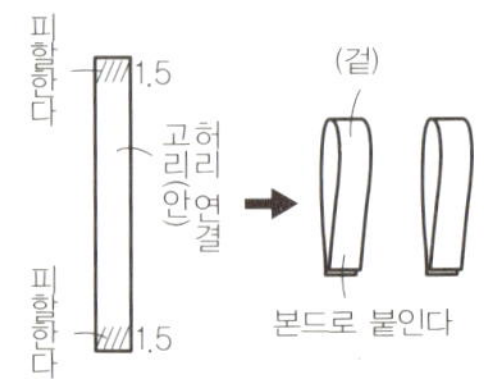

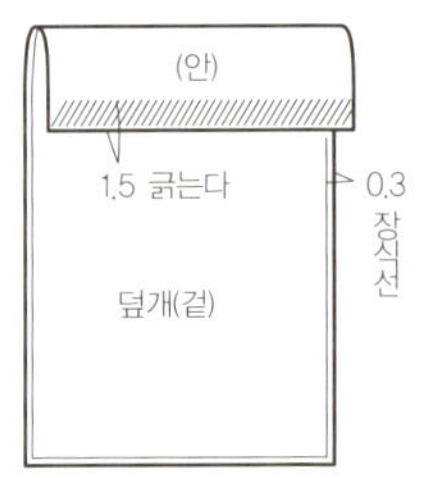

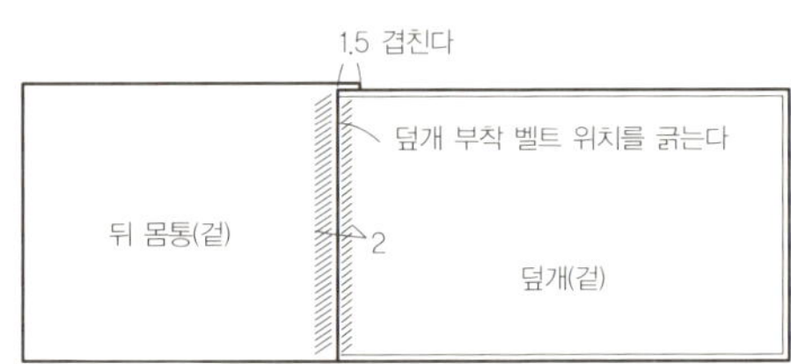

1 허리 연결고리는 둘다 측면에 색을 넣어 마감 처리하고(p.89 참조) 양쪽 끝을 약 1.5cm 폭으로 피할한다(p.75 참조). 반으로 접어 본드로 붙여서 고리를 만든다.

2 덮개는 상단을 제외한 세 변의 측면에 색을 넣어 마감 처리하고 장식선을 긋는다. 상단은 안쪽 면을 긁는다.

3 뒤 몸통 표면 상단의 겹치는 부분을 긁어서 고무풀을 바르고 덮개를 포개서 붙인다. 다음으로 덮개 부착 벨트를 붙이는 위치를 긁어둔다.

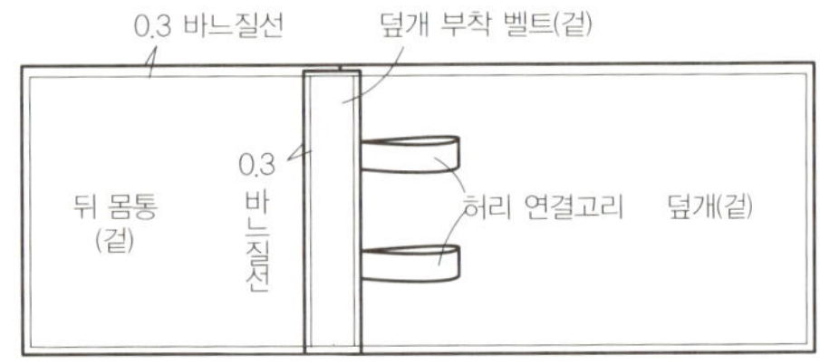

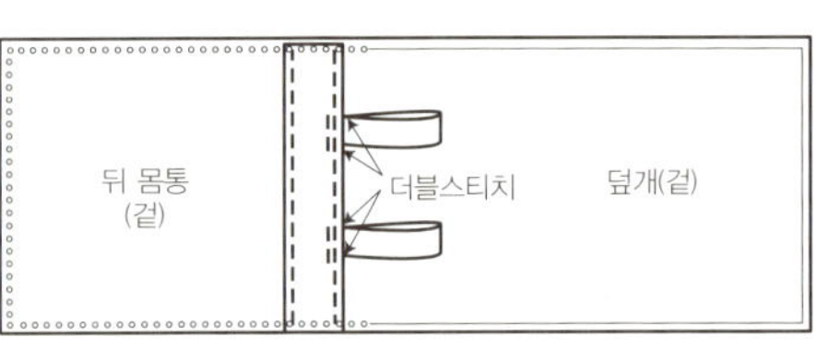

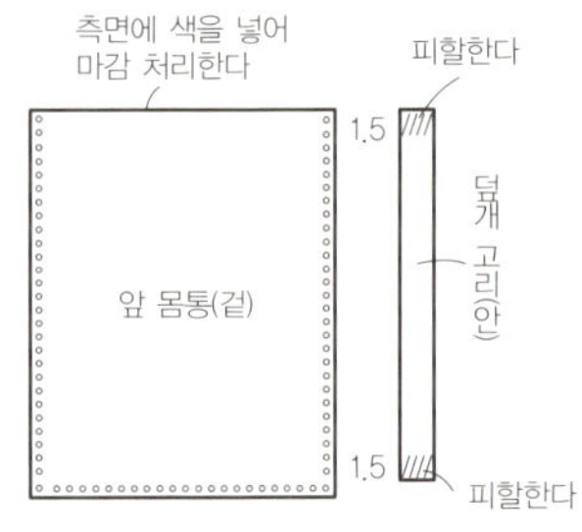

4 덮개 부착 벨트는 측면에 색을 넣어 마감 처리해둔다. 뒤 몸통 표면과 덮개 부착 벨트 사이에 허리 연결고리를 끼워 고무풀로 붙인다. 덮개 부착 벨트와 뒤 몸통에 바느질선을 긋는다.

5 덮개 부착 벨트와 뒤 몸통의 바느질선에 목타로 구멍을 뚫고 덮개 부착 벨트의 위아래를 새들스티치한다. 허리 연결고리 부착 위치는 더블스티치한다.

6 앞 몸통 상단의 측면에 색을 넣어 마감 처리하고 옆쪽과 밑쪽은 바느질선을 그은 후 구멍을 뚫는다. 덮개 고리는 허리 연결고리와 같은 방법으로 양쪽 끝을 피할한다.

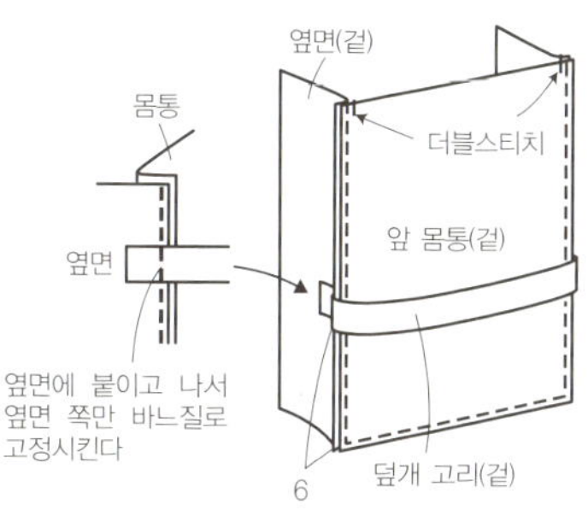

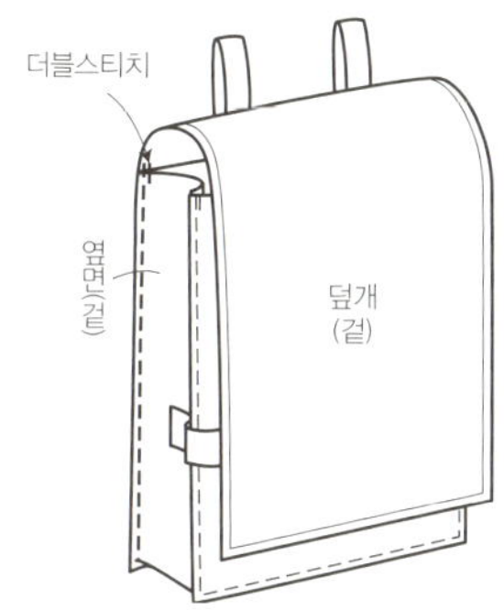

7 옆면 상단의 측면에 색을 넣어 마감 처리한다. 밑쪽은 칼집을 넣고 시접 표면을 굵어둔다.

9 덮개 고리 주위의 측면에 색을 넣어 마감 처리해 둔다. 앞 몸통과 8의 옆면을 꿰매 연결한다(p.69 참조). 이때 밑에서 6cm 떨어진 위치에 덮개 고리를 함께 꿰매 고정시킨다.

10 뒤 몸통과 옆면을 꿰매 연결한다(p.69 참조). 바느질이 끝나면 측면을 사포로 문지르고 색을 넣어 마감 처리하면 완성된다.

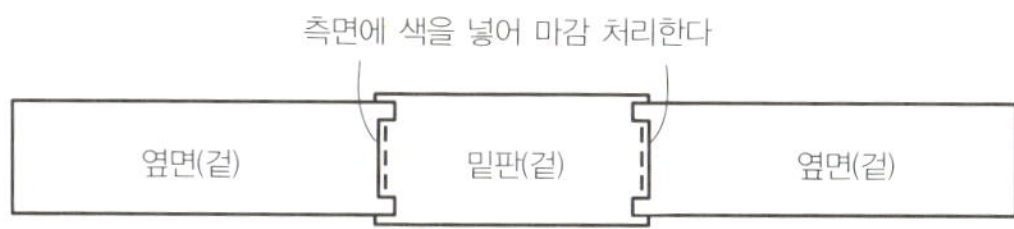

8 옆면의 칼집에 밑판을 끼워넣고 새들스티치로 연결한다(p.69 참조).

스티치 벨트 | 화보 20페이지

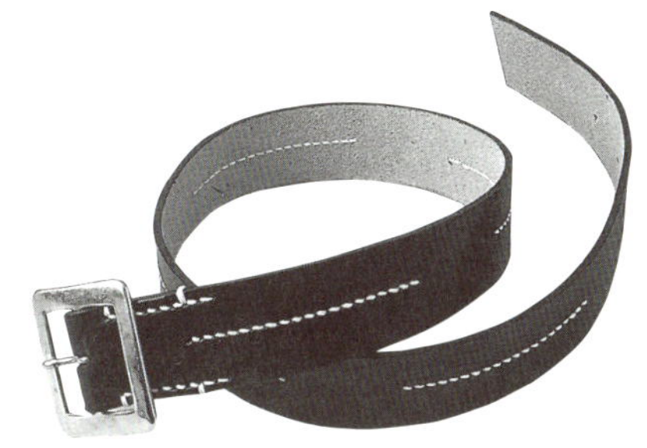

* 완성 치수: 4×99cm
* 재료: 성우 활피(두께 3.5mm) 약 11데시
※ 이 작품은 벨트용 가죽으로 판매되는 재단한 가죽을 사용했다.
버클(4cm 폭) 1개, 그 외 가죽용 염료

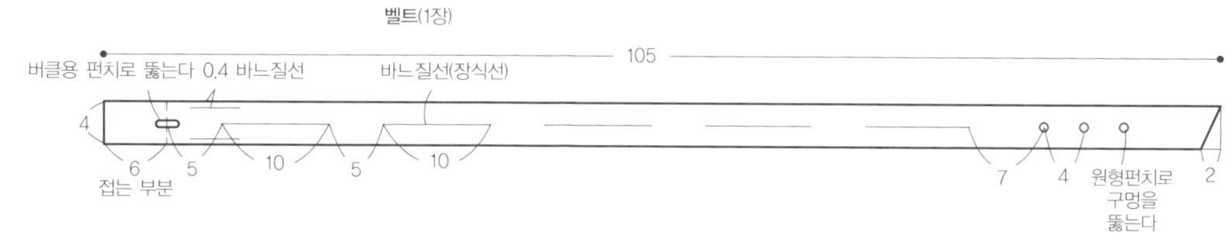

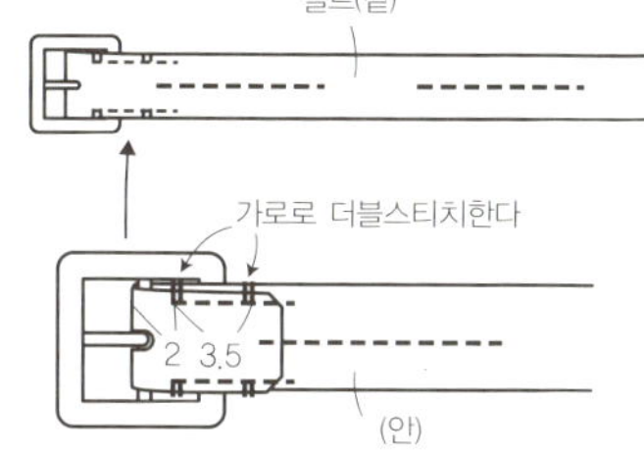

1 벨트에서 접는 부분의 끝쪽 모서리를 약간 잘라낸 후 가죽 주위의 측면에 색을 넣어 마감 처리한다. 다음으로 버클 핀을 통과시킬 구멍을 뚫어 버클을 끼운 후 가죽을 벨트 안쪽으로 접어 고무풀로 붙인다.

2 벨트 안쪽으로 접은 가죽을 고정시킬 바느질선과 장식으로 이용할 바느질선을 긋는다. 장식선은 원형송곳으로 긋는다. 목타로 구멍을 뚫고 각각 새들스티치한 후 원형펀치로 구멍을 뚫으면 완성된다.

원형 웨이스트백 | 화보 14페이지

* 완성 치수: 20.5×17cm
* 재료: 성우 활피 약 28데시
  송치풍 헤어카프 프린트(이하 송치) 약 8데시, 자석단추에 덧댈 가죽(두께 1mm 정도의 얇은 가죽. 펠트도 가능) 2.5×2.5cm, 자석단추(직경 1.8cm) 1세트
  그 외 가죽용 염료
* 실물형지 별책부록 A면 수록

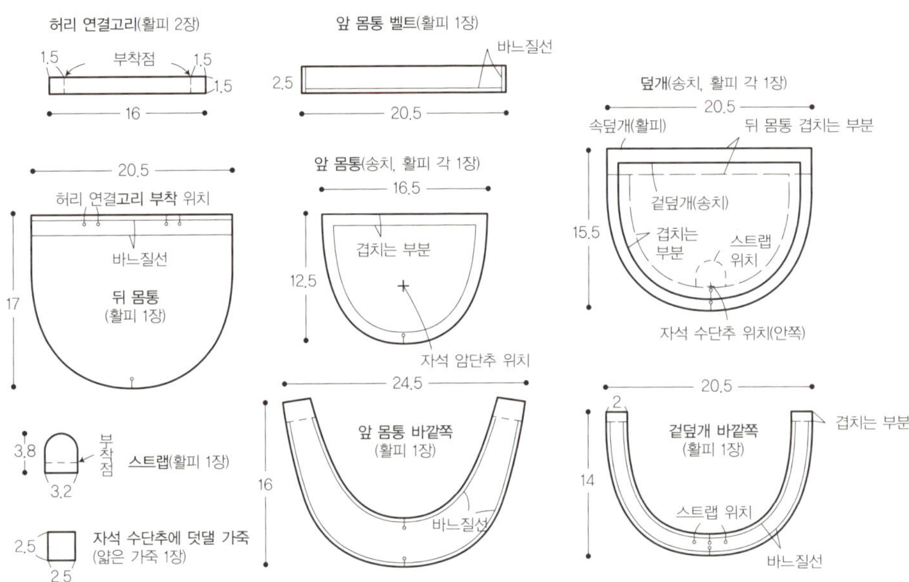

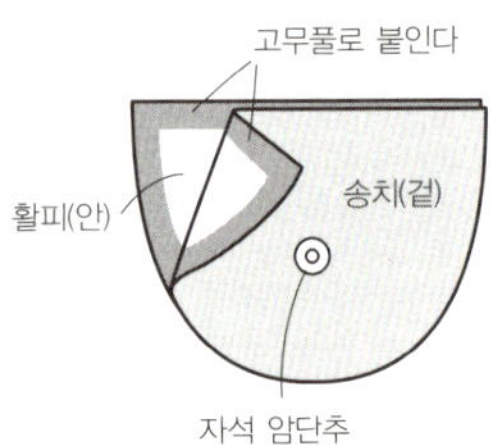

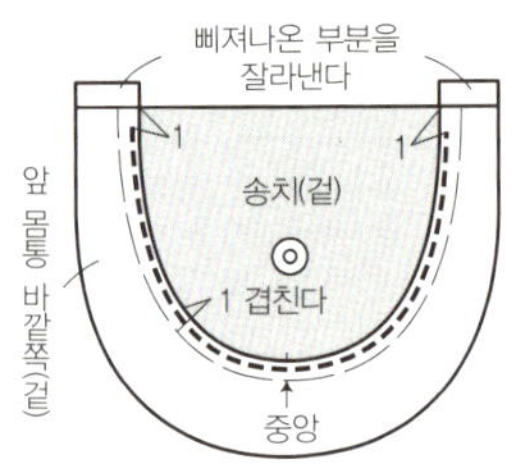

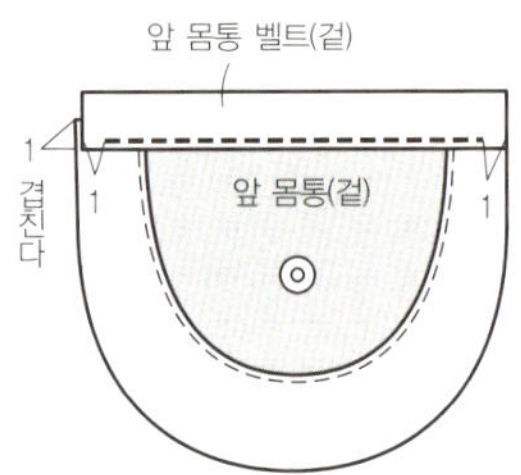

1 앞 몸통 활피의 안쪽 주위를 약 1cm 폭으로 긁어서 고무풀을 바른 후 표면이 밖을 향하도록 송치와 맞붙인다. 다음으로 자석 암단추를 붙인다(p.60 참조). 안쪽에는 덧댈 가죽을 붙여서 자석단추의 와셔를 감춘다.

2 앞 몸통 바깥쪽 가죽의 안쪽 측면에 색을 넣어 마감 처리하고, 안쪽의 겹치는 부분을 긁어서 고무풀을 바른다. 앞 몸통의 송치에 1cm 겹친 후 중앙의 맞춤 표시에 맞춰서 붙인다. 바느질선을 긋고, 목타로 구멍을 뚫어 새들스티치한다. 바깥쪽 상단의 삐져나온 부분을 잘라낸다.

3 앞 몸통 벨트는 주위의 측면에 색을 넣어 마감 처리해둔다(p.89 참조). 앞 몸통 상단에 앞 몸통 벨트를 1cm 겹쳐서 붙이고 바느질선을 그어 구멍을 뚫은 후 새들스티치한다.

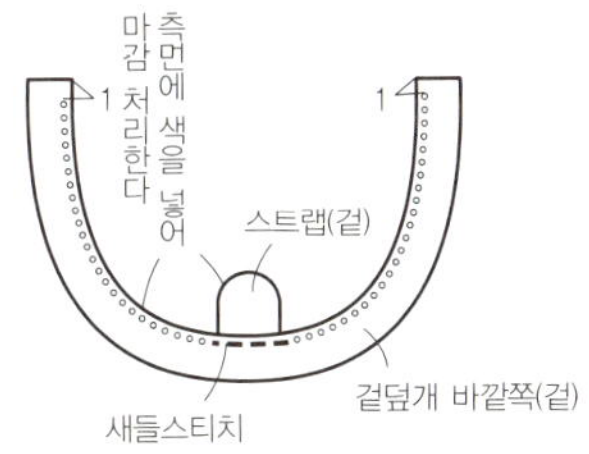

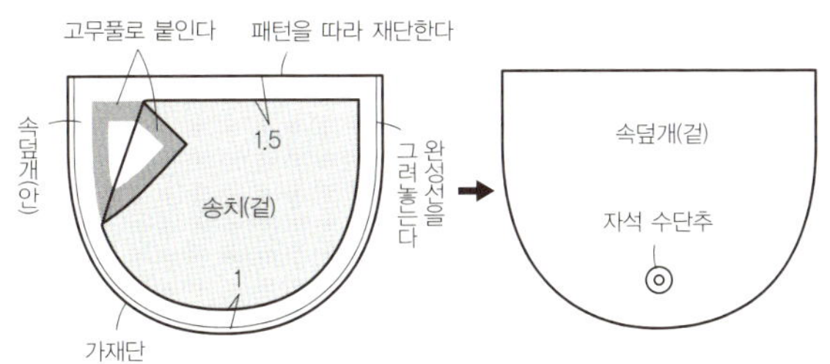

4 스트랩 주위와 겉덮개 바깥쪽 가죽의 안쪽 측면에 색을 넣어 마감 처리한다. 겉덮개 안쪽에 바느질선을 긋고, 중앙에 스트랩을 붙여서 구멍을 뚫은 후 스트랩을 새들스티치로 고정시킨다.

5 가재단한 속덮개와 송치 겉덮개를 표면이 밖을 향하도록 맞붙이고 속덮개 쪽에서 자석 수단추를 붙인다.

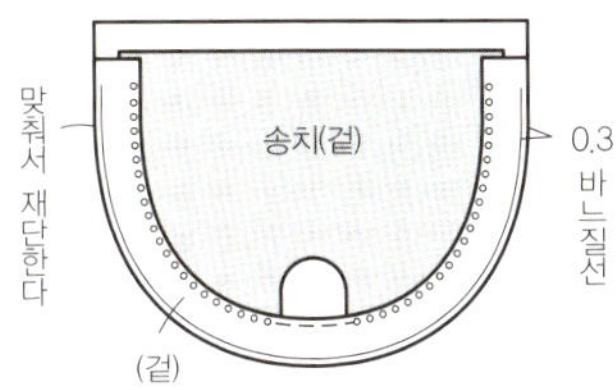

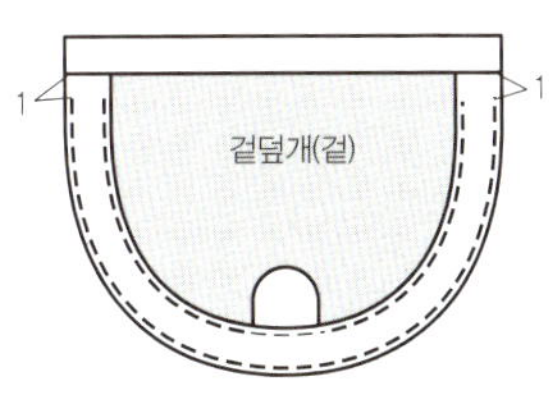

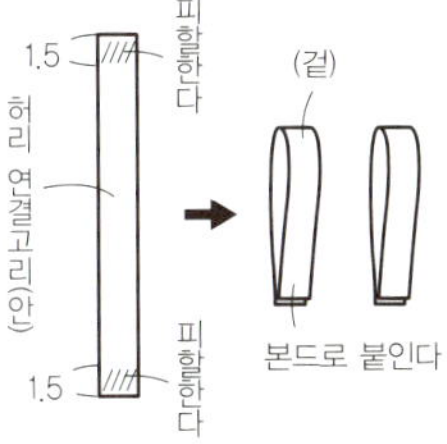

6 5의 위에 4를 겹쳐서 붙인다. 속덮개 바깥둘레의 여분을 잘라내고 바느질선을 긋는다.

7 바느질선에 구멍을 뚫는다. 4에서 뚫은 안쪽의 구멍에 다시 한 번 목타를 쳐서 속덮개까지 구멍을 뚫는다. 스트랩 부착 위치를 제외하고 새들스티치한다. 바깥쪽 바느질선은 3장을 겹쳐서 목타를 친다.

8 허리 연결고리는 주위 측면에 색을 넣어 마감 처리한 후 양쪽 끝을 약 1.5cm씩 피할한다(p.75 참조). 허리 연결고리를 반으로 접어 본드로 붙인다.

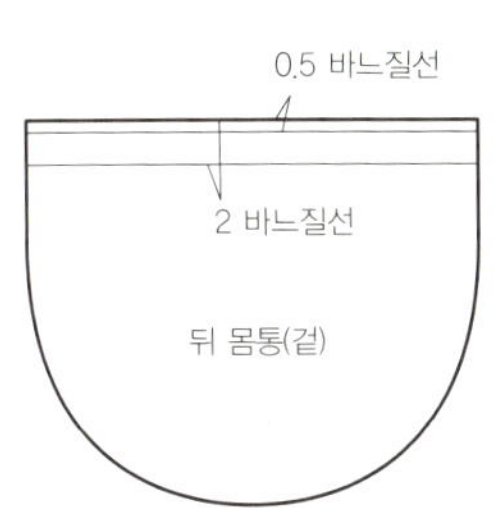

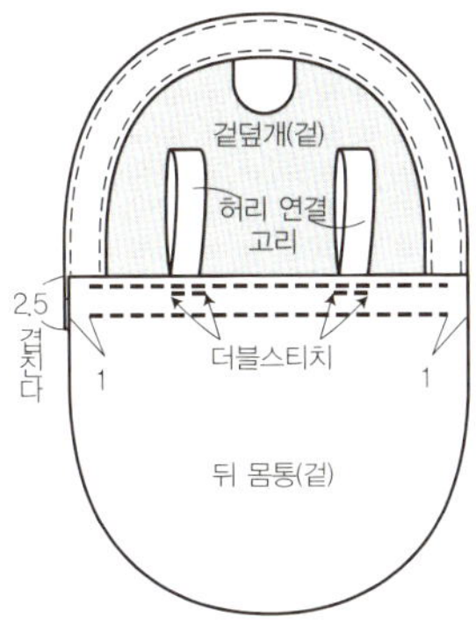

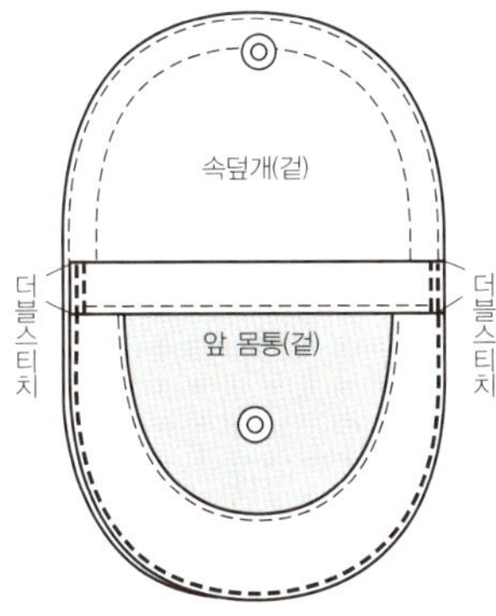

9 뒤 몸통 상단의 측면에 색을 넣어 마감 처리한 후 바느질선을 긋는다. 0.5cm 폭의 바느질선은 크리저로 긋고, 2cm 폭의 선은 원형송곳으로 긋는다. 안쪽 면의 덮개가 겹치는 부분을 긁어둔다.

10 덮개에 뒤 몸통을 2.5cm 겹치고 그 사이에 허리 연결고리를 끼워 고무풀로 붙인다. 바느질선에 구멍을 뚫어 새들스티치한다.

11 뒤 몸통과 앞 몸통 안쪽 둘레의 풀칠 부위를 긁고 고무풀을 발라 표면이 밖을 향하도록 맞붙인다. 바느질선을 긋고, 구멍을 뚫어 새들스티치한다. 마지막으로 몸통, 덮개 주위의 측면을 사포로 문지르고 색을 넣어 마감 처리하면 완성된다.

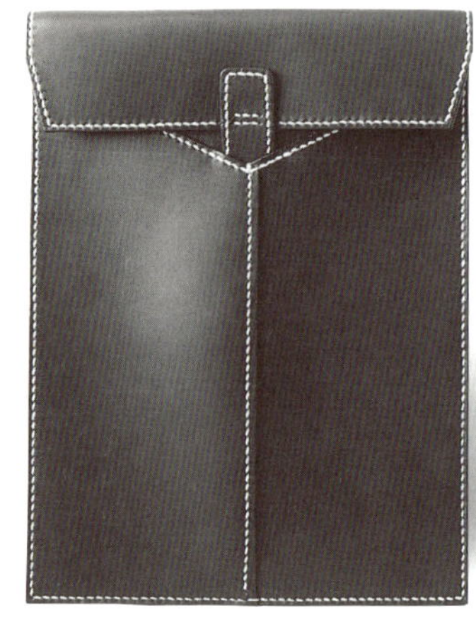

서류봉투 | 화보 24페이지

* 완성 치수: 25×34cm
* 재료: 성우 활피(두께 2mm) 약 27데시
  연갈색 돼지가죽(두께 0.5mm) 약 6데시
  그 외 가죽용 염료

* 실물형지

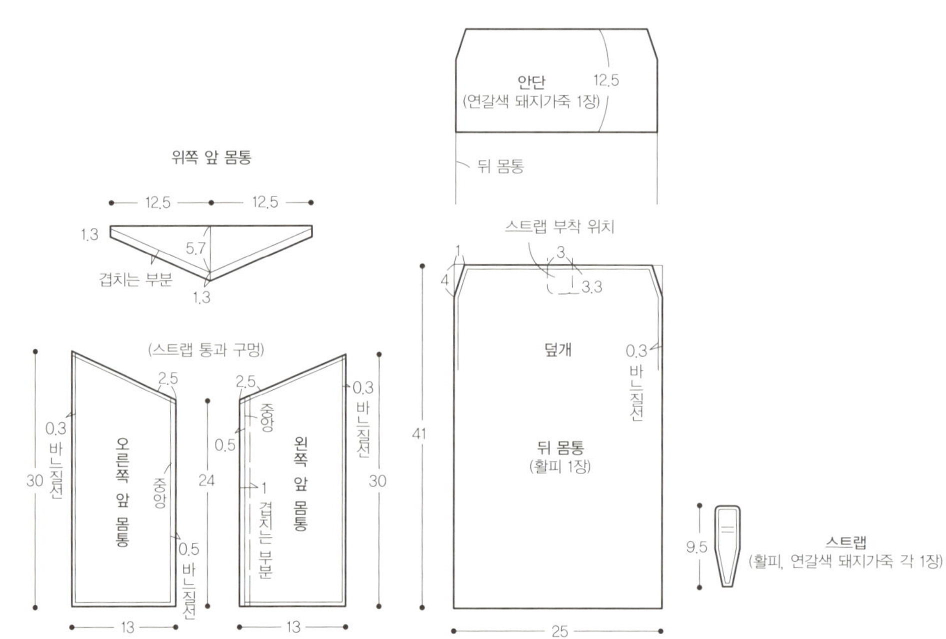

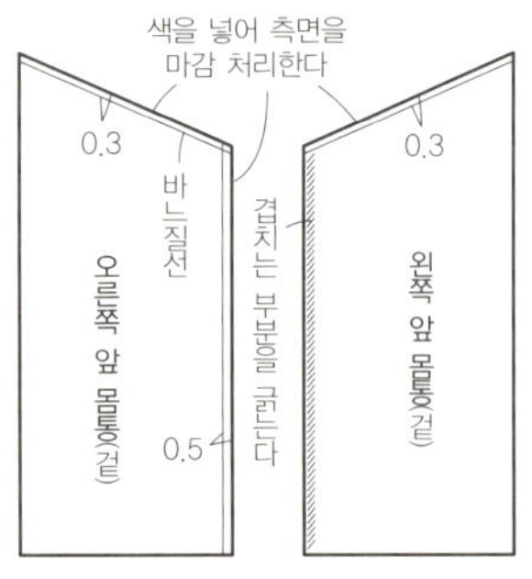

1 앞 몸통 상단과 중앙 쪽 측면에 색을 넣어 마감 처리하고(p.89 참조) 바느질선을 긋는다. 오른쪽 앞 몸통은 뒷면, 왼쪽 앞 몸통은 표면의 겹치는 부분을 긁는다.

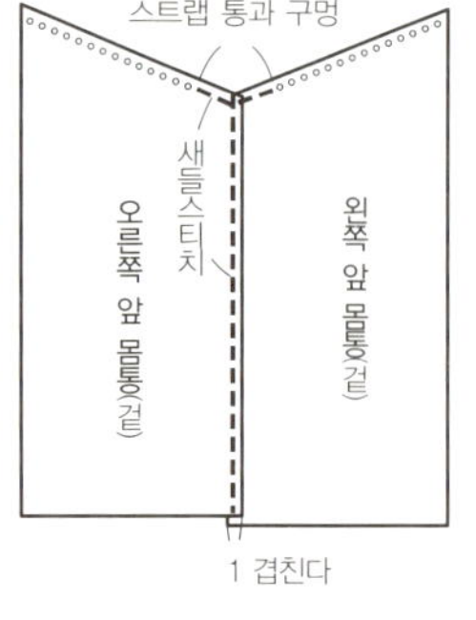

2 앞 몸통 중앙을 1cm 겹쳐서 붙이고 바느질선에 목타로 구멍을 뚫는다. 중앙과 상단 쪽 스트랩 통과 구멍을 새들스티치한다.

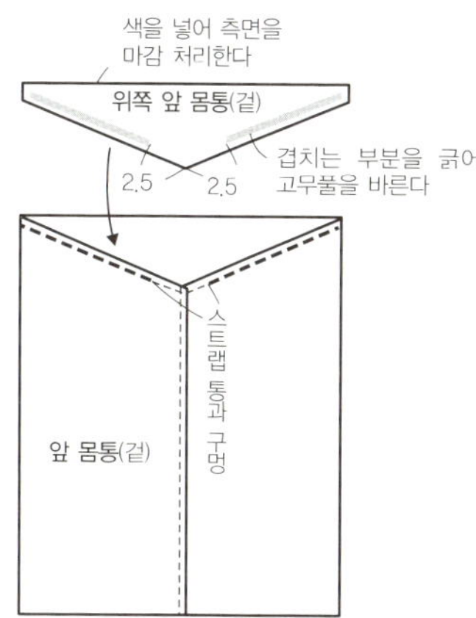

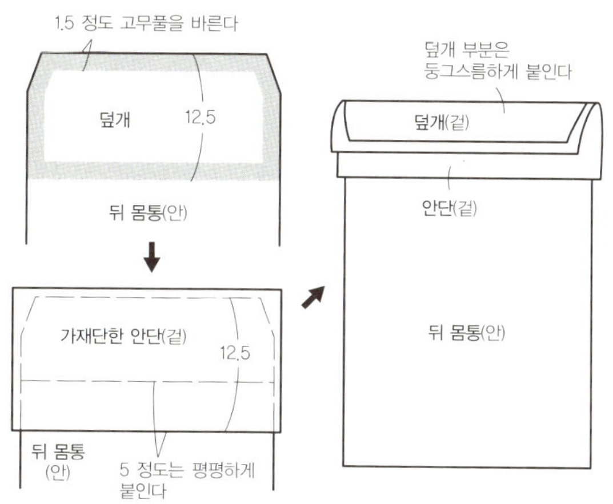

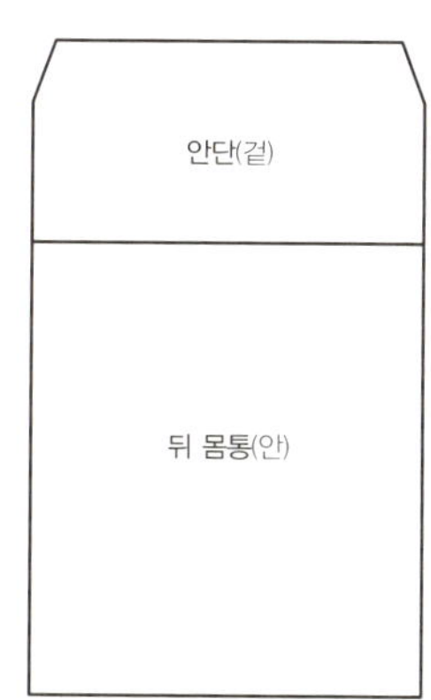

3 위쪽 앞 몸통에 아래쪽 몸통을 겹쳐서 붙인다. 이 때 스트랩 통과 구멍에는 고무풀을 바르지 않도록 주의한다. 아래쪽 몸통 구멍에 다시 한 번 목타를 쳐서 아래쪽까지 구멍을 뚫고 스트랩 통과 구멍을 제외한 부분을 새들스티치한다.

4 뒤 몸통 안쪽의 상부와 덮개 부분에 고무풀을 발라 가재단한 안단을 붙인다. 밑에서 5cm 정도는 평평하게 붙이고 그 위쪽은 덮개를 둥그스름하게 만들면서 붙인다.

5 뒤 몸통에 맞춰 안단의 여분을 칼로 잘라낸다.

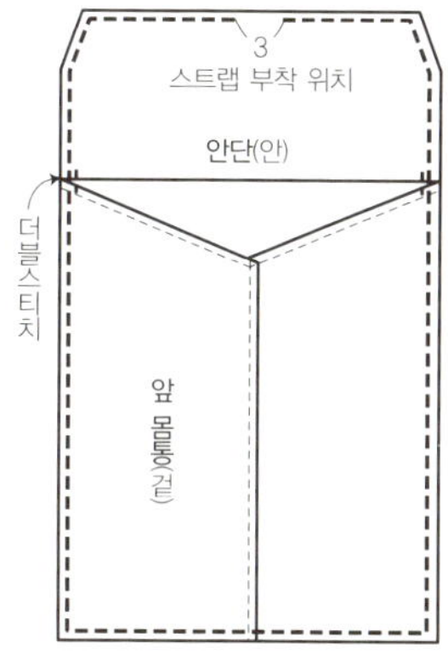

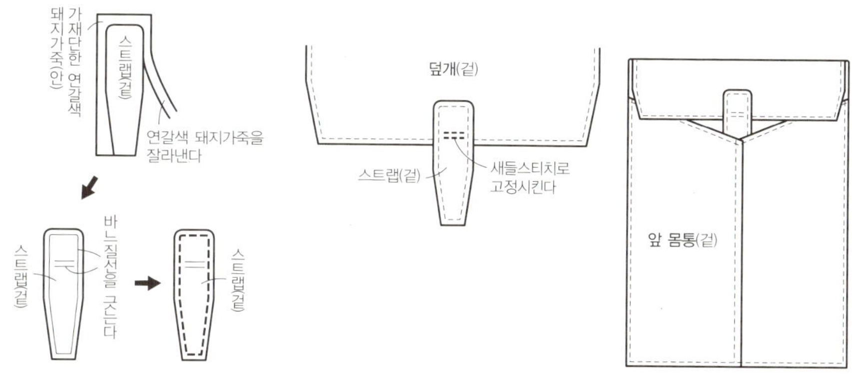

6 뒤 몸통에 앞 몸통을 겹쳐서 붙인다. 덮개 중앙의 스트랩 부착 위치를 남기고 주위에 구멍을 뚫어 새들스티치한다. 측면은 사포로 문지른 후 염료를 발라 마감 처리한다.

7 스트랩을 만든다. 가죽과 가재단한 연갈색 돼지가죽을 표면이 밖을 향하도록 맞붙이고 연갈색 돼지가죽의 여분을 잘라낸 후 측면에 색을 넣어 마감 처리한다. 주위에 바느질선을 긋고, 구멍을 뚫어 새들스티치한다.

8 스트랩 돼지가죽 쪽의 바느질 고정 위치만 긁은 후 그곳에 본드를 발라 덮개 표면에 붙인다. 2날 목타로 바느질 고정 위치에 구멍을 뚫어 새들스티치로 고정시키면 완성된다.

컷워크 벨트

* 완성 치수: 3.5×93cm
* 재료: 성우 활피(두께 2mm) 약 11데시
  송치풍 헤어카프 프린트(이하 송치) 약 2데시, 버클(2.5cm 폭) 1개
* 실물형지 별책부록 A면 수록(버클 통과고리, 스트랩만 있음)

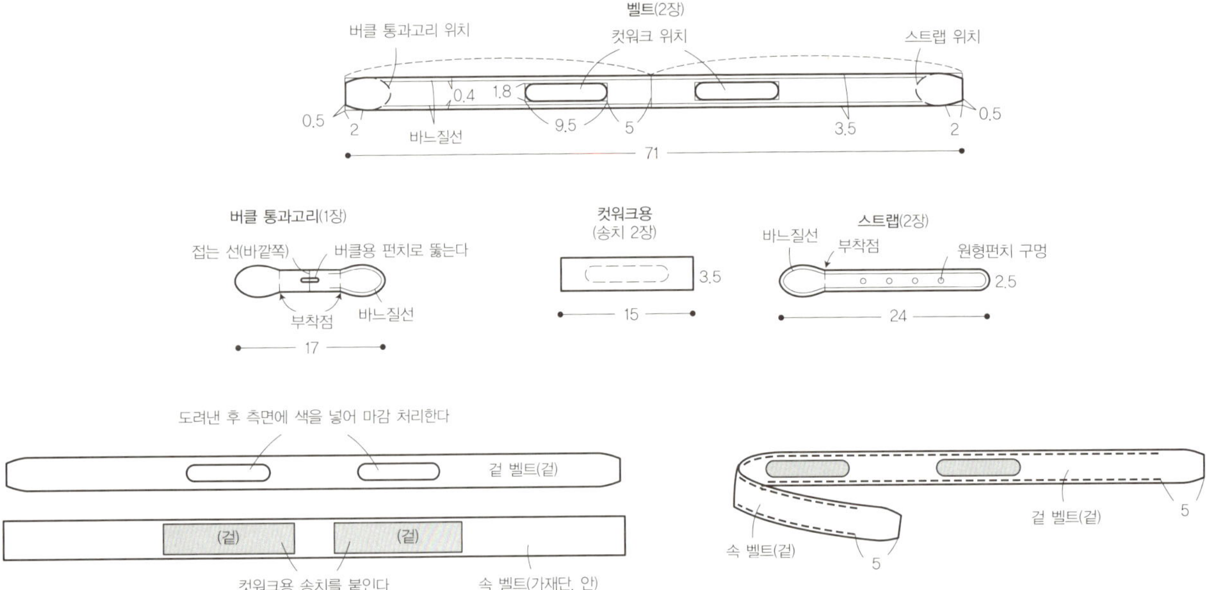

1 겉 벨트는 컷워크 위치를 도려낸 후 단면에 색을 넣어 마감 처리한다(p.89 참조). 속 벨트는 가재단을 해서 안쪽에 컷워크용 송치를 고무풀로 붙인다.

2 겉, 속 벨트의 안쪽을 긁어 고무풀을 발라 표면이 밖을 향하도록 맞붙인다. 속 벨트 주위의 여분을 잘라내고 사포로 문지른 후에 색을 넣어 측면을 마감 처리한다. 다음으로 바느질선을 긋고, 목타로 구멍을 뚫어 새들스티치한다.

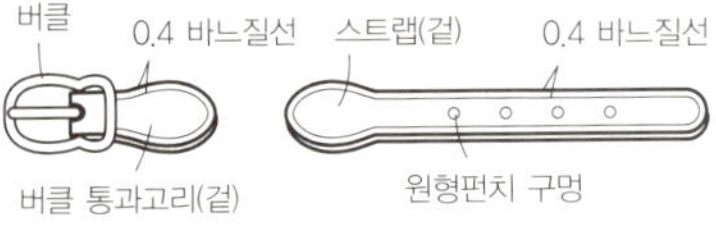

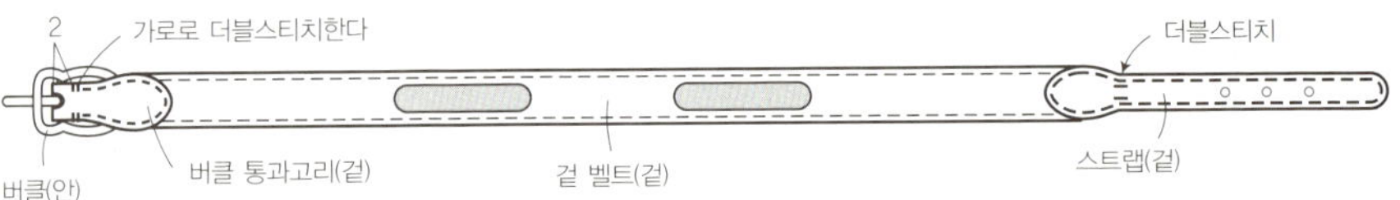

3 버클 통과고리는 버클 핀을 통과시키는 구멍을 뚫어 버클을 끼운 후 표면이 밖을 향하도록 접어 고무풀로 붙인다. 스트랩은 2장 모두 표면이 밖을 향하도록 맞붙이고 원형 펀치로 구멍을 뚫는다. 둘다 주위의 측면을 사포로 문지르고 색을 넣어 마감 처리한 후 바느질선을 긋는다.

4 겉 벨트 양쪽 끝에 버클 통과고리와 스트랩을 각각 겹쳐서 고무풀로 붙인다. 바느질선에 목타로 구멍을 뚫어 새들스티치하면 완성된다.

명함지갑 | 화보 19, 24페이지

* 완성 치수(덮은 상태): 7.5×11cm
* 재료: 성우 활피(두께 1.5mm) 약 6데시
  연갈색 돼지가죽(0.5mm) 약 6데시
  그 외 가죽용 염료

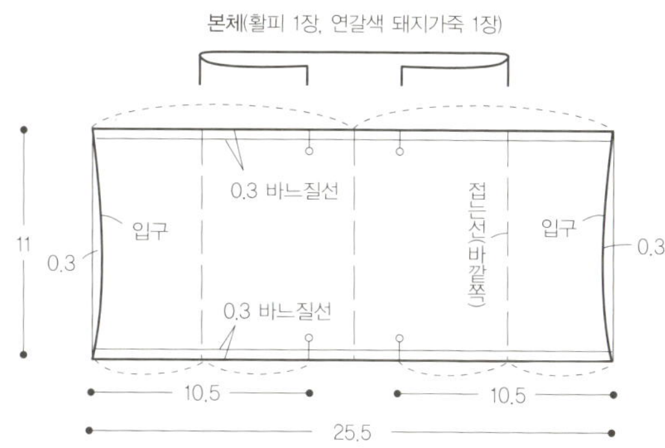

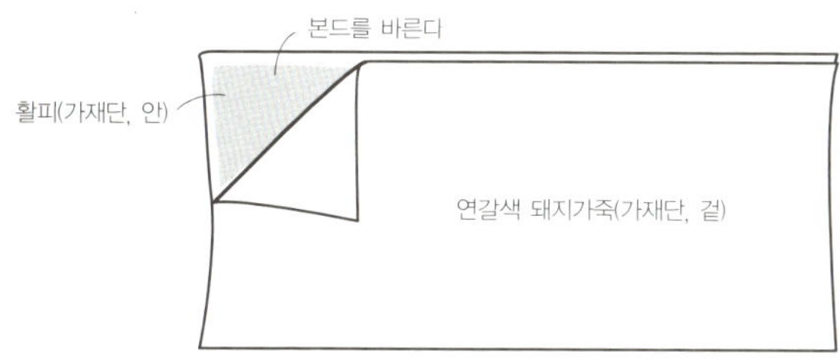

1 활피, 연갈색 돼지가죽을 가재단하여 2장 모두 표면이 밖을 향하도록 본드로 붙인다.

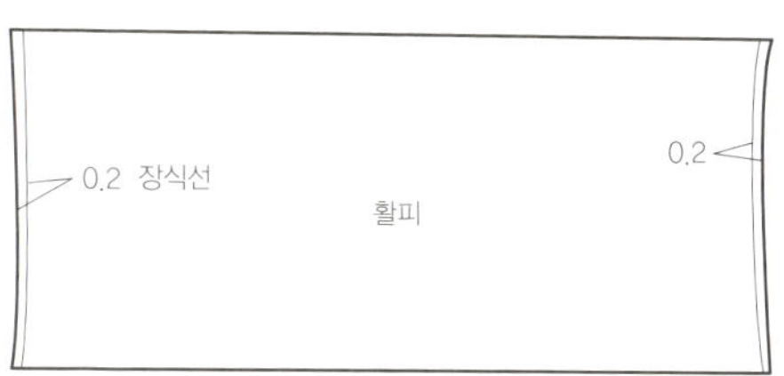

2 패턴을 따라 정재단을 한다. 입구 쪽 측면에 색을 넣어 마감 처리하고(p.89 참조) 장식선을 넣는다.

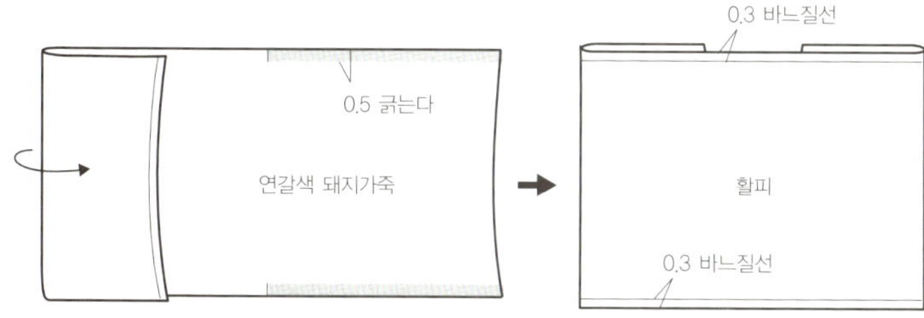

3 위아래 가장자리를 입구에서 맞춤 표시까지 긁어 본드를 바른다. 양쪽 입구를 맞춤 표시에 맞춘 후 접어서 붙인다. 활피 쪽에 바느질선을 긋는다.

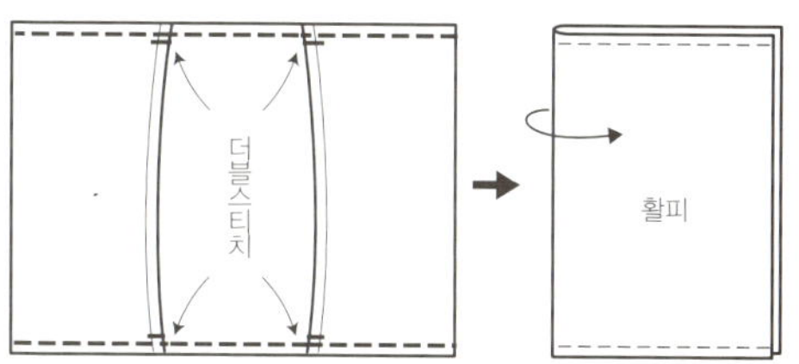

4 바느질선 위에 목타로 구멍을 뚫어 새들스티치한다. 측면을 사포로 문지르고 색을 넣어 마감 처리한다. 반으로 접어 문진 등으로 눌러서 접히는 자국을 내면 완성된다.

가방 모형 열쇠 케이스 | 화보 23페이지

* 완성 치수: 8.5×8.5cm
* 재료: 성우 활피(두께 1.8mm) 3데시
  열쇠 케이스 금속장식 1세트

이 작품의 금속장식은 바닥을 둥글게 만든 특별 주문품이다. 일반적으로 판매되는 것은 바닥이 평평해서 바느질이 끝난 후에 양쪽 끝을 다른 금속장식에 끼워 힘을 가해 고정시키는 타입이다. 본체를 꿰매고 나서 금속장식을 안에 넣어 고정하는 점은 일반 제품과 동일하다. 나도 평소에 일반 타입으로 만든 열쇠 케이스를 사용하지만, 금속장식이 밖으로 나오는 것을 싫어해서 작은 가죽을 덧대서 커버한다.

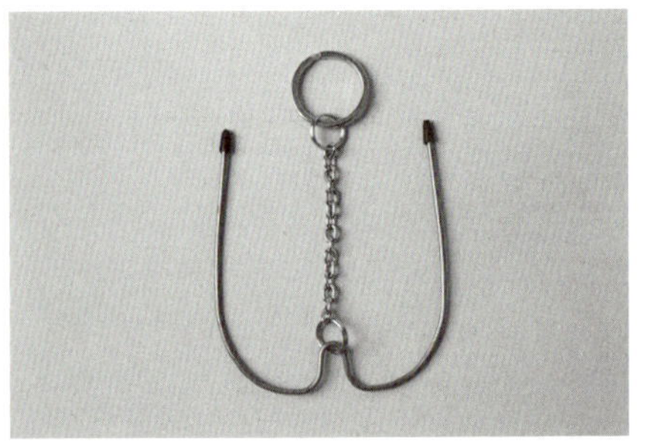

이 작품에 사용한 금속장식

일반적인 금속장식

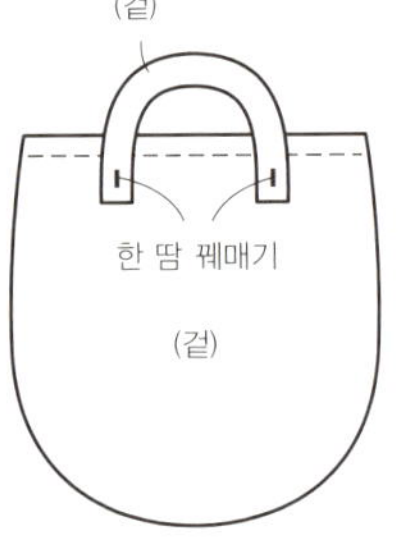

1 본체 상단과 손잡이 주위의 측면을 마감 처리한다. 2장 모두 본체 상단에 바느질선을 긋고, 목타로 구멍을 뚫어 새들스티치한다.

2 본체 표면의 손잡이 부착 위치와 손잡이 끝의 뒷면을 긁은 후 고무풀을 발라서 손잡이를 본체 표면에 붙인다. 2날 목타로 구멍을 2개 뚫은 후 한 땀을 꿰매 고정시킨다. 다른 한 장도 동일하게 만든다.

3 본체 뒷면의 가장자리를 긁어서 고무풀을 바른다.

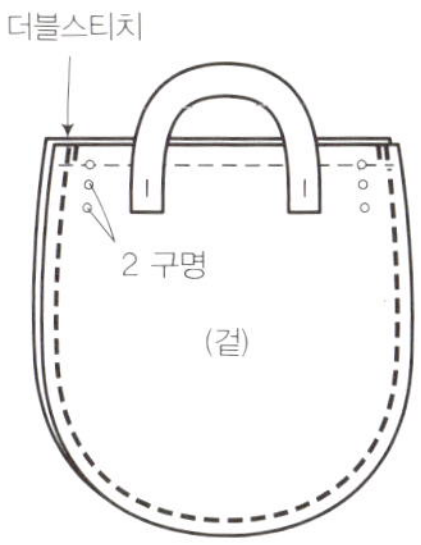

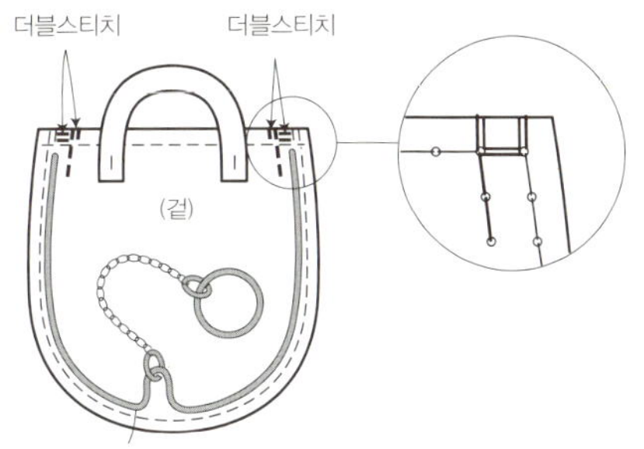

4 2장을 겉이 보이게 붙이고 바느질선을 그어 구멍을 뚫은 후 새들스티치한다. 입구의 양쪽 끝은 한 땀 안쪽으로 들어간 곳에 세로로 구멍을 2개 뚫는다. 측면을 사포로 문질러서 마감 처리한다.

5 본체 안에 열쇠 케이스용 금속장식을 넣고 금속 장식 끝을 끼워넣은 후, 양쪽 끝을 꿰매 힘을 가 하면 완성된다.

* 실물형지

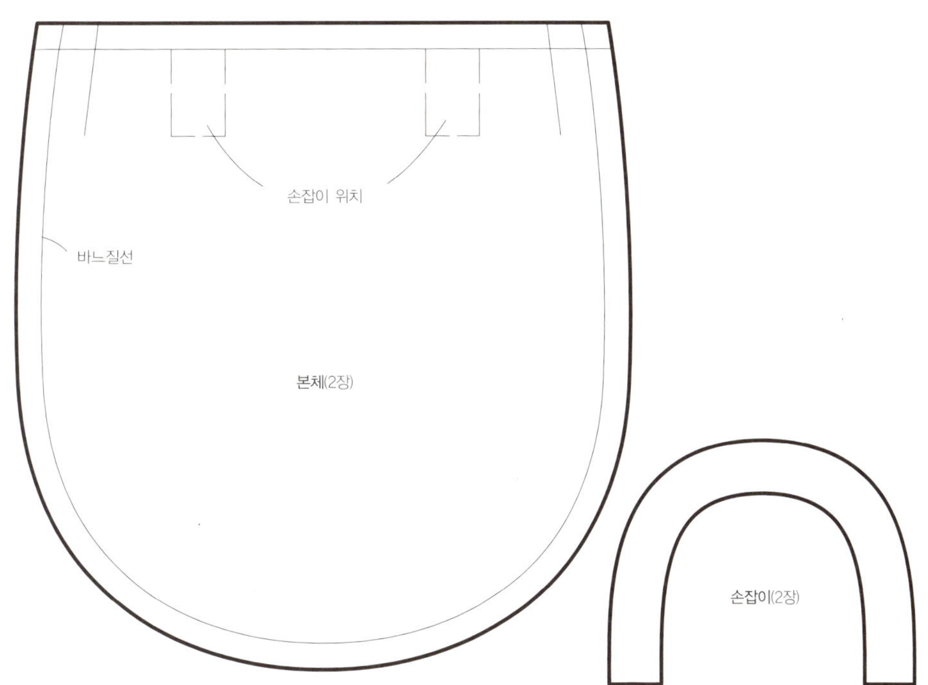

한 땀 한 땀 정성스럽게 실을 조이면 손바느질에서만 볼 수 있는
부드럽게 부풀어 오른 바늘땀이 만들어진다.

몇 달이나 고민한 끝에 겨우 생각해낸 디자인은 형지로 집약된다.
공방 벽에 나란히 걸려 있는 형지들은 '디자인'이라는 이름의 보물 덩어리.

아버지는 가방을 꿰맬 때는 항상 넥타이를 단정히 매셨다.
(1990년 무렵, 아사쿠사의 공방에서)

요시다 공방 이야기

내 아버지 요시다 키치조로부터 물려받은 것

나에게 가방 만드는 법을 가르쳐준 사람은 아버지 요시다 키치조이다.
평생 손바느질 가죽 제품 만들기를 사랑한 아버지로부터 많은 것을 배웠다.

"이것만큼은 소중히 간직해주렴."
아버지가 지닌 기술의 집대성이라고도 할 수 있는
이 트렁크는 아버지의 제단에 장식되어 있다.
키치조 작품

우리 공방은 도쿄에서도 전통의 거리로 이름 높은 아사쿠사에 있다. 주변에는 다른 가죽 전문점뿐 아니라 기모노를 파는 집, 구두 공장 등이 즐비하다. 나는 아버지의 피땀이 어린 이 공방에서 아버지가 나이 들어 입원하게 되어 은퇴하기 전까지 거의 10년 동안을 일대일로 가방 만들기의 기초를 배웠다. 아버지가 돌아가신 뒤, 나는 어느새 아버지의 자리에 앉아 가방을 꿰매고 있다.

가방의 기억

1906년, 가나가와 현 사무카와마치에서 태어난 아버지는 열두 살 때 상경해서 가방 장인에게서 기술을 익히기 시작했고, 서른 살인 1935년에 독립하여 간다스다쵸에 '요시다 가방 제작소(현재 주식회사 요시다의 전신)'를 창업했다. 가게와 자택이 한 건물에 있던 1942년, 나는 이 집의 둘째 딸로 태어났다.

전쟁이 터지면서 아버지가 징병을 당하자, 어머니는 순간적으로 기지를 발휘하여 가게에 있던 가죽 재료 전부를 간다 만세이바시의 창고에 보관해놓고 가족 모두를 데리고 부모님의 고향으로 대피했다. 어머니의 기지 덕분에 훗날 사업을 재개하는 데 큰 도움이 되었다고 한다.

전쟁이 끝난 후 돌아온 아버지는 대피한 곳과 도쿄를 오가면서 가게

를 다시 열기 위해 동분서주했는데, 그 무렵 아버지가 도쿄에서 그레이
베이지 펠트에 꽃 아플리케가 달린 작은 가방을 언니와 내게 선물로 사
다주셨다. 물건이 귀한 시절에 세상에서 가장 귀여운 가방을 받고서 기
뻐서 어쩔 줄을 몰라했다. 그 후에도 부모님에게 여러 가지 선물을 받았
지만, 이때의 감동이 가장 컸던 것 같다.

따뜻한 인품과 진취 정신

가족이 함께 도쿄로 돌아온 무렵, 아버지는 가방 제작보다 경영자로
서의 업무가 주가 되어 장인들과 거래처를 찾아다니며 바쁜 나날을 보
내셨다. 아버지는 가방 장인들에게 갈 때 내가 집에서 놀고 있으면 종종
함께 가자는 말을 하셨다. 어머니가 장부 정리와 집안일에 쫓겨 바쁘다
보니 좀처럼 자식에게 신경 쓸 여유가 없는 것을 보고 아버지 나름대로
애정을 보여준 것이다. 말괄량이에다가 호기심이 왕성했던 나는 일에
열중하는 장인들을 곁에서 바라보는 것을 매우 좋아했다.

경영자로서의 아버지는 개척자 정신이 풍부한 분이셨다. 아마 '가
방 디자이너'라는 직업의 필요성을 의식한 것도 아버지가 처음이 아닐
까 싶다. 일찍부터 '상품 기획'의 중요성을 느껴서 지방의 상업고등학교
를 갓 졸업한 사람을 불러들여 미대에 입학시켜 디자이너로 키우셨다.

또 새로운 소재나 디자인을 추구하여 당시로서는 희귀한 유럽의 상

손잡이, 박스스티치 등 가방 만들기의
다양한 기술이 들어간 습작.
아버지가 만든 원형에 물결 모양 장식과
열쇠 등을 달아 리폼했다.
쿠니코 작품

품을 전시한 긴자, 아오야마, 지유가오카의 매장을 '시장 조사'라고 하면서 늘 둘러보셨다. 물론 고등학생이었던 나도 따라다녔다. 이 '사회 견학'에서 본 것은 전부 신선하고 자극적이었다. 상품을 확인하면서 "이 소재는……"이라고 혼자 중얼거리던 아버지의 말에는 전혀 아랑곳하지 않고 나는 화려한 장식의 세계에 넋을 잃었다.

장인 정신은 모자에서부터 시작

내가 가방을 본격적으로 만들기 시작한 것은 20년쯤 전으로, 장인 경력은 모자에서부터 시작되었다. 고등학교 3학년 여름방학 때 백화점의 수예품 매장에서 우연히 밀짚모자용 짚을 보게 되었다. 점원이 그 자리에서 목형을 가져다줘서 보닛 스타일의 밀짚모자를 이틀 만에 만들었다. 나 혼자서 모자를 만들 수 있다니! 그 사실이 꿈만 같았고 어떻게든 전문적인 모자 디자이너가 되고 싶어서 고등학교 졸업 후에 양재 학원(야마와키 복식 미술학원)과 모자 학원(살롱 드 샤포)에 다녔다. 다섯 명의 자식을 둔 부모의 입장에서는 딸을 학원 두 군데나 보내기에는 경제적으로 힘들었을 것이다. 그래서인지 당시 아버지는 호의적이지 않았다. 하지만 소녀 시절에 외교관 가정에서 예절을 배웠던 하이칼라 여성인 어머니가 자신이 어떻게든 할 테니까 모자 학원도 다니라면서 그때만큼은 적극적으로 응원해주셨다. 덕분에 양재 학원에서는 다양한 수공예 소재와 기법을 배우고, 모자 학원에서는 입체적인 조형 방법, 인체에 맞춰 디자인하는 기능을 익힐 수 있었다. 작품에 가죽을 사용할 때는 요시다 제작소의 장인에게 피할 방법이나 취급 방법을 물어보러 갔다.

또 유럽으로 연수 여행도 떠났다. 해외여행이 드물었던 그 당시에 귀중한 경험을 하게 해준 부모님께 감사드린다.

졸업 후에는 모자 디자이너로서 광고나 웨딩, 쇼 등의 일에 종사했지만 서른 살 때 출산을 계기로 잠시 일을 쉬어야만 했다. 내게 모자는 꿈같은 존재이다. 기저귀를 빨면서 만들고 싶지는 않아서 장남이 태어나기 일주일 전에 모든 일을 끝냈다.

육아 후 아버지의 공방으로

육아를 일단락지었을 때 내 형편에 맞춰서 다시 일을 하고 싶었다.

그래서 스케줄 관리가 그나마 쉬운 웨딩 업무만 조금씩 시작했다. 마침 그 무렵 아버지는 피혁진흥회 이사장으로서 바쁘게 일하고 계셨다. 히가시간다에 있는 친정에 들렀더니 귀가하신 아버지가 취미로 가방을 꿰매면서 '피혁공예 기술은 눈부시게 향상됐는데 디자인이 따라오질 못한다'고 푸념하시며 내게 가방협회와 통상 산업성(현재는 경제 산업성으로 바뀜 – 역주)이 주최하는 가방 제작 기술 연수를 받아보지 않겠냐고 하셨다. 나 역시 모자와 세트로 가방을 만들고 싶은 마음이 있었기 때문에 그 연수와 더불어 아버지로부터 아사쿠사의 공방에서 일대일 지도를 받기로 했다.

멋이 있는 가방을 만들어라

아사쿠사의 공방에서는 집에서 본 적이 없는 아버지의 옆모습을 볼 수 있었다. 아침부터 밤까지 무릎을 가지런히 모아 바느질을 하면서 가방 만드는 법 외에도 전쟁 때 겪은 일이나 항상 정직하고 성실하게, 긍정적으로 살라는 인생 교훈 등 정말 많은 이야기를 해주셨다. 내가 가방을 잘 만들지 못했을 때도 결코 형편없다는 말은 하지 않고 완성한 작품을 보면서 '이 부분은 애썼구나'라고 말해주셨다. '여기를 이렇게 해라'라고 가르쳐주지 않고 자신이 일하는 모습을 직접 보여주는 것에 중점을 두고 지도하셨다.

아버지의 성품은 진지했지만 가방을 만드는 데 있어서는 장난기가 다분해서 극도로 기교를 부리는 명인이라기보다는 크리에이터 타입이었다. 예를 들어 가죽을 꿰매어 연결할 때 볼록한 느낌을 주는 방법, 옆면과 밑판의 아름다운 라인을 살리기 위한 피할 방법, 다듬었을 때 멋이 나는 측면 마감 방법 등의 다양한 기술은 '디자인을 위해 있다'는 사고의 소유자였다. 아버지의 말버릇은 '기술은 연구를 거듭하면 향상된다. 그래서 잘 만들려고 할 필요는 없다. 나밖에 만들 수 없는 멋이 있는 가방을 만들어라. 그리고 평소에 사용하는 사람의 입장에서 생각하도록!' 이었다. 나는 디자인할 때 항상 상식에만 얽매이지 않으려고 주의하는데, 이런 점이 아버지를 닮은 것 같다.

아버지의 나이가 들어가던 어느 날, 친정어머니가 문득 '아버지가 돌아가시면 사용하시던 도구는 어떻게 될까'라고 말을 흘리셨다. 나는

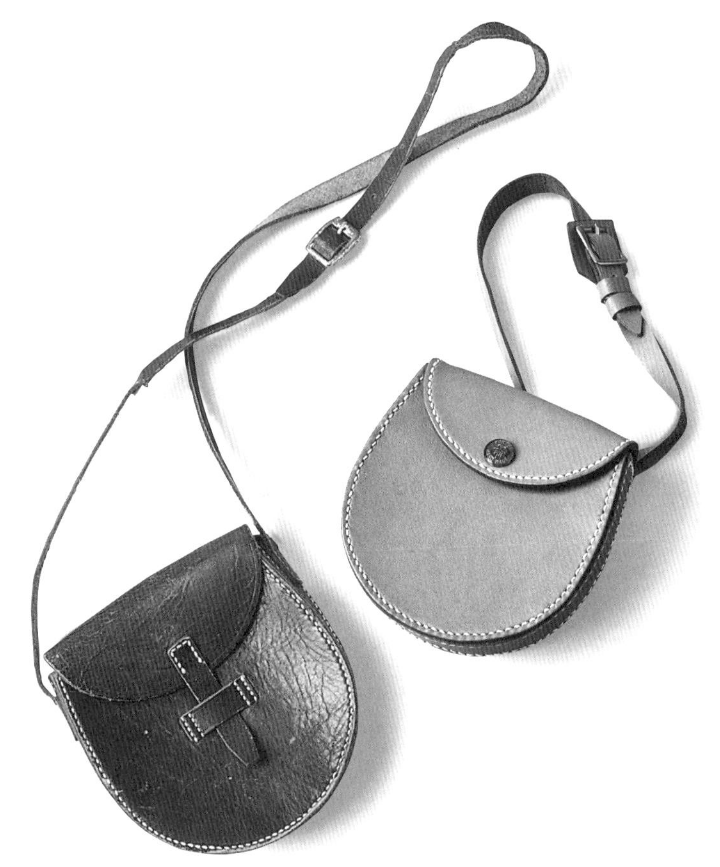

아들들이 아장아장 걷기 시작할 무렵,
아버지가 만들어주신 미니 숄더백.
눈에 넣어도 아프지 않을 정도로 손자를 귀여워한 할아버지였다.
그때가 그리워져서 최근에 비슷한 것을 만들어봤다.
키치조 작품(왼쪽), 쿠니코 작품(오른쪽)

별생각 없이 '괜찮아요, 내가 쓸 거니까'라고 대답했다. 그때는 아버지의 손바느질을 물려받겠다는 확고한 의지가 있었던 것은 아니지만, 지금 생각해보면 아버지가 쌓아온 것을 후세에 남기고 싶다는 마음이 당시부터 싹트고 있었던 것 같다.

1994년, 아버지는 마지막까지 바늘을 손에서 놓지 않은 채 돌아가셨다. 정말로 '일침입혼(一針入魂 바늘 하나에 혼을 불어넣는다 – 역주)'을 보여준 생애였다.

며칠 후 아사쿠사의 공방으로 혼자 간 나는 아버지가 남긴 것을 어떻게 계승해나가면 좋을지 몰라 하염없이 서 있기만 했다. 그렇지만 아무도 만들 수 없고 본 적도 없는 가방을 만들 수 있으면 분명 아버지는 기뻐하실 것이다……. 그때 마음에 품었던 생각을 자극제 삼아 지금까지 여러 시행착오를 겪어왔다. 앞으로도 아버지가 남긴 기술과 '일침입혼'의 정신을 계승해서 나만의 손바느질 세계를 창조하려고 한다.

평소에 하는 일

공방이 있는 아사쿠사가 예전부터 가죽 산업의 전통이 살아 있는 동네라면, 일주일에 두 번 출근하는 매장이 있는 오모테산도는 최첨단 유행을 생생하게 느낄 수 있는 거리이다.

나는 요시다 가방 직영점의 손바느질 상품 관련 업무를 담당한다. 회사 사람과 상담하면서 새로운 상품을 기획하거나 주문 제작을 하고, 상품은 아니지만 전시회에 전시하기 위한 작품이나 'OPEN', 'CLOSE' 팻말, 계산대의 상자 등 매장 안에서 사용하는 소품을 만들기도 한다. 그래서 이 두 지역을 왕래하면서 일을 하고 있다.

오모테산도의 직영점에서는 개점한 후부터 계산대 뒤에 있는 유리로 막은 공간인 'FACTORY & REPAIR'에서 손바느질 작업을 한다. 이 공간은 요시다 가방의 원점인 가죽 손바느질에 담긴 생각을 잊지 않고, 고객이 가방을 오래 사용하길 바라는 마음의 표현으로 마련되었다. 아사쿠사에서는 디자인이나 소재 선택에 충분히 시간을 들이고, 오모테산도에서는 아사쿠사에서 사전 준비를 해둔 재료로 상품을 만든다.

오모테산도에서는 유리 너머로 고객이 보여 더 긴장하게 된다. 물론 프로로서 상품을 만들 때는 긴장이 필요한 법이다. 좋아하는 가방을 자유롭게 만들 때와는 또 다른 압박감과 성취감을 느끼는 것이야말로 상품 만들기의 참맛이 아닐까?

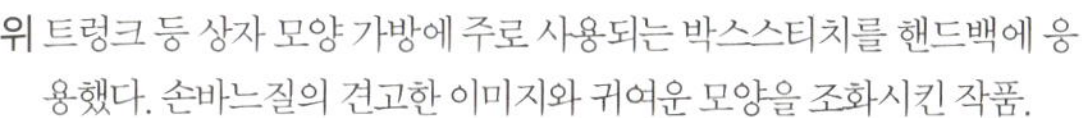

위 트렁크 등 상자 모양 가방에 주로 사용되는 박스스티치를 핸드백에 응용했다. 손바느질의 견고한 이미지와 귀여운 모양을 조화시킨 작품.
중간 볼륨이 훌륭한 고급 가죽 오스트리치(타조 가죽)를 일상용으로 만든 것. 타조 가죽은 개성이 너무 강해서 심플한 바늘땀만으로는 균형이 맞지 않는다. 디자인에 반년 가까이 걸린 추억이 깊은 작품.
아래 상자 모양 가방은 만들기는 어렵지만 손바느질로만으로도 가능하다. 트렁크같이 중후한 이미지와는 다른 느낌의 상자 모양 가방을 만들고 싶어서 작은 숄더백으로 완성했다.

* 전부 참고 상품

● **쿠라치카 요시다 오모테산도**
노타니 쿠니코의 상품, 작업에 관해서는 아래로 문의해주세요.

우150-0001 도쿄도 시부야구 진구마에 5-6-8
영업시간 12:00~20:00 정기휴일(수요일)
전화 03-5464-1766

옛날부터 공방에서 사용 중인 발로 밟는 재봉틀과 피할기.
구식 기계의 둥그스름한 디자인을 좋아한다. 보고 또 봐도 질리지 않는다.

부록

도구, 재료점 소개

가죽이나 도구, 재료는 대형 수예점 등에서도 취급하지만, 다양한 상품이 구비된 전문점에 가면 원하는 물건을 쉽게 찾을 수 있다. 그중에서도 가죽 관련 도매상이 여기저기 흩어져 있는 아사쿠사나 아사쿠사바시 주변은 나도 자주 찾는 곳이다. 전문점은 다양한 상품이 구비되어 있는 뿐만 아니라 상품 지식도 얻을 수 있는 매력적인 곳이다. 그러니 모르는 것이 있으면 적극적으로 물어보자. 프로, 일반인을 불문하고 이용하기 편한 매장 일부를 소개하겠다.

가죽 전문점

★ 고집하는 활피를 만날 수 있다

가죽의 소박함을 추구하며 30년 이상 활피만을 고집해온 가죽 전문점. 매장 안에 쌓여 있는 가죽의 90퍼센트가 무공해 100퍼센트 식물성 타닌으로 무두질한 가죽과 가죽 표면을 망가뜨리지 않는 염료로 염색된 것들뿐이다. 또한 제조자를 알 수 있는 일본산 가죽을 고집하며, 가죽 본래의 느낌을 살리기 위해 손으로 직접 펴는 옛 방식 그대로의 표면 마감 기법을 중시하는 등 매장에 진열된 가죽에서 활피에 대한 애정을 느낄 수 있다. 한 장짜리 가죽으로 판매.

★ 도쿄 내에서 손꼽히는 상품 구비를 자랑한다

활피 같은 심플한 가죽부터 화려한 가죽까지 무려 500여 종류의 가죽을 취급하는 가죽 전문점. 에나멜이나 헤어프린트 등의 가공 가죽이나 파충류 가죽 등 다른 매장에서는 볼 수 없는 희귀한 가죽도 접할 수 있다. 원칙적으로 가죽 한 장을 통째로 판매하는데, 구입 전에 샘플을 보내주는 등 개인 상담도 상세히 해준다. 합리적인 가격의 자투리 가죽을 매장 앞 진열대에서 팔고 있으므로 놓치지 말고 체크하자(피할이 불가능한 것도 있음)!

● **나가부치**
우111-0024 도쿄도 다이토구 이마도 1-5-9
영업시간 9:00~17:00 **정기휴일 토·일요일, 공휴일**
FAX 03-3875-6954
e메일 kabunaga@tctv.ne.jp

● **후지토 상사**
우111-0032 도쿄도 다이토구 아사쿠사 6-21-12
영업시간 9:00~17:00 **정기휴일 토·일요일, 공휴일**
TEL 0120-241054 **FAX** 03-3873-4300
홈페이지 http://www.fujitou.co.jp

가죽, 재료, 도구 전반

★ 다양한 서비스가 매력인 대형 재료점

가죽은 물론 가죽 공예 도구와 재료를 전부 갖추고 있다. 카탈로그에는 손바느질 도구 세트, 국내외 가죽 공예 책 등을 포함한 약 700점에 달하는 상품이 실려 있으며, 대부분을 통신판매로 구입할 수 있다. 일본 각지에 거래 점포를 갖고 있는 것도 믿음직스럽다. 본사 지하에 있는 강의실에서는 각종 가죽 공예 강좌도 개최되고 있다.

● **쿄신 엘르**
우111-0054 도쿄도 다이토구 토리고에 2-10-8
영업시간 9:00~17:00 **정기휴일** 토·일요일, 공휴일
TEL 03-3866-3221 FAX 03-3866-3226
홈페이지 http://www.kyoshin-elle.co.jp

피할을 부탁하는 방법과 주의점

가죽 전체를 균일한 두께로 깎는 '전체 피할', 가죽 가장자리를 동일한 폭으로 깎는 '부분 피할' 등 혼자서 깎기가 어려운 피할은 전문점에 맡겨 기계 피할을 부탁한다. 테두리를 깎을 경우에는 접거나 겹치는 용도에 따라 피할 방법이 다르므로, 우선 매장 직원에게 어떤 가죽으로 어떤 물건을 만들고 싶은지 말한 후 피할을 부탁하자. 가능하면 소재와 두께가 같은 자투리 가죽을 가져가서 시험 삼아 피할해보면 실패할 확률이 적다.

또 가죽은 어디까지나 천연 소재이므로 공정 과정에서 일부러 흠집을 내지 않아도 원래 가죽의 상태에 따라 피할로 구멍이 뚫리거나 흠집이 생기는 경우도 있다. 사전에 매장 직원과 확인을 해두면 안심할 수 있다.

★ 허물없이 상담할 수 있는 분위기

가죽이나 도구 선택을 할 때 상세히 상담을 해주는 친절함은 개인 상점만의 매력이다. 매장 안에는 주인이 직접 선택한 가죽, 재료, 도구, 오리지널 손바느질용 실 등이 진열되어 있고, 간단한 가죽 피할은 그 자리에서 바로 해준다. 매장에서 할 수 있는 것은 부분 피할, 작은 가죽의 전체 피할 등. 커다란 가죽의 전체 피할은 외주로 해주고 있다.

● **레더 메이트 사토**
우111-0052 도쿄도 다이토구 야나기바시 2-8-5
영업시간 10:00~18:00 **정기휴일** 일요일, 공휴일
TEL 03-3866-0166 FAX 03-3866-0167
홈페이지 http://www.w-up.com/sato

기타 전문점

★ 적당한 가격의 장인 수제 도구가 갖춰져 있는 곳

몇 대 전에는 대장간을 했던 오래된 상점이다. 장인이 만든 수제 도구는 대량 생산품과 비교했을 때 질감부터 다르다. 목타는 1날짜리에서부터 7날짜리 모두 생각보다 저렴한 가격에 구입 가능하다. 또 침 부분과 자루를 따로 구입할 수 있는 원형송곳과 마름송곳도 추천한다. 칼은 칼날을 갈아주는 등의 수리도 해준다. 각인도 주문할 수 있다.

● **히우치야**
우111-0032 도쿄도 다이토구 아사쿠사 6-1-16
영업시간 9:00~17:30 **정기휴일** 토·일요일, 공휴일
TEL 03-3876-0841 FAX 03-3876-0842

가방용 재봉 재료가 구비되어 있
으며 복식전문학교 학생들도 자주
들르는 가게이다. 심 재료, 프레임,
손잡이, 안감 종류가 풍부하여 가
죽뿐만 아니라 천가방 만들기를
좋아하는 사람에게도 추천하는 곳
이다. 심 재료는 우레탄, 부직포
등 소재와 두께가 다양하다. 어떤
것을 선택해야 할지 몰라도 자투
리 가죽을 지참해서 무엇을 만들
것인지 말하면 바로 조언해준다.
원한다면 지방으로 샘플 발송도
해준다.

● **가쿠타 상점**
우111-0054 도쿄도 다이토구 토리고에 2-14-10
영업시간 9:00~17:30 정기휴일 토·일요일, 공휴일
TEL 03-3851-8186 FAX 03-3866-8365
홈페이지 http://www.towanny.com

매장 안으로 들어가면 양쪽 선반에 금속장식이 들어 있는 상자가 즐비하다.
리벳, D링, 버클, 잠금장치 등 구비해놓은 종류가 6,000종이 넘어 원하는 금
속장식을 반드시 찾을 수 있을 것이다. 매장에 없는 것이라도 품번이나 카탈
로그 또는 그림을 그려서 보여주면 찾아준다. 프로용과 일반용으로 나뉜 카
운터만 봐도 전문성을 확실히 느낄 수 있다. 오리지널 금속장식도 있다.

● **산요 상회**
우111-0055 도쿄도 다이토구 미스지 1-1-17
영업시간 9:00~17:30 정기휴일 토·일요일, 공휴일
TEL 03-3851-5144 FAX 03-3864-9808
※서류가방 손잡이 쇠판(p.88)도 취급한다. 구멍도 뚫어준다.

※ 게재 정보는 2004년 8월 당시이다.

국내 가죽 커뮤니티,
가죽 공방, 재료 구입처

1. 온라인 커뮤니티

클리앙 소모임 가죽당 http://clien.career.co.kr/cs2/bbs/board.php?bo_table=cm_leather
네이버 카페 가죽공작소 http://cafe.naver.com/guruleather

2. 가죽공방

시로가네 공방 www.sirogane.co.kr
스튜디오 모찌 www.studio-mozzi.co.kr
엄구스 가죽공방 umgus.co.kr
홍스 공방 www.hongsbang.com
마니에고 maniego.alltheway.kr
가죽공방 토야 www.toya-world.com

3. 재료 구입처

- **가죽**

  수입가죽　**반도피혁** 02-2238-1436 서울시 종로구 숭인동 1388 www.leatherbando.com
  　　　　　에쩨르레더 02-2235-1256 서울시 동대문구 신설동 104-34 http://blog.naver.com/l2h8s2
  　　　　　미주교역 02-851-1221 서울 금천구 가산동 481-11

  국내가죽　**장안피혁** 02-2236-9954 서울시 종로구 숭인동 206-2 우성빌딩 1층
  　　　　　황소피혁 02-2232-5235 서울시 종로구 숭인동 1419-1 숭신빌딩 1층

- **도구**

  온라인　**마이레더툴** www.myleathertool.com
  　　　　레더크래프트툴 www.leathercrafttool.co.kr

  오프라인　**옥천상사** 02-2275-3951 서울시 중구 주교동 124
  　　　　　만물상사 02-2232-5973 | 각종 도구와 지퍼, 접착제 등의 부자재 판매
  　　　　　다양상사 02-2231-5666 서울시 종로구 숭인동 206-11
  　　　　　재경 02-755-2707 서울시 중구 회현 2가(자유상가 3층 70호) | 각종 공구와 수입지퍼 장식 등 판매

- **부자재**　**제일상사** 02-2252-6774 서울시 종로구 숭인동 난계로 27길 50
  　　　　숭인동 가방자재시장 종로구 숭인동(난계로27길 일대)
  　　　　남대문 자유무역상가 부자재 시장 한국은행 건너편 자유상가 3층

- **기타**　**제일조각** 02-2277-6782 서울시 중구 주교동 210-2 1층 3호 | 가죽에 찍는 도장 금형 제작

손바느질로 만드는 가죽 가방

1판 1쇄 인쇄 | 2014년 5월 30일
1판 1쇄 발행 | 2014년 6월 10일
1판 2쇄 발행 | 2016년 10월 30일

지은이 | 노타니 쿠니코
감수자 | 김재혁(탄조공방)
옮긴이 | 박재영
펴낸이 | 안동명 정연미
펴낸곳 | 에듀멘토르

편집디자인 | 이수경
마케팅 | 이운섭 나길훈
경영지원 | 박은정

등록 | 2011년 3월 16일 제2009-16호
주소 | 서울시 광진구 중곡1동 647-21 3층
전화 | 02-711-0911 **팩스** | 02-711-0920

ISBN | 978-89-94127-65-1 13630